Practice of
management on
Sales office
administration
of Bank

営業店マネジメントの実務

経済法令研究会 編

はしがき

　2011年7月に本書の前身である「営業店管理の実務」が刊行されました。当時は、リーマンショックからの傷がいえぬ状況のまま、東日本大震災による被害を受け、金融機関の融資先はもちろん、金融機関自体への損害も大きく、まさに未曾有の大災害となり、金融機関と地域社会が震災復興に向けて一丸となっている状況下にありました。

　あれから早8年が経ち、近時の営業店の現場では、業務の効率化にはじまり、働き方改革、反社会的勢力やマネー・ローンダリングへの対応が喫緊の課題となっています。今後は、金融検査マニュアル廃止の動きもあり、現場をとりまく状況は大きく変化してきています。

　そのような流れのなか、これまでのルールに過度に縛られず、真に顧客のために大切なことは何であるかについて考え、それを実行できる営業店ひいては金融機関が、今後ますます望まれる時代になってくるでしょう。

　また、営業店でマネジメントを行う立場の方にとっては、的確なリーダーシップを発揮しながら、部下を指導・育成することにより組織を活性化させ、働きやすい現場を創出することが重要な任務のひとつとなっています。

　本書は、以上のような前提を踏まえながら金融機関の営業店におけるマネジメントの在り方について、基礎的な内容から今後、大きく変更が見込まれる事項までを網羅しており、新任のマネジメント担当者から経験豊富なマネジメント担当者まで幅広く活用いただける内容となっています。また、2019年6月より試験内容や名称が刷新され実施となる銀行業務検定試験「営業店マネジメントⅠ」「営業店マネジメントⅡ」の参考書としてもご利用いただけます。

　本書を金融機関営業店のマネジメントにかかわるすべての管理者必携の書として、お役立ていただければ幸いです。

　なお、本書の刊行にあたりましては、小倉喜昭氏に第3章の執筆ならびに全体を通してのアドバイスをいただくなど、多大なご協力をいただきました。この場を借りてお礼申し上げます。

2019年3月

経済法令研究会

Practice of management on Sales office administration of Bank

営業店マネジメントの実務 [目次]

はしがき

第1章 金融機関経営の基礎知識

① 金融の基礎……2
Ⅰ 通　貨……2
Ⅱ 金　利……7
Ⅲ 金融機関の機能……11

② 金融資本市場と金融政策……15
Ⅰ 金融資本市場の概要……15
Ⅱ 金融政策……25

③ 金融行政とその変化……31
Ⅰ 銀行法と健全性の維持……31
Ⅱ 金融行政の目標の変化……34
Ⅲ 金融行政の方針の変化……37
Ⅳ 検査・監督の見直し……38

④ 国際金融規制（リスク管理高度化と国際金融情勢の影響）……44
Ⅰ バーゼルⅠ、Ⅱ……44
Ⅱ リスク管理の高度化……46
Ⅲ 証券化商品の発達とリーマンショックの発生……52
Ⅳ バーゼルⅢ……59

⑤ 金融機関経営の状況……63
Ⅰ 経営体力と不良債権の状況……63
Ⅱ 収益の状況……64
Ⅲ 国内金融ビジネスの課題と対応……70

Ⅳ 足元でみられる変化……72

⑥ 金融デジタライゼーション……78
Ⅰ 金融デジタライゼーションとは……78
Ⅱ 金融機関業務の効率化……79
Ⅲ 企業の財務・決済プロセスの効率化……80
Ⅳ オープンAPIを活用したFinTech企業との連携……82
Ⅴ サイバーセキュリティへの対応……85
Ⅵ 金融デジタライゼーションにおける顧客支援……85

第2章 人事・組織管理

① 組織の活性化……88
Ⅰ 経営管理の基礎理論……88
Ⅱ リーダーシップの発揮……103
Ⅲ 支店長・管理者に求められる行動……110

② 部下の指導・育成……116
Ⅰ 仕事の任せ方と指導……116
Ⅱ 職場内教育の推進……126

③ 適正な人事考課……140
Ⅰ 人事考課の方法……140
Ⅱ 評価時の留意点……155

④ 労務管理の要点……158
Ⅰ 労務管理の重要性……158
Ⅱ 労働関係法規の理解……179

第3章 業務管理

① 業務管理の基本……210
Ⅰ 業務管理の意義……210
Ⅱ 業務管理の機能……211

② 業務の堅確性の維持・向上……213
Ⅰ 業務規範の遵守と基本動作の徹底……213
Ⅱ 事務リスクと管理の要点……215
Ⅲ 業務上の事故とその防止……221
Ⅳ 防犯・防災対策……227

③ 業務改善と効率化……236
Ⅰ 業務効率化の着眼点……236
Ⅱ ピーク日対応と時間外勤務の削減……240

④ 法令の遵守と顧客保護……244
Ⅰ 取引時確認とマネー・ローンダリング対策等……244
Ⅱ 振り込め詐欺救済法……261
Ⅲ 顧客情報の管理……266
Ⅳ 預貯金者保護法……279
Ⅴ 預金保険法……286
Ⅵ 休眠預金等活用法……293
Ⅶ 反社会的勢力への対応……296
Ⅷ 障害者差別解消法……304

第4章 営業推進

① 営業推進の基本……308
- Ⅰ 支店長・管理者に求められる行動……308
- Ⅱ 営業推進体制の整備……310
- Ⅲ 営業推進上のコンプライアンス留意点……315

② 市場調査と戦略の立案……317
- Ⅰ 市場調査と自店のポジショニング……317
- Ⅱ 戦略の策定……321

③ 個人取引の推進……325
- Ⅰ 店頭営業の強化……325
- Ⅱ コンサルティング営業の推進……330

④ 法人取引の推進……343
- Ⅰ 総合的な取引の充実……343
- Ⅱ 融資取引の強化……349
- Ⅲ 円滑な金融仲介機能の発揮……366

⑤ 債権管理の強化……376
- Ⅰ 与信取引先の業態悪化の兆候と初動対応……376
- Ⅱ 金融機関に求められるコンサルティング機能……388
- Ⅲ 資産査定と不良債権の開示……393

⑥ 利用者保護のルールと相談・苦情等への対応……397
- Ⅰ 顧客サポート等管理態勢の整備……398
- Ⅱ 金融ADR制度……399

第1章
金融機関経営の基礎知識

　本章は、営業店管理の個別の課題に入る前に、金融機関経営の前提となる知識について概観することを目的としている。

　第1節では、通貨、金利、金融機関の機能といった「金融の基礎」について確認する。

　第2節では、「金融資本市場」と金融市場を通じて行われる日本銀行の「金融政策」についてみる。日本銀行のマイナス金利政策により、長短金利がともに低水準となったことが金融機関収益の圧迫要因となるなど、金融政策の金融機関経営に与える影響は大きい。

　第3節では、「金融行政」についても、金融機関の経営に大きな影響を与えるものとして、近年における金融庁の方針の転換を中心に確認する。

　第4節では、「国際金融規制」について、「リスク管理の高度化」と「国際金融情勢」との関わりを意識しながら解説している。

　以上を踏まえ、第5節では、行き詰まりつつある「金融機関経営の状況」を示すとともに、第6節では、金融機関のビジネスモデルの変革につながる「金融デジタライゼーション」について解説している。

1 金融の基礎

ここでは、金融の基礎となる「通貨」、「金利」について概観した後、「金融の機能」について確認する。

I 通貨

❶ 通貨の意義

　モノやサービスの売買など何らかの経済取引が行われると、それに伴って通貨による資金決済が必要になる。その手段としては、まず現金通貨の授受が考えられる。しかし、現代経済社会では現金の授受だけでなく、手形・小切手、銀行振込、口座振替、クレジットカードなどさまざま手段が用意されており、これらは現金ではなく預金口座間の資金の移動によって資金決済が行われている。このように、預金も通貨としての役割を果たしていることから、これを現金通貨に対して預金通貨と呼んでいる。

　あらためて、通貨の種類を確認しておこう。まず現金通貨には、日本銀行が発行する「銀行券（紙幣）」と、政府が発行する「補助貨幣（硬貨）」がある。次に、預金のうち、いつでも引出が可能で支払いに充当することができる流動性預金を「預金通貨」という。また、定期性預金は満期の到来や期限前解約によって支払いに充当することができるので、「準通貨」と呼ばれている。

❷ マネーストックとマネタリーベース

A．マネーストック

　世の中に流通している通貨の量を、マネーストック（通貨残高）ないしマネーサプライ（通貨供給量）という。流通している通貨の量が多ければ、経済社会では投資や消費がしやすくなると考えられるので、マネーストックは世の中の景気動向と密接な関係がある。

　マネーストックの状況は、日本銀行が公表しているマネーストック統計で知ることができる。マネーストック統計は、「金融部門から経済全体に供給されている通貨の総量」を示す統計である。具体的には、居住者である一般法人、個人、地方公共団体などの「通貨保有主体」（＝金融機関・中央政府以外の経済主体）が保有する通貨量の残高が集計されている。

　マネーストック統計では、①例えば、直ちに支払いに充当できる現金や流動性預金のみを対象とするのか、定期預金等を含むのかなど、対象とする商品の範囲はどうするか、②「通貨発行主体」である金融機関の範囲には、銀行だけでなく、ゆうちょ銀行・信用組合等の預貯金も含むのか、といった要因により複数の指標が存在している。

　マネー（通貨）としてどのような金融商品や通貨発行主体を含めることが妥当なのかについては、国や時代によっても異なっており、一義的に決まっているわけではないが、日本銀行では対象とするマネーの範囲に応じて、Ｍ１、Ｍ２、Ｍ３、広義流動性といった４つの指標を公表している。これらの指標の定義は、以下のとおりである。

　Ｍ１は、最も容易に決済手段として用いることができる現金通貨と預金通貨から構成される。一方、Ｍ３はＭ１に準通貨（定期性預金等）やＣＤを加えた指標となっている。Ｍ２は、金融商品の範囲はＭ３と同様であるが、通貨発行主体の範囲が限定的である。広義流動性は、Ｍ３に何らかの「流動性」を有すると考えられる金融商品を加えた指標である。このため、例えば投資信託を解約して銀行預金に振り替えた場合などのように、金融

(図表 1-1) マネーストック統計における通貨指標

（金融商品）

| 現金
要求払預金 | 定期性預金
外貨預金
譲渡性預金 | 金融債
銀行発行普通社債
金銭の信託 | その他の
金融商品※ |

（通貨発行主体）

| 日本銀行
国内銀行（除くゆうちょ銀）
外国銀行在日支店
信用金庫・信金中金
農林中央金庫
商工組合中央金庫 |
| ゆうちょ銀行
農協・信農連
漁協・信漁連
労金・労金連
信用組合・全信組連 |
| 保険会社
中央政府
非居住者 |

M1 / M2 / M3 / 広義流動性

※ 金融機関発行CP、投資信託（公募・私募）、国債、外債
（出所）日本銀行調査統計局「マネーストック統計の解説」

商品間の資金の流出入があっても、マネーストックの数値は影響されないといった特色がある。

B. マネタリーベース

マネタリーベースとは、日本銀行（中央銀行）が供給する通貨のことで、次の式で表される。

> マネタリーベース＝「日本銀行券発行高」＋「貨幣流通高」＋「日銀当座預金」

マネタリーベースが「中央銀行が供給する通貨」であるのに対して、前出のマネーストックは、「金融部門全体（通貨発行主体）が供給する通貨」であることから、両者とも通貨量を表わす統計であるが、通貨の発行主体が「日本銀行」か「日本銀行を含む金融機関全体」か、通貨の保有主体が「金融機関」を含むか含まないか、といった違いがある。すなわち、マネタリーベース統計に含まれている「日銀当座預金」や「金融機関の保有現金」は、マネーストック統計には含まれていない。

(図表1-2) Ｍ１、Ｍ２、Ｍ３、広義流動性の定義等

Ｍ１：現金通貨＋全預金取扱機関に預けられた預金通貨
　　現金通貨：日本銀行券発行高＋貨幣流通高
　　預金通貨：要求払預金（当座、普通、貯蓄、通知、別段、納税準備）
　　　　　　　－調査対象金融機関保有小切手・手形
　　対象金融機関：全預金取扱機関（Ｍ２対象金融機関、ゆうちょ銀行、
　　　　　　　　　全国信用協同組合連合会、信用組合、労働金庫連合会、
　　　　　　　　　労働金庫、信用農業協同組合連合会、農業協同組合、
　　　　　　　　　信用漁業協同組合連合会、漁業協同組合）

Ｍ２：現金通貨＋国内銀行等に預けられた預金
　　対象金融機関：日本銀行、国内銀行（除ゆうちょ銀行）、外国銀行在
　　　　　　　　　日支店、信金中央金庫、信用金庫、農林中央金庫、商
　　　　　　　　　工組合中央金庫

Ｍ３：現金通貨＋全預金取扱機関に預けられた預金
　　　　　　　　＝Ｍ１＋準通貨＋CD（譲渡性預金）
　　準通貨：定期預金＋据置貯金＋定期積金＋外貨預金
　　対象金融機関：Ｍ１と同じ

広義流動性：Ｍ３＋金銭の信託＋投資信託＋金融債＋銀行発行普通社債
　　　　　　　＋金融機関発行CP＋国債＋外債
対象機関　：Ｍ３対象金融機関、国内銀行信託勘定、中央政府、保険会社等、
　　　　　　　外債発行機関

　マネタリーベースはマネーストックの基になる通貨という意味であり、市中金融機関を通じてその信用創造により、マネタリーベースの何倍ものマネーストックが創造される。その倍率を「貨幣乗数」または「信用乗数」という。マネタリーベースはベースマネーとも呼ばれ、また預金通貨を生み出す強い力を持つという意味からハイパワードマネーとも呼ばれる。

　マネタリーベースは中央銀行が供給する通貨であるから、中央銀行のコ

ントロールが及びやすい通貨ということができる。また、貨幣乗数にある程度の安定性が見られる状況においては、中央銀行はマネタリーベースをコントロールすることによって、間接的にマネーストックを調節できることになる。

❸ 信用創造

　金融機関は預金者から資金を集め、これを資金需要者に貸付等の形で融資している。しかし、金融機関は預金者と借入人の間でトンネルになって、たんに資金を右から左に流しているだけではなく、新たに預金を作り出す機能を果たしている。これを信用創造機能という。

　金融機関が、集めた預金を原資として貸付けを行うと、融資された資金は必ずしも直ちに全額現金で引き出されてしまうわけではなく、一部は預金の形で銀行口座に滞留している。もちろん、貸付けを行った金融機関だけを見ると、借入人は融資代り金を全額支払いに充当し、その金融機関には預金が残らないかもしれない。しかし、支払いに充当された資金は手形・小切手や銀行振込などによって、受取人の預金口座に入金されているはずである。つまり、金融機関全体（銀行組織）として見れば、融資代り金は預金の形で止まっているといえる。通常、大口の支払いは大半が手形・小切手や銀行振込などの預金通貨が利用され、現金通貨は少額決済が多いと考えられる。したがって、融資代り金が現金引出しによって金融システムの外に漏出する割合は小さいといえ、大半は銀行組織内に滞留しているといってよい。

　そうだとすれば、金融機関（銀行組織）は、融資代り金が預金となっているので、これを原資として次の融資を行うことができるわけであり、さらにその融資代り金が預金となって次の融資を行う、という連鎖を生むことができる。これが信用創造機能である。

　以下に、簡略化した事例を用いて、信用創造の過程を確認してみよう。

　（例１）まず、A銀行が100万円を甲社に融資し、甲社はこれをB銀行

に振り込んだとしよう。実際にはこの融資代り金100万円のうち、一部は現金で引き出されて銀行組織の外に漏出するかもしれないが、ここでは事例を簡略化するために、全額が預金通貨として支払われ、現金漏出は無視することとする。

(例2) B銀行は、預金者の払戻しの要請に備えて預金の一部は手元に残す必要があるが（支払準備）、残りは貸出しで運用することができる。そこで、仮に支払準備率を10％とすれば、B銀行は10万円を支払準備として手元に残し、乙社に90万円の融資を行うことができることになる。乙社は、この90万円をC銀行に振り込んだとしよう。

(例3) C銀行は、90万円の預金から支払準備の10％相当である9万円を手元に残し、丙社に81万円を融資することができる。丙社は、この81万円をD銀行に振り込む。

このような取引を続けていくと、A銀行、B銀行、C銀行、D銀行……、という銀行の預金の合計は、100万円＋90万円＋81万円＋……＝1,000万円となる。つまり、支払準備率が10％の場合には、元手となる預金100万円の［1／0.1＝10倍］の信用が創造されることになる。

II 金　利

❶ 金利の意義

金利は、借り手が貸し手に支払う資金の使用料と考えられ、利子あるいは利息とも呼ばれている。また、しばしば名目金利と実質金利という概念が使われるが、これは物価上昇率の影響を勘案した場合の区別である。すなわち、一般に金利というと名目金利を指しているが、ここから物価上昇率を控除した値が実質金利である。

名目金利 － 物価上昇率 ＝ 実質金利

　例えば、名目金利が年利５％であっても、物価上昇率が年率５％であると、期初に購入できるモノやサービスと、資金を１年間運用した時点で購入できるモノやサービスの量は等しくなるので、実質的な金利は０％であるということを意味している。

❷ 金利の決定要素

　金利は、法令上の制限がある場合を除けば資金の需給に応じて自由に決定されている。実際の金融取引の場を見ると、さまざまな水準の金利が並存しているが、そうした金利格差は、各金融商品の需給が異なるために生じていると考えられる。それでは、金融商品間の需給にはどのような要因が影響しているのであろうか。

Ａ．信用力

　第１に、信用力（デフォルトの可能性）の格差である。資金の貸し手は当然のことながら、資金の返済可能性に強い関心を持っている。すなわち、信用力が劣る借り手は、高い水準の金利を支払わなければ貸し手が現れないが、信用力が高い借り手には多くの貸し手が現れるので、相対的に低い金利で資金を調達することができる。例えば、公社債市場では、最も信用力が高い国債の利回りが最も低く、民間企業が発行する事業債の方が利回りが高い。また、格付機関の格付に応じてトリプルＡ格の債券利回りが最も低く、ダブルＡ、シングルＡ、トリプルＢ ‥‥と徐々に利回りは高くなっている。

Ｂ．換金可能性（流動性）

　第２に、金融商品の換金可能性の格差である。資金運用者にとって、自分自身が資金が必要になったり、他の投資資産に乗り換えようとする場合に、いつでも換金が可能な金融商品の方が便利である。したがって、流通市場が形成されていて、いつでも売買が可能な国債の需要は大きくなるが、

あまり市場で売買されることがない発行規模の小さな事業債などは需要が小さく、相対的に利回りが高いのが通常である。また、銀行預金は、原則としていつでも引出しが可能であるので、ほかの金融商品に比べて利回りは低めである。

C．期間

第3に、満期までの期間の格差である。通常は、金利は満期までの期間が短いほど低く、長いほど高くなるという関係が見られる。すなわち、縦軸に金利、横軸に期間をとって、期間が異なる金融商品の利回りをプロットすると、通常は右肩上がりの曲線が示される。これをイールド・カーブ（利回り曲線）という。これは、満期までの期間が長くなるほど、運用資金の回収について不確実性が増大するため、その代償（プレミアム）が要求されるからだと考えられる。

なお、イールド・カーブは一定に固定されているわけではなく、その時々の経済金融情勢等に応じて、カーブの傾きは常に変動している。例えば、金利が先行き上昇する可能性が高い状況では、長期資金の需要が高まってイールド・カーブの傾きは大きくなるが、逆に低下する見込みの場合には、短期資金の需要が高まって短期金利が相対的に高くなり、長短の金利差が小さくなってイールド・カーブはフラット化する、といった現象がしばしば見られる。

❸ 金利の景気調節機能

景気が拡大すると消費や投資が活発になり、モノやサービスへの需要が高まるときにはインフレーション（物価高騰）の懸念が出てくるが、同時に金利も高水準に達する。資金コストが高まると借入需要が抑制されるので、投資や消費も抑制され、過熱気味の景気が安定化の方向に向かう。

一方、景気後退局面では、消費や投資が低迷するので資金需要は弱まり、金利が低下する。資金コストがある程度まで低下すると、次第に借入意欲が生まれ、低コストの資金を利用して消費や投資が行われ始めるために、

(図表 1-3) イールドカーブ

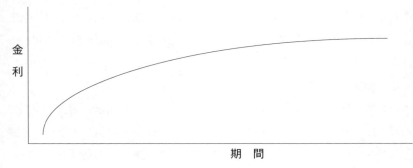

景気が回復していく。

　日本銀行は、通貨価値の安定、つまり物価の安定を金融政策の最大の目標としており、インフレーションの懸念が出てくると、金利水準を上昇させて金融の引き締めを図ってこれを抑制する。他方、景気が低迷すると、金利水準を低下させて金融を緩和し、景気を刺激する政策をとっている。

　このように、金利の有する景気調整機能が、日本銀行の金融調節を可能にしている。

❹ 金利の資金配分機能

　金利は資金の需給によって決定されているので、真に資金需要の高い部門に効率的に資金を配分する役割を果たしている。例えば、生産性に格差のある２つのプロジェクトがあるとしよう。生産性の高いプロジェクトは、相対的に高い金利で資金を調達しても成功を収めることができるので、貸し手に高金利を支払う意思を示すことによって資金需要を満たすことができる。つまり、市場の資金量に限りがある場合には、より生産性の高いプロジェクトの方に資金が回ることになる。金利を媒介とすることで、より必要性の高い部門から順に資金が配分されるのである。

　ただし、貸出業務の実務に従事している方は、貸出競争が激しく、借り手に金利を競わせるどころか、金融機関が貸出金利を競って引き下げてい

ると実感することも多いと思われる。日本経済が低成長時代に入って、企業の投資意欲が相対的に減退するなかで、基本的には資金は余剰気味になっており、金利を「てこ」とした資金配分機能が働きにくい環境にある。

III 金融機関の機能

❶ 金融仲介機能

　経済社会では日々さまざまな投資や消費等、経済活動が行われている。そして、こうした経済活動を行おうとするならば、法人・個人等の民間部門も政府等の公的部門も、それに見合った資金を確保することが必要となる。一方、資金には余裕があるものの、当面は特段の投資や消費を行う予定がなく、資金を寝かせている法人・個人・政府等の経済主体も存在する。そこで、有意義な投資や消費のプランがあって資金を必要としている資金不足者と、自らは有意義な使途がない資金余剰者をうまく仲介できれば相互に満足であるし、経済社会全体としても効率性が高まるといえる。

　金融機関は、資金余剰者には預金等を提供して金融商品の形で投資機会を用意するとともに、資金不足者には貸付等によって資金を提供している。これを金融仲介機能といい、金融機関の最も基本的な機能である。

❷ 期間変換機能

　金融機関は、預金という流動性の高い金融商品によって資金を調達し、これを原資として比較的長期の貸出需要に応じている。これを、金融機関の期間変換機能と呼んでいる。それではなぜ、金融機関はこのような期間変換を行うことができるのであろうか。

　まず、個人や法人が相対で資金を貸借するケースを考えてみよう。資金の貸し手は、通常、自分自身もいつ資金が必要になるか不安であるので、

あまり長い期間の約束で資金を貸すことに躊躇することが多い。一方、資金の借り手は、特に製品を生産するための工場建設や、個人が住居を建築するような場合には、借入期間が短いと返済に窮してしまうであろう。つまり、この例では、貸し手と借り手の間で資金の期間についてうまく折り合いがつきにくく、資金融通が行われなくなってしまう。

これに対して、金融機関は、いつでも引出し可能な当座預金や普通預金を資金の出し手である預金者に提供する一方、資金需要者には、長期の貸出しを行うことができる。このような取引が可能になるのは、金融機関の貸出原資である預金が、非常に多くの預金者から集めた資金だからである。個々の預金者だけを見れば、最初の例と同様にいつ資金が必要になるかわからない。しかし、通常はすべての預金者が同時に資金が必要になるということは考えられず、多くの預金者が集まれば、預金引出しのタイミングは個々に異なるであろう。

したがって、預金はいつでも引出しが可能な形で流動性が確保されているものの、預金者がそれらを一時に払い戻すことは現実には起こらず、金融機関は安定した資金量を確保することができる。それを原資にして、借り手の長期の資金需要に応じることが可能になっている。

このように、金融機関の期間変換機能は、多くの預金者の預金引出しのタイミングが異なる、という大数の法則に基づいて成立している。しかし、預金者の預金引出しのタイミングは絶対に一致することはない、と断言することはできない。例えば、金融機関の経営に不安が生じるようなことがあると、預金者が預金引出しのために銀行窓口に殺到するという、いわゆる預金取付けは、まさに預金引出しのタイミングが一致してしまう事例である。こうした事態が発生すると、本当にその金融機関の経営に不安があるかどうかに関係なく、当該金融機関は資金の期間変換を行っているために、たちまち預金の払戻しに窮して経営破たんに陥ってしまう。

したがって、金融機関が経営の健全性を保つことはその機能を発揮するうえでの大前提となる。

❸ 資金決済機能

　一般に、モノやサービスの売買などの経済取引には資金決済が必要になる。その最も基本的な方法は現金の授受であるが、現代経済社会ではそれ以外にも、手形・小切手、銀行振込み、口座振替、クレジットカードなど、さまざまな資金決済手段が提供されている。これらは現金を使わず、預金口座間の資金の移動によって行われる決済である。もし、直接的に現金を授受する方法しかなければ、現金の確保・保管が煩わしいばかりでなく、遠方まで現金を運ぶために多大の時間や費用がかかり、管理上のリスクも大きくなる。金融機関は預金口座を提供することによって、資金の授受を効率的かつ安全に媒介する、資金決済機能を担っている。

　それでは、なぜ人々は現金の授受がなくとも、預金を受け取る、つまり、預金口座の残高が増加するという事実によって資金決済が完了したと満足するのであろうか。それは、「預金を保有していれば、いつでも現金を引き出せる」という金融機関に対する信頼があるからといえる。仮に金融機関に対する信頼が崩れれば、だれも預金の形で資金を受け取ろうとはしないであろう。金融機関の経営の健全性は、資金決済機能の観点からも重要であることが確認できる。なお 2010 年に施行された資金決済法により、小口の決済は金融機関以外にも解放された。

❹ コンサルティング機能

　近年、金融機関におけるコンサルティング機能への注目度が高まっている。「金融仲介」、「期間変換」、「資金決済」といった伝統的な機能の発揮だけでは、付加価値の高い金融サービスを提供できなくなっているからである。

　コンサルティング機能を発揮できる取引先企業の支援は、一般的な財務相談、経営方針策定支援、社内制度改革支援、海外進出支援、ビジネスマッチング、人材の仲介、事務効率化支援、事業承継支援、M＆A支援、創業

支援、事業再生・廃業支援など多岐にわたる。

　それらの支援には、取引先企業の実態把握が前提となる。従来のような企業の財務情報に偏重した評価方法では、十分な企業実態の把握にはならない。このため、定性情報を重視した多面的な企業の評価方法を意味する「事業性評価」が推奨されるようになっている。

2 金融資本市場と金融政策

金融資本市場は、金融機関や投資家が参加して金融取引を行う場であるから、そこで定められているルールは、参加者の経営や業務にも大きな影響を及ぼしている。また、金融資本市場は中央銀行が金融調節を行う場でもある。本節では国内の短期金融市場・資本市場等について、そこで売買されている金融商品を切り口にして概観した後、金融政策について説明する。

I 金融資本市場の概要

❶ 金融資本市場の意義

　金融資本市場は、金融機関・証券会社・機関投資家など、金融のプロによって、一定のルールの下で組織的・継続的に、金融資産の売買等の金融取引が行われる場をいう。市場は必ずしも物理的な場所や建物を指さない。コンピュータネットワークや電話を利用して、プロが定められたルールの下で継続的・組織的に取引を実施している場合、そうした仕組み（システム）全体を「市場」と呼んでいる。むしろ現代の金融資本市場は、こうした取引システムを指す方が一般的となっている。

　金融資本市場は、資金の融通期間によって短期と長期に区別される。長短の区別は必ずしも絶対的な基準が定められているわけではないが、日本の場合には一般に、1年以内の金融取引を短期、1年超を長期と区別している。通常、前者を短期金融市場、後者を資本市場と呼んでいる。

(図表1-4) わが国の金融市場

(2018（平成30）年3月末　単位：兆円)

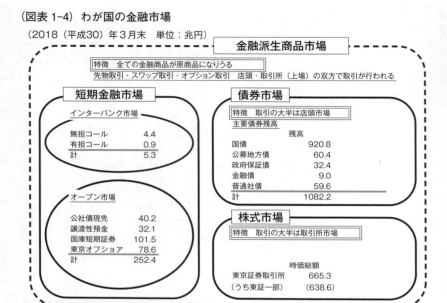

(出所) 金融経済統計月報　日本銀行調査統計局

　短期金融市場には、金融機関同士で取引されるインターバンク市場と、非金融機関も取引に参加するオープン市場がある。また資本市場で売買される金融資産は、主に債券や株式等の証券であるので、証券市場ともいわれる。さらに、新たに発行される証券の募集や売出しが行われる場を発行市場（プライマリーマーケット）、すでに発行された証券の売買が行われる場を流通市場（セカンダリーマーケット）と呼んでいる。

❷ インターバンク市場

　短期金融市場におけるインターバンク市場は、金融機関が預金・貸出業務や為替決済・手形交換などの日常業務を行ううえで生じる資金過不足を調整する場である。

A．コール市場

　コール市場は、金融機関の日々の資金繰りの過不足を調整する貸借の場

である。金融機関は、余剰分があれば貸出しによって運用し、不足分があれば借入れによって調達する、といった取引が機動的に行われている。短資会社が取引の仲介を行っているが、金融機関同士が直接相対で取引するダイレクト取引（DDコール）も行われている。

コール市場の取引には、担保を必要としない「無担保コール」と、担保を必要とする「有担保コール」の2つがある。また取引期間は、当日中に返済する「半日物」、当日から翌営業日までの取引である「無担保コール・オーバーナイト物」ないし「有担保コール翌日物」、2営業日以上の取引である「ターム物」がある。取引の中心となっているのは、無担保コール・オーバーナイト物で、日本銀行ではこれを金融調節のターゲットとしている。

B．手形市場

手形市場は、「翌日物」から「1年物」までの短期資金を融通するインターバンクの貸借市場である。コール市場よりも期間が長めの取引が中心である。1970年代の初めに日銀が手形の売買オペレーションを開始した後、市場で取引される手形は、相手方が日銀となるオペレーションに使われるものがほとんどとなった。2000年代の初めに日銀による共通担保資金供給オペが手形の買いオペに代わるものとして実施されるようになった。

❸ オープン市場

短期金融市場におけるオープン市場は、非金融機関も参加して、短期の金融資産を売買する市場である。取引される金融資産の種類に応じて、CD（譲渡性預金）、CP（コマーシャルペーパー）、T-Bill（国庫短期証券）、債券現先、債券レポ（債券貸借取引）などの市場がある。

A．CD

CD（Negotiable Certificate of Deposit：譲渡性預金証書）は、預金証書が第三者に対して譲渡できる定期預金のことである。発行期間には特段の制約はないものの、30日～90日物が中心となっている。

発行するのは銀行、信用金庫、信金中金、信用協同組合と同連合会、信用農業協同組合、農林中央金庫、商工中金、労働金庫と同連合会などの預金受入機関である。預金者は、主に金融機関やその関連会社、短資会社、証券会社などである。CDの導入当初は発行ロットは5億円であったが、順次発行最低単位が引き下げられ、現在、発行最低単位は撤廃されている。

CDの取引方法には、無条件売買（買切り・売切り）と、条件付売買（CD現先）があるが、実際の取引はCD現先が中心となっている。これは、一定期間後に一定価格での反対売買を約束して行う取引である。

B．CP

CP（Commercial Paper：コマーシャルペーパー）は、信用力のある優良企業が割引方式で発行する無担保の約束手形で、企業が短期資金を調達するためにオープン市場で発行している。CP市場は、アメリカで自然発生的に形成された市場であるが、日本では昭和62（1987）年に創設された。日本銀行による公開市場操作（CPオペレーション）の対象になっている。

C．T-Bill

T-Bill（Treasury Discount Bills：国庫短期証券）は、償還期間が2ヵ月、3ヵ月、6ヵ月、1年の割引短期国債である。従来の短期国債には、国債の償還・借換えを円滑に行うための資金繰りに発行するTB（Treasury Bills：割引短期国債）と国庫の一時的な資金不足を補うために発行するFB（Financing Bills：政府短期証券）の2種類があったが、政府が必要な短期資金を柔軟に調達することができるように、2009（平成21）年より国庫短期証券として統合発行されることとなった。

D．債券現先

債券現先は、一定期間後に一定価格での反対売買を約束して行う債券の購入（売却）取引である。債券現先市場は、当初は証券会社の重要な資金調達手段として形成された市場で、証券会社は「売り現先」を行うことで資金を調達している。

債券現先取引は、目的に応じて自己現先、委託現先、直現先がある。「自己現先」は、証券会社が自社の資金繰りのために、自己の保有する債券を担保に資金を調達する売り現先のことで、自己保有の債券を、買戻し条件付きで売却する。「委託現先」は、証券会社が仲介する取引のことで、顧客の委託を受けて行う売り現先である。顧客は、証券会社に手持ちの債券を買戻し条件付きで売却し、証券会社はこの債券を同日、買戻し条件付きで売却する。「直現先」は、都市銀行などの金融機関が、証券会社を経由せずに、直接、事業法人などに対して行う売り現先のことで、売り手と買い手が証券会社を通さず直接行う取引である。

債券現先取引は、表面上は債券売買であるが、実質的には債券を担保とする短期の資金貸借取引といえる。

E．債券レポ（債券貸借取引）

債券レポ市場（債券貸借取引市場）は、品貸料をとって債券の貸借を行う市場である。債券レポは、現金を担保に債券を貸し借りする取引で、現金担保付債券貸借取引とも呼ばれている。

債券現先取引は、債券を担保に現金を貸し借りする取引であるが、債券レポは、現金を担保に債券を貸し借りする取引である。債券現先市場は、主に証券会社が自社の債券を担保に資金を調達する市場であるが、債券レポ市場は、銀行、証券会社など、すべての金融機関が参加できる市場であり、市場規模が拡大している。

❹ 債券市場

債券とは、発行者が均一条件で多額の資金を調達する際に発行する一種の債務証書のことで、一定の法定様式に従って、金銭債権の内容が券面上に表示されている有価証券のことである。

普通社債（ストレートボンド）は、債券として最も基本的な性格を備えている債券といえる。普通社債のうち、券面額に対する一定利率（クーポン）を定期的に利子として受け取り、満期に元本が償還されるタイプの債

券を利付債という。一方、額面よりも大幅な割引価格で発行され、満期までの期間中に利払いがなく、満期に額面金額が償還されるタイプの債券を割引債という。

普通社債に株式の性質を加味した債券を新株予約権付社債といい、エクイティ債ともいわれる。新株予約権付社債は、大きく分けて2つのタイプがある。すなわち、投資家の選択によって、あらかじめ定められた価格で発行企業の株式に転換できる権利がついているタイプのものと、あらかじめ定められた価格で発行企業の株式を購入できる権利がついているタイプのものがある。前者は債券と株式を交換するものであるから、投資家は新たな資金は必要ないが、後者は債券はそのままで、別途株式を購入することになる。

債券市場を発行体別に見ると、国が発行する「国債」が最も発行量が多く、債券市場の中心になっている。そのほか、政府保証債、地方債、金融債、社債（事業債）が発行されている。なお、国債、政府保証債、地方債を公共債、民間企業が発行する債券を社債と称することから、債券市場は公社債市場とも呼ばれている。

❺ 国債

債券市場の中心となっているのは、国が発行する債券の国債である。国債の商品性は多岐にわたっており、「固定利付国債」（半年に1回の固定金利の利払い）と「変動利付国債」（半年に1回の変動金利の利払い）、「割引国債」（額面を下回る価格で発行・満期時に額面金額で償還・利払いなし）等がある。また、元本が変動する物価連動国債がある。固定利付国債は、発行期間2年・5年・10年・20年・30年・40年と3年および5年の固定型個人向け国債がある。変動利付国債は、15年および10年変動型個人向け国債がある。割引国債は3年と5年があるが、近年は発行されておらず、2ヵ月・3ヵ月・6ヵ月・1年の国庫短期証券（前掲T-Bill）として発行されている。物価連動国債は10年物で発行されている。

国債の発行は、法律で定められた発行根拠に基づいて行われており、大別すると普通国債と財政投融資特別会計国債（財投債）に区分される。ただし、金融商品としてはまったく同一である。

A．普通国債

「普通国債」には、新規財源債と借換債がある。

「新規財源債」は一般会計において発行され、その発行収入は一般会計の歳入の一部となる。発行根拠法の違いにより建設国債、特例国債（赤字国債）、復興債に区分される。ただし、金融商品としてはまったく同一である。

「建設国債」は財政法に基づき、公共事業、出資金および貸付金の財源を調達するために発行される。

「特例国債（赤字国債）」は、特例国債法に基づき、建設国債を発行してもなお歳入が不足すると見込まれる場合、公共事業費等以外の歳出に充てる資金を調達することを目的として発行される。復興債は、東日本大震災からの復旧・復興事業に必要な財源を確保するために、特別措置法に基づき発行される。

「借換債」は国債整理基金特別会計において発行され、その発行収入は同特別会計の歳入の一部となる。普通国債について、償還額の一部を借り換える資金を調達するために発行される。

B．財政投融資特別会計国債（財投債）

「財政投融資特別会計国債（財投債）」は、財政投融資資金において運用の財源に充てるために発行される。財投債は国がその信用に基づいて発行するもので、財投債の発行収入は財政投融資特別会計の歳入の一部となる。ただし、財投債は、その償還や利払いが財政投融資資金による独立行政法人などへの貸付回収金により行われているという点で、将来の租税を償還財源とする建設国債・特例国債とは異なっている。

❻ その他の債券

A．政府保証債

「政府保証債」は、元本の償還と利子の支払いを政府が保証する債券で、特別の法律によって設立された公団、公庫、事業団などが、その事業資金の一部を調達するために発行される。

B．地方債

「地方債」は、都道府県や市町村などの地方公共団体が発行する債券である。地方自治法、地方財政法に基づき、公共施設設備や土木施策の財源調達のために発行される。指定金融機関を通じて資金調達する銀行等引受地方債と、投資家に購入を募る市場公募地方債がある。また、市場公募地方債には、全国的に幅広い投資家に募る全国型と、地域住民を中心に募る住民参加型がある。

C．金融債

「金融債」は、特定の金融機関がそれぞれの根拠法に基づいて発行する債券をいう。民間銀行を中心に金融債はすでに発行停止とされており、発行残高は大きく減少している。

D．社債

「社債」は、一般の事業会社が発行する債券で「事業債」とも呼ばれる。なお、さらに細分化して、電力会社が発行する社債を「電力債」と称している。これは、一般企業の社債は1社でそれほど大きな発行残高にはならないが、大規模な設備を必要とする電力会社は歴史的に発行量が大きく、ひとつのカテゴリーを形成してきたという背景があるためである。また、金融機関も資金調達手段として社債を利用しており、特に大手銀行は定期的・継続的に発行している。

❼ 株式

株式は会社の持分を表章するもので、株主の権利は、会社法によって定

められている。有価証券のなかでも最も本源的な資本証券として、会社の資金調達の重要な手段のひとつとなっている。

A．株式の基礎知識

株主には、会社から利益配当を受ける権利（配当請求権）、会社の残余財産の分配を受ける権利（残余財産分配請求権）等の経済的権利があり、これを自益権という。さらに株主には、株主総会に出席し議決権を行使する権利が、また、一定数以上の株主には帳簿を閲覧する請求権も与えられており、これらの権利は共益権と呼ばれる。株主はその持株数に応じて平等に取り扱われなければならないとされており、これを株主平等の原則という。

会社は、一定の数の株式数を1個の議決権の単位とすることができることとされ、これを1単元株式という。単元未満株主には議決権が与えられない。さらに、会社は株主の権利について優越を認めたり、制約を付したりすることのできる異なる種類の株式（種類株式）を発行することができる。配当に関し優越した権利を認める半面で、議決権などを認めない配当優先株式は、種類株式の典型的なものである。

B．企業の資金調達

株式による資金調達の方法としては、①株主割当（保有株式数に応じて株主に新株式を割り当てる）②第三者割当（特定の者に新株式を割り当てる企業の再建・提携の際に利用される）③公募（広く不特定多数の者に新株式への応募を求める）の3つの方法がある。この場合、新株式の価格について、③は時価であることが通常で、①は時価以下の適当な価格で決定されるが、②については、価格によっては既存株主の利益を害することもあるため、特に有利な価格である場合には、株主総会の特別決議などが必要とされている。

❽ デリバティブ（金融派生商品）

デリバティブは、金利、為替、株式等の原資産となる金融商品から派生

した金融取引である。

　主な種類に、先物取引、スワップ、オプションがある。取引所で取引されるものと店頭で取引されるものがあり、店頭で取引される量の方が圧倒的に多い。日本におけるデリバティブの想定元本合計は店頭取引で59.7兆ドル、取引所取引で5.8兆ドルとなっている（2018年6月末時点、主要ディーラー分、日本銀行公表）。

　A．先物取引

　先物取引とは、将来の定められた期日（清算日）に、「定められた数量」、「定められた価格」で、「売り」「買い」を保証する取引である。通貨（為替）、有価証券（国債先物等）、指数（TOPIX先物等）等が対象になる。取引所で行われる先物取引（futures）と相対で行われる先渡し契約（forward）がある。

　B．スワップ

　スワップ取引とは、あらかじめ決められた条件に基づいて、将来の一定期間にわたり、キャッシュ・フローを交換する取引である。固定金利と変動金利を交換する金利スワップや、異なる通貨のキャッシュ・フローを交換する通貨スワップがある。また、信用リスクを移転するCDS（Credit Default Swap）などもある。

　C．オプション

　オプション取引とは、ある原資産について、あらかじめ決められた将来の一定の日または期間において、一定のレートまたは価格（行使レート、行使価格）で取引する権利を売買する取引である。原資産を買う権利についてのオプションをコール、売る権利についてのオプションをプットとよぶ。オプションの買い手が売り手に支払うオプションの取得対価はプレミアムとよばれる。

Ⅱ 金融政策

❶ 金融政策決定会合

　金利や通貨量などの金融指標は、実体経済と密接な関係を持っていることから、日本銀行を始め、各国の中央銀行は望ましい物価や景気の状況を実現するために、金利や通貨量をコントロールする「金融調節」を実施している。そして、日々の金融調節は、「金融政策」の基本方針に基づいて実施されている。

　日本銀行の金融政策の基本的な方針は、「金融政策決定会合」で決定される。日本銀行総裁と2人の副総裁、6人の審議委員がメンバーで、月に1、2回開催されている。財務大臣および経済財政政策担当大臣または、それぞれの指名する職員もオブザーバーとして出席するが、議決権はない。決定事項については、会合終了後直ちに決定内容が公表され、また約1ヵ月後には議事要旨が公表される。

　日本銀行法が定めるように、金融政策の理念は、「物価の安定を図ることを通じて国民経済の健全な発展に貢献すること」にある。金融政策決定会合では、金融市場調節の方針、基準割引率および基準貸付利率および準備預金制度の準備率、金融政策の手段となるオペレーションの方法、金融政策判断の基礎となる経済および金融の情勢に関する基本的見解などが審議、決定されている。

❷ 市場オペレーション（公開市場操作）

　日本銀行が、金融調節の目標として最も重視してコントロールしているのは、無担保コール・オーバーナイト物である。金融政策決定会合において、これをどのような水準にコントロールするかが決定されると、日本銀行は日々の市中銀行との間で実施している金融資産の売買によってその実

現を図っている。これを「市場オペレーション（公開市場操作）」という。

例えば、買いオペレーションによって市中銀行が保有している国債や手形を日本銀行が買えば、代金が市中銀行に支払われるので資金が供給されることになる。逆に、売りオペレーションによって日本銀行が保有している国債や手形を市中銀行に売れば、代金が市中銀行から支払われるので資金が吸収されることになる。日本銀行は、どのような量の資金を、どのようなタイミングで供給・吸収するかによって短期金融市場の金利をコントロールしている。

❸ 日銀当座預金

日本銀行がオペレーションを実施することによって短期金利をコントロールするメカニズムにおいては、「日銀当座預金」が重要な役割を果たしている。

日銀当座預金は、市中銀行が日々の入出金に利用する流動性預金であるが、「準備預金制度」との関係を理解することが重要である。市中銀行は預金者の払戻し請求にいつでも応じられるように支払準備を保有しているが、それは金庫等に現金で保管するだけでなく、いつでも現金に換えることができる日銀当座預金に準備預金として積まれている。準備預金制度とは、この積立額を一定の残高保有することを義務付ける制度のことをいう。「法定準備預金額」は、市中銀行の預金残高に対する一定比率として、日本銀行が定めている。

準備預金は1ヵ月単位の「積数」で算定されるので、市中銀行は日々、積立額の進捗を管理していく必要がある。そして、市中銀行は、コール市場などの短期金融市場で日々の資金繰りを調整しているので、積立額の進捗に不足があれば市場から資金を調達し、余裕があれば資金を市場に放出することになる。そこで、日本銀行は、オペレーションによって市中銀行の準備預金を増減させることで、短期金融市場の需給をコントロールしているのである。

❹ 預金準備率操作・基準割引率および基準貸付利率（公定歩合）操作

　預金準備率操作は、準備預金制度における法定準備率を調節するもので、金融機関の信用創造機能を活用した金融調節手段といえる。前出の「信用創造」で用いた事例では、支払準備率を10％と仮定したので、元手となる預金量の10倍（＝1/0.1）の信用が創造されたが、もし日本銀行が支払準備率を5％に変更すると、20倍（＝1/0.05）の信用が創造されることになる。このように、日本銀行は、支払準備率を変動させることで、銀行組織を通じて経済社会の資金量をコントロールすることができる。ただし、日本銀行は日々の金融調節は、市場オペレーションを利用して実施している。

　基準割引率および基準貸付利率は、以前は公定歩合と呼ばれていたものである。かつては、日本銀行が公定歩合により金融機関に貸出しを行うことが主要な金融調節手段であり、公定歩合の上げ下げが銀行の貸出金利や預金金利の水準に波及する仕組みであった。

　しかし、金融自由化とともに公定歩合に直接連動しない金利自由化も進展したため、1996（平成8）年以降、日本銀行は原則としてオペレーションにより金融調節を行うこととした。現在の日本銀行の政策金利は、無担保コールレート（オーバーナイト物）であり、基準割引率および基準貸付利率（公定歩合）には、政策金利としての意味合いはない。

　なお、基準貸付利率は、2001（平成13）年に導入された補完貸付制度[※]の適用金利となっており、同制度を通じてコールレートの上限を画する役割を担っている。

※　金融機関が、日本銀行からあらかじめ差し入れた担保の範囲内で基準貸付利率により短期資金の借入れができるもの。基準貸付利率は、金融調節における操作目標である無担保コールレート（オーバーナイト物）より高い水準にあり、実質的に同レートの上限となっている。

❺ 量的緩和政策

これ以降は、非伝統的な金融政策とされるものになる。

「量的緩和政策」は、準備預金制度において中央銀行が市中銀行に所要準備を超える準備預金（超過準備）を供給する政策である。短期金利をコントロールするという伝統的な考え方に基づけば、中央銀行が市中銀行に所要準備を超えて準備預金を供給しても、市場金利がゼロ％になっているならば、市中銀行はそれを市場で運用するインセンティブを失うので、ただ準備預金が積み上がるだけとなってオペレーションは意味を成さないというのが従来の考え方であった。

しかし、リーマン・ショックのような著しい金融市場の混乱が生じた際に、各国の中央銀行は金融システムを維持する観点から、市中銀行の資金繰りを容易にするための流動性対策として、所要準備を超えて巨額の準備預金を供給した。これによって金融システムの崩壊が回避されたので、「金融安定化」政策としては有効であったと評価できる。

❻ 信用緩和政策

「信用緩和政策」は、中央銀行が一般企業等の発行する証券類など民間のリスク資産を購入したり、民間向けに貸出しを行う等により、市中銀行を通さずに直接資金を供給する政策である。例えば、日本銀行はこれまでに、企業金融支援特別オペ、CP買入れ、社債買入れ等を行い、さらにはREIT（不動産投資信託）やETF（上場投資信託）も購入対象に加えるといった政策を実施した。またアメリカのFRBもリーマン・ショック後、MBS（モーゲージ担保証券）やGSE債（ジニーメイ債等）の買入れを実施した。

量的緩和は準備預金の増大という、中央銀行のバランスシートの負債側を拡大する政策であるのに対して、信用緩和は民間リスク資産を直接購入するという、資産側の作用を強調した政策である。すなわち、それだけ中央銀行の信用状態を悪化させる可能性も大きくなるといえる。したがって、

このような政策は金融システムが機能不全に陥り、信用不安が広がることによる信用収縮の発生や、民間リスク資産に買い手がつかなくなるといった事態に対応するための「金融システム安定化策」として捉えておくほうが妥当だとする見解が少なくない。

しかし、一方では、中央銀行が巨額の量的緩和策を進めるうえで、市場オペレーションの対象を十分に確保するために、従来の国債や銀行発行資産に加えてETFやREITも市場オペレーションの対象とする行動が実際に見られるようになっている。

❼ 時間軸政策

「時間軸政策」は、中央銀行が市場に対して、短期金利を引き上げない旨をコミットすることで、長期金利の上昇を抑制する政策である。例えば、日本銀行は、リーマンショック後にインフレ率がプラスになるまでゼロ金利政策を続けることをコミットすることで、長期金利上昇の抑制を目指した。

❽ 異次元緩和（量的・質的金融緩和）

日本銀行は2013（平成25）年4月4日、「量的・質的金融緩和の導入について」を公表した。その骨子は、消費者物価上昇率2％の「物価安定の目標」を、2年程度の期間を念頭にできるたけ早期に実現すること、そのためにマネタリーベースおよび長期国債・ETFの保有額を2年間で2倍に拡大し、長期国債買入れの平均残存期間を2倍以上に延長するなど、量・質ともに次元の違う金融緩和を行うこととされている。

❾ マイナス金利政策

2016年1月29日、日本銀行はマイナス金利政策の採用を発表した。これは民間銀行の日銀当座預金にある超過準備に対して−0.1％のマイナス金利を課すものである。

実際には、日銀当座預金は、プラス金利部分（＋0.1％）、0％部分、マイナス金利部分（－0.1％）の3層となっており、マイナス金利の対象となる部分は一部にすぎない。

　こうした3層構造は、①マイナス金利政策による景気刺激効果を保ちつつ、金融機関収益への直接的な影響を小さくすること、②マイナス金利適用先が資金を放出する一方、プラスないしゼロ金利部分に余裕がある、いわば枠が余っている金融機関が資金を取り入れる、といった形でインターバンク取引を促し、市場機能を維持することを目的としている。

　なお、欧州（EU、デンマーク、スウェーデン、スイス）では、日本に先立ってマイナス金利政策を採用していた。

3 金融行政とその変化

> 営業店運営においても、金融機関に対する規制とその背景については、理解をしておく必要がある。
> また、個々の金融機関が自らの経営の課題や方針を掲げるとき、その時々における日本の金融界全体の課題を示した金融行政の方針等が参考にされてきた。営業店に対する経営や本部からの要請の背景にある金融行政の方向性を理解することは、営業店運営の参考になると思われる。
> さらに、検査・監督を受ける立場となる金融機関の営業店が、金融庁の方針を正確に理解すれば、検査・監督に対する過剰な備えや検査・監督を意識した過度な萎縮を避けることができる。
> 以上の観点から、ここでは、金融行政の枠組みと近年における変化をまとめている。

I 銀行法と健全性の維持

❶ 銀行法の目的と規制

　銀行法の第1条には、銀行法の目的として、「銀行の業務の公共性にかんがみ、信用を維持し、預金者等の保護を確保するとともに金融の円滑を図るため、銀行の業務の健全かつ適切な運営を期し、もって国民経済の健全な発展に資することを目的とする」とある。銀行の信用を維持するための健全性の確保は、従来から金融行政の中核となる目標であった。

金融機関の健全性を確保し、破綻を回避するために、銀行法等の下で免許制が適用され、業務の健全かつ適切な運営を確保するための規制が課せられている。また、破綻時の影響を限定するために、預金保険法等の下でセーフティ・ネットが与えられている。

銀行法等において、金融機関の健全性を予防的に確保し、破綻を回避することを目的とした規制には、以下のものがある。

① 債務超過による破綻の確率を一定以下に抑えるための「自己資本比率規制」（銀行法14条の2等）
② 資金繰り破綻の確率を一定以下に抑えるための「流動性比率規制」（同上）
③ 不適切・不必要ないし過大な損失の発生を回避するための「アームズレングス・ルール」、「業務範囲規制」および「大口信用供与等規制」（銀行法13条の2、12条、13条）
④ 財務の健全性の実態が適切に決算に反映され報告・開示されることを確保するための報告・開示・経理基準（銀行法19条～22条、金融再生法7条）
⑤ 適切なガバナンスを確保するための機関構成規制（銀行法4条の2等）、取締役の兼職制限・適格性規制（銀行法7条、7条の2）、銀行等が特定株主の不適切な影響を受けることのないようにするための主要株主規制（銀行法52条の9）

❷ 健全性維持のための規制の根拠

金融機関は、預金や銀行間取引などで短期調達を行い、貸出による長期運用を行っている（期間変換機能による長短ミスマッチ）。このため、支払可能性に対する懸念が高まり、一斉に預金引出しや資金回収（取付け）が行われても、資産の回収による対応ができない。また、銀行の財務内容は外部から把握するのが困難であるため（情報の非対称性）、預金者に不

(図表 1-5) 健全性維持のための主な規制

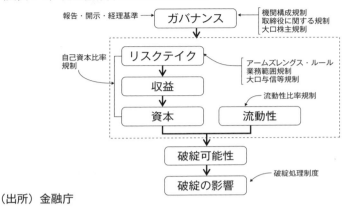

(出所) 金融庁

安感が伝播すれば、特定の銀行だけでなく同様のビジネスを行っている他の銀行に対しても取付けが行われるおそれがある。さらに、銀行は少ない資本に対し多額の負債を調達するという意味で、レバレッジがかかったビジネスを行っているため、経済環境が悪化した場合に、資本の多くを毀損する可能性がある。金融システムには、本来、こうした脆弱性がある。内外の金融危機の事例においても、市場に任せるだけでは金融システムの安定を確保できなかったことが示されている。

金融機関は預金を通じた資金決済機能や貸出等による金融仲介機能を担っている。このため、金融機関の破綻によりこれらの機能が損なわれれば、実体経済に大きな影響が生じる。これに対処するため、預金保険制度や中央銀行の最後の貸し手機能をはじめとするセーフティ・ネットが整備されている。しかしながら、セーフティ・ネットの存在は、銀行が慎重に経営を行うインセンティブを損ない、過度なリスクテイクにより金融システムをかえって不安定にするモラルハザードのおそれがある。

金融当局が金融機関を監督するのは、これらの問題に対処し、金融システムの安定を確保するため、とされている。

❸ 当局の監督権限

銀行法は、銀行に対する行政当局の監督権限を次のように定めている。

銀行法24条の「調査権」は、金融庁において監督上必要があれば、銀行業務の個々具体的な事情について報告を求め、あるいは書類・帳簿等の資料の提出を求めることができる旨定めている。銀行が正当な事由なく調査権の行使を拒否すれば、刑罰が科せられる。実務上は、「24条報告」と称されるものである。

同法25条に定める「立入検査」は、金融庁が自ら直接銀行の実情を明らかにする立入検査権で、実務上は「金融検査」と称されるものである。立入検査に対する虚偽の回答や検査忌避等があれば、刑罰が科される。

同法26条に定める「業務の停止権」は、実務上は「業務改善命令」や「業務停止命令」と称されるものである。銀行の業務や資産が不良化した場合に、それ以上銀行利用者のリスクを拡大させないように、いち早く新規預金取引や新規貸付を停止させる。これは、銀行の資産内容を悪化させるのを防止するため、業務の全部または一部の停止、あるいはその他監督上必要な措置を命じるものである。

同法27条・28条に定める「免許の取消し」は、法令・定款等違反や公益を害する行為など、銀行の公共的性格に照らして社会的責任が重大であると認められる場合に、業務の全部または一部の停止命令、取締役、監査役の解任命令、銀行の営業免許の取消し等を命ずるものである。

Ⅱ 金融行政の目標の変化

金融庁は、銀行法等金融関連法を執行する行政機関である。銀行法の目的には、「信用の維持」、「預金者等の保護」、「銀行の業務の健全」といったものと同時に、「金融の円滑」、「国民経済の発展」といったものもある。

金融庁が、この複数の目的に対し、どういった重点をおくかは、時代とともに変化している。

　金融庁は、金融行政の目的（究極的な目標）を、「企業・経済の持続的成長と安定的な資産形成等による国民の厚生の増大」としている。

　また、金融庁は、近年において、この目的を達成するために、「金融システムの安定と金融仲介機能の発揮」、「利用者保護と利用者利便」、「市場の公正性・透明性と市場の活力」をそれぞれ両立させることを目標とする旨を説明している。

　金融庁は、その発足の当初、自らの任務を「金融システムの安定」、「利用者の保護」、「市場の公正性・透明性の確保」の3つのみとしていた。

　「金融システムの安定」は重要な目標ではあるが、これだけを追求する結果、金融機関がリスクをとることに対して過度に委縮し、金融仲介機能が十分に発揮されなければ、経済や企業の持続的成長を阻害することになる。このため、近年では、「金融システムの安定」と「金融仲介機能の発揮」とをバランスをもった形で両立させることが望ましいと考えるようになっている。

（図表1-6）

金融行政の目標
（安定重視から安定と成長の両立へ）

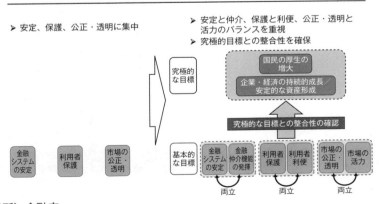

（出所）金融庁

(図表1-7) 検査・監督に関する方針の示し方

ルールとチェックリスト中心 →方針に示された結論の適用	プリンシプルと考え方・進め方中心 →金融行政の目的に遡って判断
検査マニュアル (網羅的・包括的なチェックリスト集)	平成30年度終了後(平成31年4月1日以降)を目途に廃止 (金融機関の現状の実務の否定ではなく、より多様な創意工夫を可能とするために行う)
監督指針 (法令等の適用・解釈の明確化、国際基準の国内実施細則、免許・許認可・指導・処分等の事務処理について記載)	監督指針 (過度に詳細なルール等は見直し)
	金融検査・監督の考え方と進め方(本文書) (検査・監督基本方針。チェックリストを示さず、検査・監督全般に共通する考え方と進め方を記載)
	プリンシプル (例)・顧客本位の業務運営に関する原則(2017-)
	分野別の「考え方と進め方」(まだ確立しておらず、熟度の低い考え方・進め方については、ディスカッション・ペーパーの形で提示) また、ディスカッション・ペーパーの形以外でも、時々の重要な課題に対する、今後の課題や着眼点等の公表を検討 (例)・コンプライアンス・リスク管理態勢 　　・健全性政策 　　・ITガバナンス 　　・金融仲介機能の発揮 　　・融資に関する検査・監督実務
	上記のほか、必要に応じ特定の分野に関する具体的な基準を示すことも検討
年度検査方針、年度監督方針 (事務年度ごとの方針)	年度金融行政方針(2015-) (事務年度ごとの方針。金融レポートで実施結果を検証、次年度方針に反映)
事務連絡 (一定の局面下でタイムリーな意見発信や注意喚起を行うための文書)	事務連絡、意見交換会の発言概要(2017-) (同左)

(出所)金融庁

また、「利用者保護」のためのルール遵守だけで、利用者の最善の利益に沿った商品・サービスを提供する努力が十分でないとしたら、国民資産の安定的な形成を実現できない。このため、近年では、「利用者保護」と「利用者利便」の両方を目指すことが望ましいと考えるようになっている。

　さらに、「市場の公正性・透明性の確保」も市場が機能するためには不可欠だが、国際的な市場間競争が激しくなるなかで、我が国の市場が活力のない市場に留まるならば、企業の資本調達にも国民の資産形成にも十分な役割は果たせないことになる。このため、近年では、「市場の公正・透明」と「市場の活力」とを両方実現するよう努めることが望ましいと考えるようになっている。

III 金融行政の方針の変化

❶ 金融庁における方針の構造

　金融庁は、法令の範囲の中で、方針を示している。従来は、透明性を重視し、網羅的・包括的なチェックリストである「金融検査マニュアル」、法令等の適用・解釈の明確化等のために示されていた「監督指針」、事務年度ごとの方針である「年度検査方針」、「年度監督方針」、随時行われる「事務連絡」によって、金融行政の方針が示されてきた。

　しかし、近年、金融庁は、考え方を大きく変え、網羅的なチェックリストから、プリンシプル（原理・原則）を中心としたものへと、方針の示し方を変えてきている。この結果、金融検査マニュアルについては、2019年4月1日以降を目途に廃止されることとなった。

❷ 金融行政方針（年度行政方針）

　「金融行政方針」とは、金融行政が何を目指すかを明確にするとともに、

その実現に向け、いかなる方針で金融行政を行っていくかを、27事務年度以降、毎年、金融庁が公表しているものである。

29年度以前は、「金融行政方針」と、それに基づく行政の進捗状況や実績を分析や問題提起を含めてまとめていた「金融レポート」とが別々に出されていたが、30年度において、それらは統合されている。

IV 検査・監督の見直し

❶ 検査・監督基本方針

2018年6月に「金融検査・監督の考え方と進め方（検査・監督基本方針）」が公表された。これは、下記のように、金融行政の視野を「形式・過去・部分」から「実質・未来・全体」に広げ、金融行政の目的である「企業・経済の持続的成長と安定的な資産形成等による国民の厚生の増大」により効果的に寄与できる検査・監督の実現を目指したものである。

（図表1-8）

「形式・過去・部分」から「実質・未来・全体」へ

形式	実質
－ 担保・保証の有無やルール遵守の証拠作りを必要以上に重視	－ 最低基準（ミニマム・スタンダード）が形式的に守られているかではなく、実質的に良質な金融サービスの提供やリスク管理等ができているか（ベスト・プラクティス）へ
過去	未来
－ 足下のバランスシートや過去のコンプライアンス違反を重視	－ 過去の一時点の健全性の確認ではなく、将来に向けた健全性が確保されているか
部分	全体
－ 個別の資産査定に集中、問題発生の根本原因の究明や必要な対策の議論を軽視	－ 特定の個別問題への対応に集中するのではなく、真に重要な問題への対応ができているか

（視野の拡大）

（出所）金融庁

❷ 金融行政の役割

　検査・監督基本方針では、金融行政の役割を、「市場の失敗」に対応し、市場メカニズムや金融機関自身のガバナンス機能が発揮されるようにすることとしている。一方で、過剰規制・過剰介入によって市場を歪める、金融機関の創意工夫を不必要に制限する、といった「当局の失敗」もある。金融庁は、「市場の失敗」と「当局の失敗」の総計をできるだけ小さくして、全体として市場の機能が最大限発揮される環境が確保されるよう目指していく、としている。

> 金融機関における「市場の失敗」例
> ・個別金融機関の行動が金融システムや経済全体にマイナスやプラスの影響を及ぼすにもかかわらず、その影響が個別金融機関の経営判断に織り込まれない「外部不経済」・「外部経済」の問題
> ・金融機関と顧客等との間に情報格差が存在する「情報の非対称性」の問題
> ・株主や金融機関全体にとっての長期的な利益と、金融機関役職員が行動する際の誘因が整合せず、結果として役職員が自らの目先の利益を優先した行動をとってしまう「エージェンシー問題」等

❸ 3つの手法

　金融庁は、「実質・未来・全体」を実現するための検査・監督の手法として、「最低基準検証」、「動的な監督」、「見える化と探究型対話」の3つの手法を挙げている。

A. 最低基準検証

　「金融システムの安定」、「利用者保護」、「市場の公正性・透明性」の3目標を巡っては、それぞれ最低限満たすべき基準が設定されている。これらの充足状況の確認のための検査・監督が「最低基準検証」である。

例えば、自己査定・償却・引当に関する会計基準、自己資本比率規制、利用者保護や資本市場の公正・透明に関する諸法令、経営管理・顧客保護・リスク管理のために最低限必要とされる態勢等が挙げられる。

B. 動的な監督

最低基準への抵触は、利用者にも金融機関にも当局にも大きなコストをもたらす。このため、足元の最低基準の遵守状況の確認だけでなく、金融機関が将来の最低基準に抵触する蓋然性を評価し、金融機関と問題意識の共有を行い、改善に向けた対応を求めていく手法が「動的な監督」である。

足元では健全性に関する最低基準に抵触していないとしても、将来的に最低基準に抵触する蓋然性が高い場合としては、例えば、①最低基準で十分に捉えられていないリスクを過大に抱えている場合、②収益やビジネスモデルの持続可能性が損なわれている場合、③ガバナンスや企業文化に起因して、問題のある経営陣の行動・姿勢を防止・是正できない等の課題を抱えている場合、が挙げられる。

(最低基準で十分に捉えられていないリスクの例)
・一見多様な貸出先への分散がなされていたが、多くの貸出先は事業・担保等を通じ大きな不動産価格変動リスクを伴っていた。
・金融機関が限定的なリスクしか負わない前提で取引が行われていたが、リスク分担のあり方が明確には取り決められておらず、実際には多大な負担を負った。
・基準に捕捉されない形でリスクテイクができるよう取引が設計されていた。

(収益やビジネスモデルの持続可能性が損なわれている例)
・長期固定金利資産の満期が順次到来し低金利資産に入れ替わっていく。
・地域の人口減少や高齢化が融資機会の減少につながることが見込ま

> れるが、顧客と共に成長できるビジネスモデルを見いだせていない。
> ・投資信託の回転売買により役務収益を確保しているが、中期的には顧客からの信頼を失いビジネスとして継続できなくなるおそれがある。

C. 見える化と探求型対話

「金融仲介機能の発揮」、「利用者利便」、「市場の活力」の3目標については、各金融機関が、自らの置かれた状況に応じ、多様で主体的な創意工夫を発揮することが望まれている。こうしたベスト・プラクティスを追求する金融機関への支援が、「見える化」と「探求型対話」である。

a．見える化（当局としての開示の充実）

利用者の目から見て金融機関ごとの商品・サービスの違いが分かりにくい「情報の非対称性」の問題を補うために、当局が収集した情報を開示することが「見える化」である。

資産運用の面では「顧客本位の業務運営の原則」（2017年3月）がとりまとめられ、これを受け入れている金融機関名と、実施する原則の内容、実施しない場合の理由、などが公表されるようになった。また、2018年6月には、金融庁から比較可能な共通KPI（Key Performance Indicator）が示された。さらに、11月には「顧客本位の業務運営の原則」を採択し、取組方針・自主的なKPI・共通KPIを公表した金融事業者のリスト等が公表されている。

地域金融の面では、顧客が主体的に金融機関を選択できるように、金融機関の金融仲介機能（企業への付加価値提供等）を評価する共通指標として、「金融仲介機能のベンチマーク」（2016年9月）が公表された。

b．探求型対話

「当局の失敗」を避けながら、金融機関において長年にわたって形成された横並び意識や内向きの意識を解きほぐしていくため、特定の答を前提としない、多様な創意工夫を志向した金融機関との対話が「探究型

対話」である。

「探求型対話」においては、当局側から、企業ヒアリング等を通じ利用者の目からみた金融機関の状況、海外金融機関のベスト・プラクティス、当該金融機関が他の金融機関と比較してどのような特徴を有しているかについての分析などを還元していくことが想定されている。

❹ 金融検査マニュアルの廃止

金融検査マニュアルは、資産分類・償却・引当についての形式的な基準を定めた別表とともに、2019年4月1日以降を目途に廃止されることとなった。

金融検査マニュアルの廃止は、金融機関に対し、リスク管理等基準の見直しを直ちに求めるものではない。リスク管理のあり方が金融検査マニュアルで想定されているものに固定されてしまい、新たなジネスモデルを見出す工夫が阻害されている、との問題意識によるものである。

A．金融検査マニュアル廃止の背景

金融検査マニュアルはチェックリストの形式をとっており、考え方の背景を示さずに、金融機関が対応すべき事項のみを列記していた。また、金融機関の内部管理態勢が満たすべき実効性の水準を示すのではなく、方針・内部規程の策定、専門組織の設置等、実効性を確保するための特定の方法を示していた。

金融検査マニュアルを用いた網羅的な検査が長年にわたり反復された結果、以下のような課題が示された。

> ・チェックリストの確認が検査の焦点になり、検査官による形式的・些末な指摘が助長され、実質や全体像が見失われる。
> ・金融機関がチェックリストの形式的遵守を図ることによって、自己管理が形式化する。
> ・最低基準さえ充足していればよいという企業文化を生む。

- 検査マニュアルに基づく過去の検査指摘が、環境や課題が変化したにもかかわらず、暗黙のルールになってしまう。
- 検査マニュアル対応を念頭に策定された金融機関の詳細な内部規程が固定化し、自己変革を避ける口実や創意工夫の障害となってしまう。

また、自己査定や償却・引当に関するチェックリストを定めている別表に関しても、金融機関によっては掲載された外形的な基準が絶対視されているケースがあった。別表の存在により、借り手の実態を把握するよりも、過去データや担保・保証等に着目した実務を続ける方が安心であるとの印象をもたらした。

B. 検査マニュアル廃止後の検査・監督

金融庁は、金融機関に対してモニタリングの方向性等を明らかにする必要のある分野については、分野別の「考え方と進め方」等を順次公表しつつ、金融機関の自律的な取組みを促していく方針にある。

4 国際金融規制（リスク管理高度化と国際金融情勢の影響）

> バーゼル合意を中心とした「国際金融規制」は、「リスク管理の高度化」と「国際金融情勢」の影響を受け変遷してきた。
> ここでは、「バーゼルⅠからバーゼルⅡへの変化」、それを導いた「リスク管理の高度化」、バーゼルⅢの議論の出発点となったリーマンショック等「国際金融情勢」、その結果生み出された「バーゼルⅢ」の内容について、順を追って説明する。

 バーゼルⅠ、Ⅱ

　バーゼル合意とは、バーゼル銀行監督委員会（銀行を対象とした国際金融規制を議論する銀行監督当局の委員会であり、中央銀行総裁・銀行監督当局長官グループを上位機関とし、日本を含む27の国・地域の銀行監督当局および中央銀行により構成されている）が公表している国際的に活動する銀行の自己資本比率や流動性比率等に関する国際統一基準のことである。日本を含む多くの国における銀行規制として採用されている。

　バーゼル合意は、バーゼルⅠ、バーゼルⅡ、バーゼルⅢと時代を経るごとに改訂されている。

❶ バーゼルⅠ

　最初のバーゼル合意は、1988年に定められた自己資本比率規制である（バーゼルⅠ）。

$$\text{自己資本比率} = \frac{\text{自己資本}}{\text{リスク・アセット}} \geq 8\%$$

リスク・アセットは、保有資産の種類ごとにリスクウエイトを乗じて算出したものである。自己資本比率規制は、リスク・アセットに対する自己資本の比率の最低基準を定めるものである。自己資本比率規制に関するこの枠組みは、バーゼルⅡ、バーゼルⅢにおいても同じである。ただし、バーゼルⅠの段階では、リスク・アセットに勘案されるリスクは、信用リスクと市場リスクの一部（保有有価証券の価格変動リスク）にとどまっていた。

❷ バーゼルⅡ

A．最低所要自己資本

2004年には、バーゼルⅡの最終案が公表される（日本では、2007年3月末より導入が開始された）。バーゼルⅡでは、信用リスク・アセットの計算が精緻化されたほか、オペレーショナル・リスク（事務事故、システム障害、不正行為等で損失が生じるリスク）が分母となるリスクに含められるようになった。

リスク量の計算に関しては、一律的な標準的手法のほかに、個々の銀行のリスク管理技術の進展に応じて、より高度な計測方法が認められた。バーゼルⅡが、銀行のリスク管理技術の違いによって計測手法を選べるようにした理由は、銀行による自律的なリスク管理の高度化を促す効果を期待したからである。

例えば、標準的手法は、一定の基準によって分類された資産に対して、あらかじめ定められたリスク・ウエイトを乗じて分母を算定するものである。また、内部格付手法は、各銀行が独自に行っている内部格付と、それに対応するデフォルト率を反映したリスク・ウエイトを乗じて分母を算定するものである。

内部格付手法は、金融機関のリスクをより実態的に反映した自己資本を

金融機関に対して要求しようとするものであるが、このような手法が可能になったのは、金融機関が内部格付制度やそれに基づくリスク量の評価制度などを構築してきたからである。バーゼル銀行監督委員会が時代を追って規制内容を高度化してきた背景には、金融機関のリスク・マネジメントも高度化してきたという事実がある。

B．3本の柱

バーゼルⅡでは、最低所要自己資本を求める枠組みを「第一の柱」としたうえで、第一の柱の中には含まれないリスクに対する銀行の自発的なリスク管理の枠組みとそれに対する監督当局による検証を「第二の柱」、銀行のリスクプロファイルに関する開示を充実させ、市場関係者からの監視機能を高めることを「第三の柱」としていた。

Ⅱ　リスク管理の高度化

バーゼルⅠからバーゼルⅡまでの時期（1990年代から2000年代前半）において、金融界では、リスク管理の高度化が進展した。このリスク管理の高度化がバーゼルⅡの策定につながっている。リスク管理の高度化のポイントを、「リスクの計量化」、「信用リスク管理」、「統合的リスク管理」に分けて、以下に説明したい。

❶ リスクの計量化

まず、第1に、VaR（Value at Risk）に代表されるリスク計量化の技術が市場リスクの分野から導入された。VaRの概念を説明すると以下のとおりである。

VaRは市場リスクの管理手法のひとつで、現在保有している資産を、今後一定期間保有するとした場合に、ある一定の確率の範囲内（信頼区間という）で、リスクファクター（株価・金利・為替など）が変動することに

よって、どの程度の損失が発生するかを統計的に算定した指標である。VaRは通常「金額」で表示され、その額が大きいほどポートフォリオが内包している市場リスクが大きいことを示している。

例えば、あるポートフォリオについて、その保有期間を1日、信頼区間を99％としてVaRを計算した場合には、保有期間中、このポートフォリオの評価損失がVaRの金額を超える確率が1％、つまり、100日のうち、99日は日次評価損失がVaRの範囲内であり、1日はVaRを超える可能性がある、ということを意味している。仮にこのポートフォリオが株式投資であり、VaRがマイナス100万円だとすると、「1日で株式ポートフォリオから100万円以上の損失が発生する確率は1％である」ということになる。

これを視覚的に見たものが（図表1-9）である。グラフは、左（マイナス）に行くほど損失額が大きいことを示している。またグラフの高さは、損益の発生のしやすさを示している。すべての事象が起こる確率は100％で、グラフの面積全体がそれを表しており、99％の確率で起こり得る損益額の範囲は、グラフのシャドウの面積で表されている。この場合、可能性として損失額がもっとも大きいのは、シャドウの面積のいちばん左、マイナス100万円の点となる。また、損失額が100万円を上回る可能性は1％

（図表1-9） 保有資産価格変動の分布

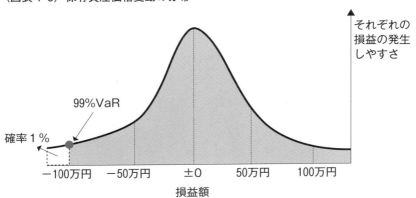

であることを示している。

VaRは1990年代初頭から欧米金融機関で使用され始め、1993（平成5）年に発表された第二次BIS規制案において、金融機関の市場リスク管理手法として採用が推奨された。

VaRは、ポートフォリオが多様な金融資産で構成されている場合でも、一定の確率の下での予想損失額という共通の尺度で比較、管理することが可能であり、リスク管理を行いやすい。また、保有資産の値下りが最悪の場合に、それがどの程度になるのかを金額で認識することができるので、これによって経営に与える影響を考慮して、資産構成を見直したり、損失に対応して自己資本の増強を図るなど、具体的な施策を取りやすい。

❷ 信用リスク管理

A．信用格付

デフォルト確率のレベルが同程度の与信先をひとつのグループとして分類し、リスクの度合いに応じて序列化したものを、一般に「信用格付」と呼んでいる。ムーディーズやスタンダード・アンド・プアーズといった格付機関は、広く投資家向けに債券等についての格付を行っているが、金融機関が行う信用格付は、与信業務を行うために内部で実施されるものであることから、「内部格付」と呼ばれる。

格付機関の格付と内部格付を比較して見ると、金融機関の貸出先は、格付機関の格付体系における「BB」クラスを中心に分布するように設計されていることが多い。格付機関の対象は、公開企業を中心とする大企業であるが、金融機関の取引先の大半は中小企業であるから、相対的には信用力に格差がある。格付機関の格付体系では、「BBB」までが投資適格とされ、「BB」はいわゆるジャンク債のレベルとなるが、金融機関の取引先は、このクラスが中心になる。

信用格付制度を構築するにあたって、デフォルト確率の範囲をどの程度に細分化して格付するかは、各金融機関の営業基盤や与信先数などに左右

されるため一義的には決定できないが、多くの金融機関では10～20段階程度とするのが一般的である。そのうち、金融機関の取引先の中心が格付機関の「BB」に相当することから、この部分はある程度細分化されることが多い。また、下位格付は自己査定における債務者区分に対応させることが多い。これによって、行内の信用リスク管理と整合的な会計処理（償却・引当）が可能となる。

　客観性のある格付を行うために、多くの金融機関では信用格付モデルを導入している。信用格付モデルは、企業の財務諸表からデフォルト確率を判定するうえでキーとなる財務数値や財務比率を選定し、それらを得点に引き直して序列付けをする方法が一般的である。

B．信用VaR

　VaRの考え方に基づいたリスク管理は、市場リスクに関しては1990年代前半から高度化が進展し、現在では定量的なリスク管理手法がかなり一般化してきている。市場リスクについては、価格変動等のデータが開示されておりサンプル数が豊富に存在すること、損益の結果も極めて短期間に得られること、等の理由からいち早くVaRに基づいた管理が導入された。

　これに対して信用リスクは、金融機関・債務者間の取引データは市場取引データに比べて圧倒的にサンプル数が少ないこと、債務者にデフォルトが生じて損益を認識できるまでに相当程度の期間を要すること、それらのデータは各金融機関の企業秘密であり部外者の入手が困難なこと、等の理由があり、リスク・マネジメント手法が広まったのは、2000年代に入ってからであった。

　貸出全体などの信用ポートフォリオの損失の発生確率の分布（損失分布）がどうなるかを推定すると、図表1-10のような図になる。貸出に関しては、元本を上回る回収は見込めず、貸倒れによる損失のみが想定されるので、市場リスクとは異なり、損失部分だけの分布となる。

　平均的な損失額の予想値（EL：Expected Loss）は、個々の与信先ごとに内部格付を使って推定したデフォルト確率×デフォルト時損失率（担保

(図表1-10)

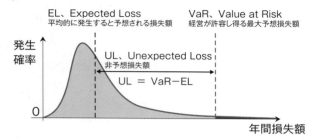

による未保全部分）を合計した額になる。しかし、それは発生する可能性が見込まれる損失の分布の中での平均値にすぎない。損失分布は、ELの周辺で大きな山を描き、損失額が大きくなるにつれて、なだらかな裾を描くような形になる。

99％VaR（1％の確率で発生する最大損失額）は、分布の裾野の1点になる。このVaRとELとの差が非予想損失額（UL：Unexpected Loss）となる。

信用VaRによって計測される平均的な損失額の水準（予想損失）は、ある与信ポートフォリオを保有している以上は、平均的に発生してしまう損失を意味しており、いわば与信業務を行ううえでのコストと考えてよい。したがって、この損失額は、信用コストとして与信取引のなかで解消していかなくてはならない。すなわち、当該信用リスクのレベルの取引におけるリスク・プレミアムとして利ザヤでカバーしなければならないものである。

一方、予想損失を超えて発生する最大損失とは、例えば、予想しがたい経済の急激な悪化等によって集中的に倒産が発生するような、最悪のケースが発生した場合を意味している。このような場合には、もはや利ザヤではカバーできず、取引損益では赤字も覚悟しなければならないかもしれない。しかし、この損失額が金融機関の債務超過をもたらすようなことがあってはならない。そこで、予想損失を超える部分、つまり、最大損失から予

想損失を控除した損失部分は、自己資本によってカバーされるべきものと理解することができる。

C. 与信業務とポートフォリオ管理

企業の信用状態は、景気変動や金利為替相場などさまざまな要因の影響を受けながら変化するが、これらの要因の影響は、必ずしもすべての企業に一様に及ぶものではない。例えば、為替相場の変動は、輸出型企業と輸入型企業の業績に対して逆方向に作用する可能性が高い。そこで、業種や地域等の分散を図り、ある要因によって生ずる信用状態の変動が、互いに打ち消しあうような与信ポートフォリオを構築すれば、ポートフォリオの信用リスクを個々の取引における信用リスクの合計よりも小さくすることができる。これをポートフォリオ効果と呼んでいる。

逆に、特定の分野に集中的に与信を行うと、「ひとつの籠にすべての卵を入れるべきではない」という格言のごとく、当該分野に大きなショックが生じた場合には、すべての与信が不良化して、金融機関の経営にも懸念が生じることになりかねない。

こうした課題への対応策として、直接的な方法は分野ごとにポートフォリオ上の与信上限を設けて管理することが考えられる。間接的な方法としては、集中リスクが高まっているポートフォリオに対しては、与信案件にリスク・プレミアムを付与することなどが考えられる。また、貸出債権を流動化して金融機関のバランスシートから切り離したり、クレジット・デリバティブを活用して信用リスクをヘッジする等、信用リスクの構造を事後的に修正するような方法もありうる。

❸ 統合的リスク管理

金融機関の業務には、市場リスク、信用リスク、流動性リスク、オペレーショナル・リスクなど、さまざまなリスクが存在している。統合的リスク管理は、このような金融機関が直面するリスクに関して、それぞれのリスク・カテゴリーごとに評価したリスクを総体的に捉え、金融機関の経営体

力と比較することによって、自己管理型のリスク管理を行うことをいう。すなわち、金融業務におけるさまざまなリスクについてリスク評価を行ったうえで、それらのリスクを統合し、次にそのリスクの大きさが経営体力に照らして適切な範囲内であるのか、過大になっていないかを、金融機関が自ら検証し、確認・修正するという一連の手続きが統合的リスク管理である。

金融機関が負担するリスクの大きさの妥当性は、「経営体力」に照らして管理するとしているが、具体的には「自己資本」に照らして考えるのが一般的である。自己資本は、リスクが顕現化して損失が発生した場合の最終的な拠り所と理解されているからである。

III 証券化商品の発達とリーマンショックの発生

❶ 証券化商品の発達

バーゼルIが導入された1980年代の終わり以降リスク管理の分野のみならず、金融取引手法においても高度化・複雑化が進展した。特に、2000年代後急速に拡大した証券化商品は、その後のサブプライム・ローン問題とリーマンショックといった一連の金融危機の引き金となった。

A．証券化手法の概要

資金需要者が資金調達する場合、金融機関からの借入れであっても、社債や株式の発行であっても、資金需要者が自らの信用力をベースにして調達しているという点では同じである。これに対して、自らの信用力からは切り離し、何らかの資産や事業を引当てにして証券を発行する手法を、金融の証券化と呼んでいる。

証券化の手法は、引当てとしている資産や事業の範囲内でのみ返済義務を負う点で、担保を差し入れて資金調達する場合とは異なる。担保差し入

れの場合は、担保物件を処分しても残債があれば、引き続き返済義務を免れることはできない。他方、証券化の手法は、本質的には引当てとしている資産や事業の価値の範囲内でのみ、返済義務を負うものである。これをウィズアウト・リコース（without-recourse）という。資金調達者の保証や損失負担を課す取引（ウィズ・リコース）も存在するが、担保差入取引とは異なり、特段の契約をせずに本来的にウィズ・リコースになるわけではない。

引当てに利用される資産は、企業の売上債権、住宅ローン債権、クレジット・ポートフォリオ（資金調達商品を再度集めたもの）、商業用不動産、企業の事業そのもの等、さまざまである。代表的な証券化手法には以下のような商品がある。

B．ABCP

ABCP（Asset Backed Commercial Paper：資産担保 CP）は、主に企業の売上債権を証券化する手法として拡大してきた。典型的なスキームは、売上債権の流動化のみを目的とする「SPC（Special Purpose Company：特別目的会社）」を設立し、企業が売上債権を SPC に譲渡して企業本体から切り離したうえで、SPC がその売上債権を担保にした CP を発行する、というものである。

ABCP が発行される背景には、①企業が財務体質の改善を図るため資産圧縮のニーズがあること、②良質の資産を切り出して引当てにすることにより、企業自らの信用だけで調達するよりも低利調達が可能になること、等がある。これらのニーズが強いときは発行量も増大するが、企業の財務体質の改善が進んでいるときや、金融が大幅に緩和されているときなどは、代替的な調達手段（短期無担保ローン等）が利用されることから、発行量は減少する傾向にある。

なお、売上債権を流動化する手法としては ABCP のほか、SPC が CP を発行せずにローンを借り入れる ABL（Asset Backed Loan）や、流動化ビークルとして SPC ではなく信託機能を用いて、信託受益権を投資家に販売

する信託スキームなどがある。

C．MBS

MBS（Mortgage-Backed Securities：モーゲージ担保証券）は、不動産担保融資の債権を裏付けとして発行された証券である。住宅ローンの貸し手であるオリジネーターが、不動産を担保として住宅ローンを貸し出し、この担保付住宅ローン債権（モーゲージ）を証券発行体であるSPC（特別目的会社）に売却をする。SPCは、多数のモーゲージをプールしてこれを引当てにモーゲージ証券を発行し、投資家に販売している。

モーゲージ証券が生まれたアメリカでは、政府系の機関であるジニーメイ（連邦政府抵当金庫）、ファニーメイ（連邦住宅抵当公庫）、フレディマック（連邦住宅金融抵当金庫）による発行シェアが大きい。ジニーメイは政府からの全額出資により設立され、完全な政府保証がある。ファニーメイ、フレディマックは民間上場企業であり、明示された政府保証はないが、住宅政策支援機関として優遇措置がとられていることが暗黙の政府保証とされ、これらの機関により発行される不動産担保証券は国債に次ぐ信用力を持つ。

MBSの原資産である住宅ローンは、期限前に償還されることがある。このため、MBSも期限前償還により実際の投資期間が当初の満期期間よりも短くなる。MBSの投資家は、投資期間の長さに比して相対的に高い利回りを享受することができる。

日本においても住宅ローンの証券化商品であるRMBS（Residential Mortgage-Backed Securities）は、各種証券化商品の中で最大の発行額を有している。銀行をオリジネーターとするRMBSは、金利リスクマネジメントの観点から、大手行を中心に継続的に組成が行われている。また住宅金融支援機構（旧、住宅金融公庫）では、2001（平成13）年度以降、直接融資業務の縮小とMBSの発行を継続的に実施している。

D．CDO

CDO（Collateralized Debt Obligation：債務担保証券）は、債券やロー

ンあるいはそれらの証券化商品等を集めてクレジット・ポートフォリオを組成し、それを裏付けとして証券を発行する手法である。クレジット・ポートフォリオとして構成される債券プールは、リスクを負担する程度に応じて、シニア・トランシェ、メザニン・トランシェ、劣後トランシェ等に分けられ、リスク度合いの異なる証券として発行される。すなわち、CDOを構成するアセットにデフォルトやクレジットイベント等が発生した際には、シニアから順番に優先的に元本が確保される。通常、シニア・トランシェはトリプルA格を目指して組成される。

　CDOは、さらに次のCDOのポートフォリオに組み込まれることも多い。これをCDOオブCDO、あるいはCDOスクエアドと呼んでいる。元々CDOは、多数のクレジット資産を集めたポートフォリオを引当てにすることで、大数の法則に基づき個々のアセットに係るリスクを分散し、さらにトランシェを分けることでシニアトランシェを作り出し高リスクの商品を低リスク化することを可能にしている。言い換えれば、低格付けの商品から高格付けの商品を生み出すことを可能にしている。ただし、CDOスクエアドは原資産のキャッシュ・フローからの距離がより遠くなるため、リスクの実態を把握しにくくなるというデメリットがある。

❷ サブプライム・ローン問題とリーマンショック

　2008（平成20）年9月15日、アメリカの大手投資銀行であるリーマン・ブラザーズが経営破たんし、これが世界的な金融危機の引き金になった。これをリーマン・ショックと呼んでいる。

　リーマン・ショックは、世界的な金融危機からの脱却、市場の安定化策、今後の危機管理の在り方等について、行政、金融業界、学会等を巻き込んで国際的な議論を惹起し、グローバル・ベースでの新しい金融システムの枠組みを再構築する契機となった。そういう意味では、リーマン・ショックの前後でグローバル金融市場は、異なる姿になったといっても過言ではない。以下に、リーマン・ショックについて概観する。

A．サブプライム・ローン問題

　リーマン・ショックが発生した前年の2007（平成19）年から、アメリカではサブプライム・ローンの増大等と相まって膨張してきた住宅バブルが崩壊し、これを契機としてさまざまな市場で資産価格の大幅下落が生じた。これによって多くの金融機関に損失が発生し、リーマン・ブラザーズも経営破たんに追い込まれることとなった。

　サブプライム・ローンとは、信用力の劣る顧客向けの住宅ローンのことで、2004（平成16）年から2006（平成18）年にかけて取組みが急増した。信用力の劣る顧客にローンを供与した背景には、住宅価格が上昇を続け、担保価値の上昇を見込んで貸し出すことが一般化していたためである。

　サブプライム・ローンの多くは、期間30年の変動金利で貸し出されるが、当初2〜3年は割安な固定金利が適用される商品設計になっており、借入当初の金利負担が小さいことが人気を呼んでいた。それらの多くが2007（平成19）年〜2008（平成20）年にかけて変動金利に移行し、10％を超える金利負担となって延滞が急増、住宅価格の下落で借換えも困難になり、返済不能が急増する結果となった。これにより、サブプライム・ローンの主な貸し手（レンダー）であるノンバンクにおいて、経営破たんが続出することとなった。

　不動産価格の上昇を過信したレンダーの安易な与信審査と、バブルに惑わされた住宅ローン債務者が、世界恐慌の発端になったといえる。

B．クレジット市場全体への波及

　アメリカでは住宅ローン残高の6割が証券化され、MBS（Mortgage Backed Securities）として市場で流通しており、サブプライム・ローンも多くが証券化されていた。アメリカのMBSはファニーメイやフレディマックといったGSE（Government Sponsored Enterprise：政府支援企業）の保証付が多いが、信用リスクが高いサブプライムMBSは非保証であった。このため、MBSの裏付けとなっているサブプライム・ローンにおいて支

払不能が急増するに伴って、MBSの投資家にも損失が発生することとなった。

さらに、サブプライムMBSは、多くのCDO（Collateralized Debt Obligation：債務担保証券）のクレジット・ポートフォリオに組み入れられていたため、サブプライム・ローンの支払不能はサブプライムMBSだけでなく、CDOなどの証券化商品の価格急落をも招いた。またCDOは、そのクレジット・ポートフォリオに、既発行のCDOを組み込む（CDOスクエアド）といったことが行われていたため、サブプライム・ローンのリスクが重畳的に広がり、かつその実態がわかりにくい状況にあったことから、市場の疑心暗鬼が増幅され、証券化市場全体が機能不全に陥った。

前述したように、CDOは優先・劣後構造を構築することで、シニア・トランシェはトリプルA格を取得していたが、想定を超えるサブプライム・ローンの支払不能によって次々と格下げが行われた。CDOスクエアドなど複雑な証券化商品の実態がわかりにくいなかで、格付に依存した投資行動が破たんしたものであり、また机上の確率計算に基づいた商品設計や格付機関の評価が、平時の想定を超える混乱の前で崩壊したといえる。

C．グローバル金融市場への伝播

グローバル市場の機関投資家においては、SIV（Structured Investment Vehicle）を活用した投資手法が広がっていた。これは、証券投資のみを目的とするビークル（SIV）を設立したうえで、ABCPで短期資金を調達する手法である。SIVの投資対象はAAA格のCDOなど、証券化商品を含む各種の債券であった。これらのSIVは、資産サイドではクレジット市場全体の価格下落によって運用資産の価値が大きく毀損されると同時に、負債サイドではABCP市場の機能不全によってリファイナンスが困難になり、バランスシートの資産・負債の両面で運営が行き詰まった。すなわち、SIVはリファイナンス不能のなかで、価値が大幅に下落した資産の投売りを迫られ、大きな損失を被ることとなった。これにより、SIVを通じて投資を行ってきたグローバル金融機関も経営危機に直面した。

このようなクレジット市場の混乱やグローバル金融機関のSIV問題を背景に、短期金融市場では借り手に対する疑心暗鬼が拡大し、一部の金融機関で資金が取れないといった流動性危機に発展した。SIVは、短期調達・長期運用の典型的な投資手法であるが、流動性リスク管理の強化や、流動性の不確実性に対する規制の必要性を再認識させることとなった。

D．機関投資家・金融機関のハイレバレッジ行動

グローバル金融市場では、リーマン・ショックが増幅された要因として、機関投資家・金融機関の積極的なレバレッジ行動が指摘されている。レバレッジ行動とは、少額のエクイティ（自己資金）を「てこ」として大きな負債を調達し、巨額の投資を行う行動スタイルをいう。ヘッジファンドは投資銀行等から巨額の資金を調達し、証券化商品のハイリスク部分（メザニン・劣後等）にも積極的に投資を行い、運用資産を膨張させていった。世界的な過剰流動性の中で、このような形で巨額の資金がヘッジファンドを通じて証券化市場等に流入したのである。

このような積極的なレバレッジ行動は、一部の金融機関にも見られたものの、多くは銀行規制の枠外にあって金融当局の監督も緩やかなヘッジファンドが主役となった。しかし、市場環境の大幅な悪化で証券化市場の相場下落と流動性の枯渇に直面し、ヘッジファンドが資産・負債の両面で運営に行き詰まり、運用資産の投売りというレバレッジの巻戻しが発生、レバレッジ行動を支えた多くの負債供給者も、大きな損失を被ることになったのである。

E．グローバル金融市場変革の動き

以上のような状況の下で、リーマン・ブラザーズが経営破たんに至ると市場の混乱は極みに達し、それ以降、グローバル市場ではリスク回避行動一色となった。世界的に投資資金回収の動きが広まり、株式市場は暴落、金融機関の金融仲介機能も大きく低下した。また、投資資金の収縮や逆資産効果は、設備投資や個人消費などの実体経済にも著しい悪影響を及ぼし、先進国の景気は急速に減速、連れて新興国・途上国の経済にも影響が及び、

まさに世界恐慌を招く結果となった。

　これを契機として、世界中の行政、金融業界、学会等は、世界的な金融危機に歯止めをかけ、市場を安定化に導き、再びリーマン・ショックを招来することがないように、グローバル金融市場の抜本的な改革に取り組んだ。すなわち、危機に際しての金融当局による流動性供給の枠組み、金融システム危機の波及防止の枠組み（公的資金の活用等）、証券化商品に対する規制、金融機関のハイレバレッジ業務や流動性維持に対する規制、実体経済を回復させるための経済政策・産業政策の策定、などである。

Ⅳ　バーゼルⅢ

　バーゼル委員会は、2010年12月において、バーゼルⅢの柱となる「自己資本比率（分子部分）の強化」、「レバレッジ比率の導入」、「流動性規制の導入」等を公表した。その後も議論は続き、2017年12月には、リスクアセット（分母部分）の計測手法の見直しに関するバーゼルⅢ最終化の合意が図られた。

　この間、too big to fail 問題（大規模な銀行は、破たん処理ができず、公的資金の投入による納税者負担が発生する問題）等、その他の課題への対応も進んだ。

❶ 2010年12月合意

　バーゼル委員会は、G20のコミットメントの下、2010年12月に銀行の自己資本、流動性、レバレッジの規制強化等を図るバーゼルⅢに関し合意した。また、2013年以降、2019年の完全適用を目指して、バーゼルⅢの段階適用が始まった。

　A．自己資本の質・量の改善

　まず、普通株式等Tier1（CET1:Common Equity Tier1）の概念が導入

(図表1-11)

バーゼルⅢの全体像

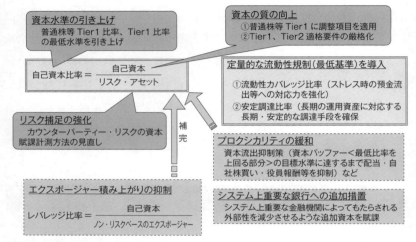

(出所) 金融庁

された。普通株式等 Tier1 からは、繰延税金資産や他の金融機関への出資等が控除されるなど、資本の質について厳格な要件が定められた。その上で、CET1 比率で4.5％以上、それに優先株等を加えた Tier1 比率で6％以上の水準が求められることになった。

また、プロシクリカリティ（自己資本比率規制の持つ景気増幅効果：銀行は、景気悪化時には、自己資本比率を維持するためにリスクテイクを抑制することによって、さらに景気の悪化を増幅させる行動を取るといった効果）の緩和のために、最低自己資本に上乗せされる資本バッファー（2.5％）が求められるようになるなど、バーゼルⅡに比べ量的な水準も大幅に引き上げられている。

B．レバレッジ比率の導入

過剰なレバレッジ（負債の拡大による資産の積み上げ）を抑制するために自己資本比率を補完する措置として、リスクによる調整を行わないシンプルなレバレッジ比率（自己資本＜Tier1＞／与信総額＜エクスポー

ジャー＞）で3％以上の水準を求められることになった。

C．流動性規制の導入

流動性規制に関しては、市場ストレス時に生じる資金流出に備えた流動性バッファーの保有を求める流動性カバレッジ比率（LCR：Liquidity Coverage Ratio）、短期ホールセール・ファンディングへの依存を軽減するために中長期的な資金調達を促す安定調達比率（NSFR：Net Stable Funding Ratio）の2つの基準が導入された。

$$LCR = \frac{適格流動資産}{30日のストレス期間の資金流出額} \geq 100\%$$

$$NSFR = \frac{利用可能な安定調達額（資本＋預金等）}{所要安定調達額} \geq 100\%$$

D．システム上重要な銀行への追加措置

日本において、グローバルなシステム上、重要な銀行（G-SIBs：Global Systemically Important Banks）には、三菱ＵＦＪフィナンシャルグループ、みずほフィナンシャルグループ、三井住友フィナンシャルグループの3メガバンクが指定されている。これらの先には、「G-SIBsサーチャージ」と呼ばれる、自己資本の上乗せが求められている。

また、これらの先は、too big to fail（大きすぎてつぶせない）とならないよう、再生・破綻処理計画（RRP・Recovery and Resolution Plan）を策定することが求められている。

E．カウンターパーティ・リスクの管理強化

信用評価調整（CVA：Credit Valuation Adjustment デリバティブ取引の評価額に反映された取引相手方の信用力部分）への資本賦課を含め、カウンターパーティ・リスク（デリバティブ取引などの相手方が契約満期前に経営面で行き詰まり、契約上定められた支払いが履行されないリスク）の管理強化が図られている。

❷ バーゼルⅢ最終化

　2010年のバーゼルⅢは、自己資本比率の改定の狙いを自己資本の損失吸収力の改善という点に置いていた。そのため、分母のリスク・アセットは見直し対象とはされておらず、バーゼルⅢのリスク・アセットの計測方法はバーゼルⅡを継承していた。しかし、国際的に一貫性を確保しながらバーゼルⅢを適用するという観点から、バーゼル委員会が内部モデル方式に基づくリスク・アセットの計測の検証を行ったところ、銀行間でリスク・アセットの計測に過度のばらつきが生じていることが判明した。

　バーゼル委員会は、銀行間の過度のばらつきを抑制するため、「内部モデル適用時における標準的手法ベースのフロアーの導入」や、「オペレーショナル・リスクにおける内部モデルの廃止」など、内部モデル手法に一定の制限をかける方向で、リスク・アセットの計測方法を修正する「バーゼルⅢ最終化」が検討された。これは、2017年12月にGHOS（The Group of Central Bank Governors and Heads of Supervision. バーゼル銀行監督委員会の上位機関）に承認された。

5 金融機関経営の状況

> 日本の金融機関は、自己資本比率も相応の水準にあり、今すぐ危機的な状況に直面するわけではない。しかし、国内の本業収益をみると、すでに赤字の先が多数あり、このままのビジネスモデルを変えなければ、多くの金融機関の経営は立ち行かなくなることが明らかとなっている。
> こうした状況下、地域金融機関では、顧客企業への支援などに注力し、地道に顧客基盤の再構築を図る先が増えはじめている。

経営体力と不良債権の状況

銀行の自己資本比率は、規制上の最低水準を上回って推移している。特

(図表1-12) 自己資本比率等

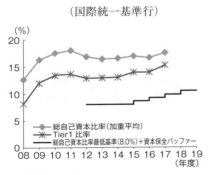

（国際統一基準行）

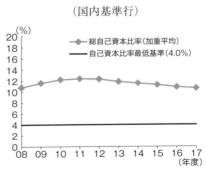

（国内基準行）

（出所）金融庁

（図表 1-13）各国の不良債権比率の推移

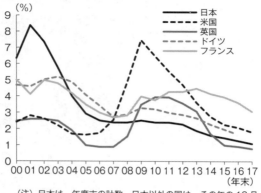

（注）日本は、年度末の計数。日本以外の国は、その年の 12 月末の計数

（出所）CEIC より、金融庁作成。

に、自己資本比率の要求水準が段階的に切り上がっていく国際統一基準行においては、資本の積上げが図られた結果、実績としての自己資本比率が上昇している。

　日本の金融機関の不良債権比率は、リーマンショック時において、各国が上昇している時期においても、金融円滑化法による対応の結果、上昇することなく横ばいで推移した。さらに、2013 年から再び低下傾向にある。水準的にも主要国のなかで低位にある。

　以上のように、ストック面からは、体力水準に余裕があり、損失発生源となる不良債権については低水準であるので、当面、経営の安定が維持できるようにみえる。

収益の状況

❶ 当期純利益の動向

　金融機関の本業の収益力を表すコア業務純益（業務純益から国債等関係

（図表 1-14） 預金取扱金融機関の決算の動向

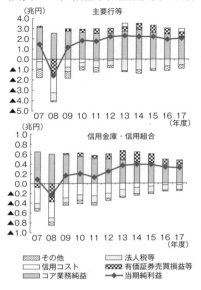
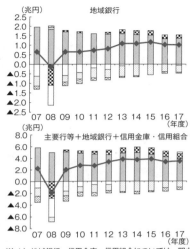

(注1) 地域銀行、信用金庫・信用組合については、期中合併における非存続金融機関の計数は含まれない。
(注2) 有価証券売買損益等＝株式3勘定尻＋債券5勘定尻
(注3) 信用コスト＝（一般貸倒引当金繰入額＋個別貸倒引当金繰入額＋特定海外債権引当勘定繰入額＋貸出金償却）－（貸倒引当金戻入益＋償却債権取立益）

（出所）金融庁

損益等の一時的な変動要因を除いたもの）は低下傾向にある。一方、信用コストは低い水準にあるなか、有価証券売却益の寄与から、当期純利益は横ばいで推移している。

　この構図は、メガバンク等の主要行、地域銀行、信用金庫・信用組合のいずれにおいてもあまり変わっていない。

　しかし、これまで当期利益を支えてきた有価証券の売却益には、今後は頼れなくなる。近年、債券の含み益が減少している。有価証券の含み益（株式については政策保有株が含まれることから除く）については、主要行等ではほとんどなくなり、地域銀行では、2016年から2018年で半減している。

　そもそも、債券の含み益は、長期金利の低下傾向の中で発生していた。しかし、長期金利は、国内外ともに、すでに下がりきった水準にある。日

(図表1-15) 種類別有価証券評価差額（株式を除く）の推移

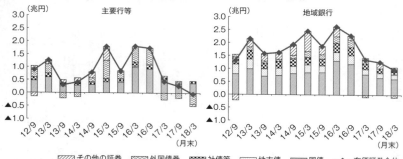

(出所) 金融庁

本国債に至っては、ほとんど0％となっている。ここからの含み益の積上げは期待できない。

　そうしたなか、過去に発行された相対的にクーポンが高い債券を売却する形で、（売らずに保有していれば、高クーポンの効果が償還までは持続したのに対し）収益を先取りしてしまっているのが現状である。

❷ 資金利益の動向

A．貸出の状況

　貸出残高については、メガバンク等の主要行等では、国内業務部門の貸出残高はほぼ横ばいであるが、国際業務部門の貸出残高が大幅に増加している。主要行は、アジアを中心とした海外貸出による収益の増加が国内貸出収益の悪化を補っている。

　一方、国内向けの融資業務がビジネスの中核となる地域銀行では、貸出残高が増加しているものの、貸出利鞘は低下を続けている。

B．資金利益と貸出の寄与

　地域銀行における、貸出残高増加と利鞘の低下の資金利益に対する寄与をみると、貸出利鞘の低下効果のほうが常に大きく効いており、資金利益の前年差は、長期にわたりマイナスを続けている。

(図表1-16) 貸出利鞘と貸出金の推移

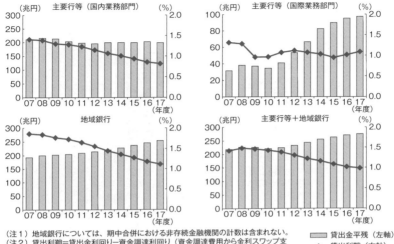

(注1) 地域銀行については、期中合併における非存続金融機関の計数は含まれない。
(注2) 貸出利鞘＝貸出金利回り－資金調達利回り（資金調達費用から金利スワップ支払利息を除く）
(注3) 主要行等（国際業務部門）の貸出利鞘の計算に当たっては、国内業務部門からの資金融通分を調整している。

(出所) 金融庁

(図表1-17) 資金利益（株式の配当金等を除く）の増減要因の推移

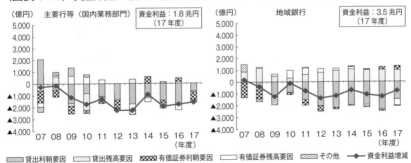

(注1) 地域銀行については、期中合併における非存続金融機関の計数は含まれない。
(注2) 有価証券利息配当金に計上されている株式配当金、投資信託の解約益等を除く（投資信託の解約益等は2012年度以降）。

(出所) 金融庁

　主要行等でも、国内業務部門では、貸出残高のプラス寄与もほとんどないので、資金利益の減少額が大きい。

(図表1-18) 地域銀行の本業赤字の状況

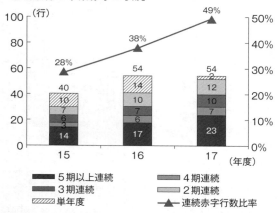

(注) 連続赤字行数比率は、地域銀行106行に占める本業利益が2期以上連続して赤字となっている銀行の比率。
(出所) 金融庁

　以上を合わせてみると、「国内の貸出ビジネスは収益の減少が続いている」ことがわかる。

C．本業利益の赤字

　2017年度の地域銀行において、本業利益（顧客向けサービス業務＜貸出・手数料ビジネス＞のみの利益）が赤字となる銀行数は、106行中54行と、ほぼ半数に至っている。

　2015年から2017年の3ヶ年でみると、2期以上の連続赤字となっている銀行数が年々増加しており、2017年度では52行が連続赤字、うち23行は5期以上の連続赤字となっている。一旦、本業赤字となった銀行の多くは、黒字転換ができないままとなっている。

❸ 信用コストの状況

A．近年の状況

　近年、主要行等および地域銀行の信用コスト率は、0％付近で推移しており、過去の平均を大幅に下回った状況にある。これには、過去に引当て

(図表1-19) 信用コスト率の推移

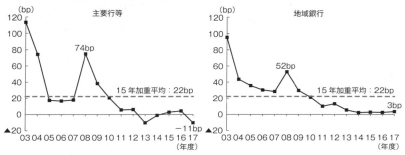

(注1) 期中合併における非存続金融機関の計数は含まれない。
(注2) 信用コスト率＝信用コスト額／貸出金残高
(注3) 信用コスト＝(一般貸倒引当金繰入額＋個別貸倒引当金繰入額＋特定海外債権引当勘定繰入額＋貸出金償却)
　　　　　　　　　－(貸倒引当金戻入益＋償却債権取立益)

(出所) 金融庁

た分の戻入が効いている面もある。しかし、信用コストがほとんど発生していない状況が長期化しつつあることを考えると、そうした効果は一巡している。仮に、今後、景気の悪化等により信用コストが増加する局面がくると、かなり厳しい状況になる。

B．信用コスト反転時の影響

地域銀行について、2018年3月末をベース（信用コストの平均値は3bp＜ベーシス・ポイント＞）に、信用コストの水準が増加した場合を試算すると、本業利益のみならずコア業務純益（投資信託解約益控除後ベース）でも信用コストをカバーできない銀行が顕著に増加していくことがわかる。

(図表1-20)
信用コストの水準が増加した場合コア業務純益で信用コストをカバーできない地域銀行数

信用コスト率	地域銀行数
＋10bp	10行
＋20bp	21行
＋50bp	82行

(注) コア業務純益は投資信託解約益空所後ベース
(出所) 金融庁

III 国内金融ビジネスの課題と対応

❶ ビジネスモデルの問題

　国内融資の収益低下傾向は、日本の経済成長率の低さや人口減少といった要因が大きく影響している。しかし、それだけではなく、金融機関側のビジネスモデルにも問題があった。

　1999年の金融検査マニュアルの導入後、これを踏まえた金融検査を通じて、日本の金融機関のすべてが財務情報を活用した企業格付とそれに基づく審査の仕組みを導入し、定着させていった。これは、日本の金融機関における企業評価の標準化が進んだことを意味している。この標準化は、金融機関内部においても、業界全体としても進展した。

　金融機関内部において、格付が高い企業に対する融資の意思決定はスムーズになる一方、格付の低い企業に対する融資の意思決定には相当の手間がかかるようになった。この状況下で、単純な貸出増強が目標になると、営業店の職員にとって、「高格付企業への貸し増し」が最も合理的な行動となった。

　また、どの金融機関でも企業評価の手法が同じになった結果、ある金融機関からみて「いい企業」は、他の金融機関からみても「いい企業」であり、ある金融機関からみて「悪い企業」は、他の金融機関からみても「悪い企業」になった。

　格付けの高い企業の多くは、資金繰り的にも余裕のある先が多く、相対的には資金需要が少ない。そこに金融機関が群がって、融資をセールスすることになった。その結果、多くの金融機関において、貸出の増加効果がさほどでもないにもかかわらず、利回りの顕著な低下が生じた。

❷ 長期的な戦略

　長期的にみれば、金融機関よる顧客の成長への貢献こそが収益基盤の強化につながる。すでに財務状況が良好な企業へのお願い営業によって、収益基盤である地元の企業群の成長にプラスになる部分はほとんどない。資金繰り支援をするのであれば、難度は高くなるものの、低格付先を支援する方法がないかを検討するほうがプラスとなる。

　金融機関による支援は、資金繰り支援にとどまらない。創業、事業承継、事業再生、販路開拓、事務効率化等の支援が展開されるようになっている。こうした支援こそが、収益基盤の長期的な下支えにつながる。

　収益低下傾向にある地域金融機関のなかで、相対的に高収益をあげている金融機関には、以前からそのような顧客支援を行ってきた先が多い。金融庁が発表した2017年10月の「28年度金融レポート」に、何件かのそうした事例が取り上げられている。

　こうした取組みは、地道であるがゆえに、すぐに収益には貢献しない。目先の利益に惑わされず、顧客支援に思い切って舵を切れるかどうかが、それぞれの金融機関の将来の基盤の差になる。

❸ 営業店の役割

　以上のように、最も重要なのは長期的な営業戦略である。しかし、それは、経営と本部が決めることであり、営業店が無関係であるということではない。

　「課題を抱えた企業への手間のかかる支援のほうが、高格付先へのお願い営業よりも、長い目でみて自らの金融機関にプラスになる」ということは、営業店の現場で働く多くの人達が漠然と感じていた。

　そうしたなかで、本部からくる収益計画のうち、「最も手っ取り早く達成できるが、自らの金融機関にとって長期的なプラス効果が低い施策」に資源を割いている営業店が多いということが、現在の状況につながってい

る。

　本来選ぶべき戦略が何かについて、最初に実感できるのは営業店の現場である。それを経営や本部に伝える役割が営業店にある。加えて、新たな顧客基盤構築のあり方をケースとしてみせることができるのも、現場をもつ営業店である。

足元でみられる変化

　地域金融機関における戦略の転換は広がっている。以下では、金融庁が公表している「企業アンケート調査」と「金融仲介機能のベンチマーク」の状況から、それを確認したい。

❶ 顧客企業からみた金融機関の変化

　中小企業約3万社に金融庁が実施した企業アンケートの結果をみると、「28年度金融レポート」では、金融機関が「債務者区分が下位の企業には訪問しない」、「担保・保証がないと融資に応じない」実態を示していた。2018年9月に公表された、金融庁の企業アンケートでは、前年度と同様に約3万社に対する調査が行われたが、以下のような変化がみられている。

　A．顧客企業の実態把握

　「昨年と比べ、顧客企業の経営上の課題や悩みを良く聞いてくれるようになった」とする企業の割合が全体で4割、「昨年と比べ、経営上の課題の分析結果を良く伝えてくれるようになった」とする企業の割合が全体で3割弱、「昨年と比べ、メインバンクから融資を受ける際に担保・保証を求められることがなくなった又は少なくなった」とする企業の割合が全体で約3割を占めた。

　こうした傾向は、以前の調査では金融機関による訪問頻度の少なさが指摘されていた「要注意先以下」においても同様であった。これは、地域金

(図表1-21) 企業アンケートにおける経営上の課題や悩みの把握

項目	全回答	正常先上位	正常先下位	要注意先以下
昨年と比べ、経営上の課題や悩みを「良く聞いてくれるようになった」割合	40%	33%	42%	41%
昨年と比べ、経営上の課題を分析し、その結果を「良く伝えてくれるようになった」割合	27%	24%	28%	28%
昨年と比べ、担保・保証を求められることが「なくなった又は少なくなった」割合	32%	38%	34%	22%

(出所) 金融庁

融機関の多くが、財務状況の悪い先への支援のほうが、顧客基盤全体へのプラス寄与が大きいことに気づき、それを実践し始めたためではないかと思われる。

B．金融機関による経営支援

過去1年以内に金融機関から受けた経営支援サービスにより、売上または利益等が改善したとする企業は約6割であり、特に債務者区分が下位になるほど高い効果がみられている。

こうした金融機関の貢献に対し、「新規融資を申し込んだ」とする企業が全体で約4割、「事業や経営に関する悩みや課題を相談するようになった」とする企業が要注意先以下で3割強を占めている。

❷ 金融仲介機能のベンチマーク

A．ベンチマークの項目

金融庁は、金融仲介機能の向上を目的に、金融機関における自己点検・評価、開示、監督当局との対話のツールとして、2016年9月に「金融仲介機能のベンチマーク」を公表した。

金融仲介機能のベンチマークは、すべての金融機関が金融仲介の取組み

(図表1-22) 金融機関によるサービス提供の効果と取引の拡大

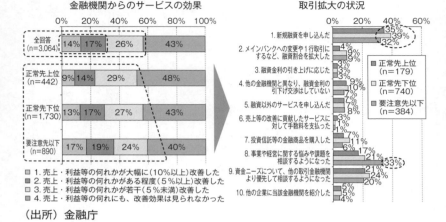

(出所) 金融庁

の進捗状況や課題等を客観的に評価するために活用可能な「共通ベンチマーク（共通1〜5）」と、各金融機関が自身の事業戦略やビジネスモデル等を踏まえて選択できる「選択ベンチマーク（選択1〜50）」から構成されている。なお、地域金融機関は、自ら作った「独自ベンチマーク」を設けることもできる。

B．共通ベンチマークの意味

共通ベンチマークについては、「金融機関が顧客企業の事業内容をよく理解しているか（共通5）」、「ライフステージに応じた支援を行っているか（共通2〜4）」、「その結果、顧客企業の経営改善等に寄与しているか（共通1）」という、顧客企業の生産性向上に向けた取組みに関する一連のプロセスを示す構成となっている。

C．共通ベンチマークにみられる変化

2018年3月期において、地域銀行の約9割が共通ベンチマークを開示している。共通ベンチマークといっても、各金融機関により定義が異なっているため、現段階では、各金融機関を比較することで得られるものは乏しい。

(図表1-23) 金融仲介機能のベンチマークの項目

共通	主な内容
1	メイン取引先のうち、経営指標の改善や就業者数の増加が見られた取引先数
2	貸付条件変更先の中小企業の経営改善計画の進捗状況
3	1年間に関与した創業、第二創業の件数
4	ライフステージ別の与信先数・融資額
5	事業性評価に基づく融資を行っている与信先数・融資額、全与信先に占める割合

選択	主な内容	選択	主な内容	選択	主な内容
1	地域・全取引数の推移	18	販路開拓支援先数	35	本部の本業支援従業員率
2	メイン取引先数の割合	19	M&A支援先数	36	本業支援の評価（支店）
3	法人担当者1人当たりの取引先数	20	ファンドの活用件数	37	本業支援の評価（個人）
4	取引先への平均接触時間	21	事業承継支援先数	38	本業支援の個人表彰割合
5	事業性評価結果等を提示した取引先数	22	転廃業支援先数	39	研修等の実施数
6	事業性評価融資の金利	23	実抜計画策定先数・進捗	40	外部専門家の活用数
7	地元中小企業の無担保与信先数・融資額	24	DES・DDS・債権放棄実施先数	41	外部人材、出向者数
8	地元中小企業の根抵当権未設定与信先数	25	破綻懸念先の平均滞留年数	42	REVIC、再生支援協議会の活用数
9	地元中小企業の無保証メイン取引先数	26	事業精算時の債権放棄先数	43	補助金等支援策の活用数
10	中小企業の保証協会保証付融資額の割合	27	地域別リスク管理債権額	44	他金融機関との連携数
11	経営者保証に関するガイドライン活用先数	28	経営人材等の紹介数	45	事業性評価等の収益
12	本業支援先数	29	28の経営改善先割合	46	事業計画への本業支援実施策の記載
13	12の経営改善先数	30	顧客アンケート有効回答数	47	地元と全体の信用リスク量
14	ソリューション提案先数	31	融資実行までの平均日数	48	取締役会での本業支援施策検討頻度
15	経営改善提案したメイン取引先数	32	金融商品販売先の割合	49	社外役員への本業支援施策説明頻度
16	創業支援先数	33	運転資金の短期融資割合	50	企画と営業の各経験年数
17	地元への企業誘致支援件数	34	支店の本業支援従業員率		

(注) ベンチマークは、全ての金融機関が金融仲介の取組みの進捗状況や課題等を客観的に評価するために活用可能な「共通ベンチマーク」（5項目）と、各金融機関が自身の事業戦略やビジネスモデル等を踏まえて選択できる「選択ベンチマーク」（50項目）から構成。

(出所) 金融庁

(図表1-24) 共通ベンチマークの構成と3年間の推移

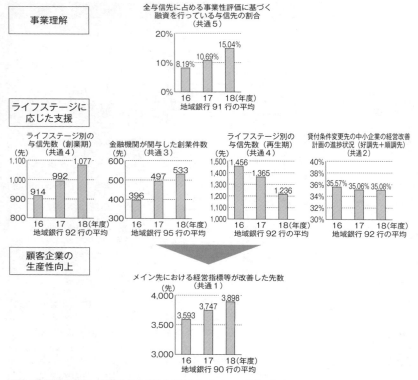

(注) 2016年3月期～2018年3月期の3期分全てにおいて計数の提出があった地域銀行を対象に算出。
(出所) 金融庁

　しかし、同じ金融機関における変化をみることの意義は大きい。開示している地域銀行の共通ベンチマークの推移をみると、入り口となる「全与信先に占める事業性評価に基づく融資を行っている与信先の割合（共通5）」が、ほとんどの地域銀行において増加している。

　また、出口となる「メイン先における経営指標等が改善した先数（共通1）」では、「増加している」とする銀行が「減少している」とする銀行を上回っている。ベンチマークでみても、地域金融機関による地道な顧客基盤再構築の成果が現れはじめている。

(図表1-25) 過去３年間の共通ベンチマークの進捗状況

	共通1	共通2	共通3	共通4 (創業期)	共通4 (再生期)	共通5
増加している銀行数	40行	28行	63行	70行	9行	84行
横ばいの銀行数	17行	6行	8行	6行	5行	–
減少している銀行数	33行	58行	24行	16行	78行	7行
計	90行	92行	95行	92行	92行	91行

(注) 共通１：メイン先における経営指標等が改善した先数、共通２：貸付条件変更先の中小企業の経営改善計画の進捗状況（好調先＋順調先）、共通３：金融機関が関与した創業の件数、共通４：ライフステージ別の与信先数、共通５：全与信先に占める事業性評価に基づく融資を行っている与信先の割合

銀行数は、指標ごとに、2016年3月期～2018年3月期の3期分全てにおいて提出があった地域銀行について集計。

進捗状況は、2018年3月期における2016年3月期比の増加率が5％以上を「増加」、０％以上5％未満を「横ばい」、０％未満を「減少」とした。

(出所) 金融庁

金融デジタライゼーション

> 金融デジタライゼーションにより、金融機関のビジネスモデルの変革が期待されている。ここでは、「どのような分野でデジタライゼーションによる変革が進むのか」（企業の財務・決済プロセスの効率化、オープンAPIの活用）と「金融デジタライゼーションにおいて注意すべき点」（サイバーセキュリティ対策、顧客のITリテラシー向上）について解説する。

金融デジタライゼーションとは

　金融デジタライゼーションとは、世の中の様々な情報がデジタル化されることにより、情報の利活用が飛躍的に進展することにともなう「FinTech企業等の新しいプレイヤーによる金融のイノベーション」と「既存の金融機関によるビジネスモデルの変革」を指している。

　FinTech企業等の新しいプレイヤーが、金融分野に進出し、新しい付加価値を創造している。また、既存の金融機関では、FinTech企業との連携の動きが見られている。金融庁も、平成30年度の金融行政方針において、金融デジタライゼーション戦略を重点施策の最初に取り上げている。

(図表 1-26) 平成 30 年度金融行政方針における金融デジタライゼーション戦略

情報をより使いやすく	1. 情報の蓄積と利活用
	2. 顧客のプライバシー、匿名性や顧客情報の信頼性その他の顧客保護
	3. デジタライゼーションに対応する情報・金融リテラシー
官民のインフラのデジタル化	4. 金融・非金融の情報の伝達を可能とする金融インフラのデジタル化
	5. 金融行政のデジタル化
新しいビジネスへの挑戦を支援	6. 様々なサンドボックス等によるイノベーションに向けたチャレンジの促進
	7. オープン・アーキテクチャによるイノベーションの推進
デジタライゼーションに向けた基盤の整備	8. 国際的なネットワーク
	9. デジタライゼーションの基盤となるブロックチェーン、AI、ビッグデータ技術等の推進
	10. サイバーセキュリティその他金融システム等の課題への対応
	11. これらの課題を実現するための機能別・横断的法制

(出所) 金融庁

II 金融機関業務の効率化

デジタライゼーションの活用により、金融機関自らの業務の効率化が進展している。金融機関では、業務の効率化を進めることにより、事務に携わっていた人材を、より付加価値の高い「顧客と接する業務」に投入する動きがみられている。

❶ 営業店業務の効率化

現在、金融機関では、事務センターへの事務集中、タブレットを活用した顧客によるオペレーションなどの工夫により、営業店の店頭事務が軽減される形で業務効率化が進んでいる。

❷ RPA と OCR による自動化

金融機関においても RPA(Robotic Process Automation)の活用により、端末における定例作業の自動化が図られている。ただし、RPA はデジタ

ルデータしか処理できないため、紙ベースの作業が介在する事務には、これまで活用ができなかった。しかし、最近では、OCR（Optical Character Reader）と組合せ、紙媒体に書かれた文字をデジタル化した上で、RPAの活用が行われるようになっている。

❸ 情報共有・意思決定のデジタル化（ペーパーレス化）

「端末やプロジェクターを使ったペーパーレス会議」、「ビジネスチャット」、「社内SNS」、「ワークフローシステム（稟議等決められたルートによる伝達・決裁をデジタルベースで処理するシステム。どのポジションで決裁が滞っているかが関係者全員から見えるようになり、意思決定が速くなるとともに、ペーパーレスでの決裁が可能になる）」等の活用により、金融機関内部の情報共有・意思決定の効率化が図られている。

特に、これまで、金融機関内部の情報共有・意思決定に多くの紙資料が利用されていたことにともない、その準備や保管・管理の負担が膨大なものとなっていた。ペーパーレス化によって、それらの作業が削減されることにより、大幅な効率化が可能となっている。

❹ 場所の制約からの開放（移動等の効率化）

一部の金融機関では、モバイル端末やWEB会議等の活用により、無駄な出勤・出張・スケジュール調整等の負担の削減も進んでいる。

Ⅲ 企業の財務・決済プロセスの効率化

❶ 企業のバックオフィス事務の課題

日本では、大手製造業でも、生産現場の効率化に比べて、経理等のバックオフィス事務の効率化が遅れている。まして中小企業のバックオフィス

(図表 1-27) 企業の財務・決済プロセスの高度化

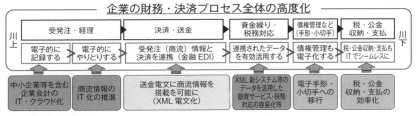

(出所) 金融庁

事務は、課題が山積みとなっている。このため、「企業のバックオフィス事務の効率化こそ、日本の成長の伸びしろである」と言われている。

そうしたなか、受発注、決済・送金、債権管理、税・公金の収納・支払いといった企業の財務・決済プロセスの高度化が金融デジタライゼーションのターゲットとなっている。

資金決済の分野では、すでに、銀行間の振込みを処理する「全銀システム」の24時間365日稼働サービスが開始(2018年10月)された。また、電子記録債権等を活用した「手形・小切手機能の電子化」や「税・公金に関する新たな電子納付・支払スキーム」が検討されている。

❷ 金融 EDI の活用

EDI(Electronic Data Interchange)とは、企業間で行われる受発注や代金請求等の情報のやり取りを、インターネットや専用回線を通じて、デジタルベースで行うことである。大企業グループ内での受発注のやり取りには、こうした EDI が使われている。金融 EDI は、EDI のシステムをさらに資金決済にまでつなげたものである。

これまで金融 EDI がなかったがために、企業では、受発注を電子化できたとしても、その資金が決済されたかどうかの確認(消し込み)を紙ベースで行うといった非効率な事務フローとなっていた。金融 EDI が実現できれば、企業は、受発注、請求、資金決済といった連続した事務を自動化

できるようになる。

2018年12月に、全銀協・全銀ネットが、金融EDIの基盤となる「全銀EDIシステム」を稼動させた。全銀EDIシステムは、XML電文（電文の長さ等を柔軟に設計・変更することが可能な電文形式）に対応することによって、送金時に、支払い企業から受取企業に、さまざまな付随情報（支払通知番号、請求書番号など）を送信することを可能にするシステムである。今後、金融EDIを実用化するためには、さらに金融機関やITベンダーによるアプリケーションの開発が必要ではあるが、全銀EDIシステムの稼動によって、企業のバックオフィス事務の効率化の道筋が開かれることになった。

❸ 金融EDIから波及する新たな金融ビジネス

金融EDIサービスを提供する金融機関に、企業の決済口座がおかれるようになるため、金融EDIはメインバンク化の必須サービスになる。また、金融EDIサービスを提供する金融機関に、企業の受発注、請求、資金決済のデータが蓄積される可能性がある。この点に関し、日本銀行などで、受発注情報を企業の与信判断に活用する研究が行われている。金融EDIを幅広く展開できる金融機関は、従来は取得および分析が難しかったこれらのデータを活用した新たな金融ビジネスを行うことができるようになる。

オープンAPIを活用したFinTech企業との連携

❶ 顧客利便性の向上

金融機関において、FinTech企業との連携につながるオープンAPI（Application Programming Interface　あるアプリケーションの機能やデータ等を他のアプリケーションから呼び出して利用するための仕様）の

導入が進められている。オープンAPIにより、金融機関がシステムへの接続仕様を公開し、あらかじめ契約を結んだ外部事業者のアクセスを認めることで、利便性の高い金融サービスを展開しやすくなる。

例えば、FinTech企業が提供する家計簿アプリや会計アプリは、顧客が取引する全金融機関の入出金、残高情報を収集し、そのデータに基づいて家計簿や財務諸表を自動的に作成する、といったサービスを提供している。

❷ セキュリティおよびシステム効率の向上

家計簿アプリや会計アプリは、APIによる連携ができない金融機関に対しては、顧客にIDとパスワードを入力させ、インターネットバンキングを経由して、データを自動的に収集（クローリング）している。アプリが顧客からインターネットバンキングのIDとパスワードを預かるという仕組みは、セキュリティ面の問題があるほか、インターネットバンキングへのシステム負荷の要因にもなる。これに対し、APIでFinTech企業と連携すれば、セキュリティ面でも安全性がたかまり、システム効率も改善する。

❸ 与信ビジネスの新たな展開

近年、入出金データを活用した顧客の信用状況分析の研究が進展をみている。すなわち、入出金データを活用すれば、財務を中心とした評価では低格付けとなる先のなかから、デフォルトしにくい企業（貸せる企業）を見つけ出すことが可能になってきた。

しかし、日本の企業は、通常、複数の金融機関と取引している。このため、口座情報が分散され、1つの金融機関だけでは十分な入手金データが得られないことが課題となっていた。ところが、オープンAPIによって家計簿アプリや会計アプリと連携することにより、それらのアプリが収集してきた顧客の他行の口座の入出金情報を参照することができるようになった。このように、FinTech企業との連携は、新たな与信ビジネスの可能性を高める方向にある。

(図表1-28) 近年の金融分野における主なサイバー攻撃事案等

動機	対象	主な攻撃手法	事案の概要
政治的な信条	金融機関	✓ DDoS攻撃によるWebサイト等のサービスの停止	◆国内の金融機関や金融庁等、複数の組織のWebサイトに対してDDoS攻撃による被害が発生。また、標的となった組織と同一のWebホスティング会社を利用する金融機関にも影響
情報の窃取		✓ メール等による標的型攻撃 ✓ サーバ等に対する不正アクセス	◆国内金融機関のメールサーバに対して不正アクセスが発生し、顧客の氏名、住所、口座番号等の顧客情報が漏えい（2016年9月） ◆国内金融機関のWebサイトに対して不正アクセスが発生し、顧客のIDや氏名、住所、生年月日等の顧客情報が漏えい（2017年7月） ◆金融機関のWebサイトがサイバー攻撃により改ざんされ、当該Webサイトを閲覧した利用者が悪意のある外部サイトに誘導されるとともにマルウェアをダウンロードさせられる事案が発生
金銭目的		✓ 金融機関自身への攻撃による不正送金	◆バングラデシュ中央銀行で国際的な送金システム（SWIFT）に利用されているPCが遠隔操作され、不正に多額の資金が窃取（2016年2月）（その後同様の事案が台湾、ネパール等でも発生） ◆仮想通貨交換業者において、外部からの不正アクセスにより、仮想通貨の大規模な不正流出が発生（2018年1月、9月）
		✓ 金銭を目的としたDDoS攻撃	◆複数の金融機関が、期日までに身代金としてビットコインを支払わなければDDoS攻撃を仕掛ける旨の脅迫メールを受信するとともに、短時間のDDoS攻撃による被害も発生（2017年6月、9月）
	顧客	✓ 顧客PCのマルウェア感染	◆インターネットバンキング利用者のIDやパスワードを窃取するマルウェアが発生。最近では仮想通貨取引所の利用者もターゲットとするマルウェアも確認

（出所）金融庁

サイバーセキュリティへの対応

❶ サイバー攻撃

　サイバー攻撃は、デジタライゼーションにともなって生じる金融システムの新たなリスクである。近年、金融デジタライゼーションの進展とともに、左の表にあるような大規模なサイバー攻撃が確認されている。

❷ サイバーセキュリティ対策

　金融分野においては、その業務の特性上、他業種よりも多くの顧客情報等を保有している。サイバー攻撃に際しても、こうした情報が漏えいしないよう、経営陣が主導する形で、「サイバーセキュリティに関するリスク評価の実施」、「CSIRT（Computer Security Incident Response Team. コンピュータセキュリティにかかるインシデントに対処するための組織の総称）等のサイバーセキュリティ対応部門の設置」等のサイバーセキュリティ対策が行われる必要がある。

 ## 金融デジタライゼーションにおける顧客支援

　金融デジタライゼーションによって導かれる、「営業店事務の効率化」、「顧客の利便性向上」、「サイバーセキュリティ対策」等において、重要なポイントに、顧客側のITリテラシーの向上がある。顧客における金融デジタライゼーション対応を支援するうえで、営業店は重要なチャネルとなる。

　おそらく、顧客におけるITリテラシーのレベルアップにともなって、たんなる事務は、顧客側でデジタル処理をしてくれるようになり、顧客か

ら営業店への相談はより付加価値の高い内容へと変化していくと思われる。一方、そうした面での顧客支援を怠っている営業店では、いつまで経っても顧客が持ってくる紙の伝票を処理し、顧客側の効率性が向上しないまま（企業であれば収益性が改善しないまま）となり、場合によっては、顧客のパソコン等で発生するサイバーインシデントの後始末をしなければならなくなる可能性がある。

　このように、金融デジタライゼーションによる顧客と金融機関双方の利便性・効率性の向上には、営業店における対応も重要であることを理解してほしい。

第2章
人事・組織管理

　営業店の組織を構成し、業務を遂行するのは人であり部下である。したがって、部下の能力を開発し、それを最大限に発揮させることは、トップである支店長のみならず、各管理者の責任であり役割である。本章では、この責任と役割を果たすために「組織の活性化」、「部下の指導・育成」、「適正な人事考課」、「労務管理の要点」という4つの観点から理想的な職場作りのポイントを学ぶこととする。

　自営業店を業績向上に向けて一致団結して行動する明るい職場にするのも、目先の仕事にきゅうきゅうとした事なかれ主義が蔓延する利己的な人の集まりの職場にするのも、支店長はじめ管理者の努力しだいである。ぜひ、ここで学習したことを自営業店で実践し、活気のある職場作りを行っていただきたい。

1 組織の活性化

> 金融機関が維持・発展するためには、その基盤である営業店という現場の組織が活性化されなければならない。そのためには、管理者のリーダーシップが必要である。本節では、経営管理の基礎理論やリーダーシップ論を検証することによって、営業店という組織を活性化するために、管理者自身はどのような行動をとればよいのかを学ぶこととする。

Ⅰ 経営管理の基礎理論

❶ 経営管理のマネジメントサイクル

A. 経営管理

　金融機関を含め、企業とは人を中心としたさまざまな経営資源（いわゆる人、物、金、情報）の集合体で、商品やサービスを作って社会に提供し、それにより利潤を獲得する活動を行うものである。その活動を維持・発展させるために目標（理念・方針等）があり、これを効果的に達成するために組織を編成しているのである。

　経営管理とは、経営資源を有効に活用して経営目的を効率的・効果的に達成するための経営者や管理者の活動である。その活動は経営目標を達成するためのマネジメントサイクルとして、日々行われている。そこでは、管理者は経営のトップの理念や方針を受け止め、自店内に具体的に展開していく役割を担っている。

金融機関には、まず「経営方針」の前提として「経営理念」がある。金融機関のビジョン（あるべき姿）や目指す方向を示すもので、行職員の日常的な活動の指針や拠り所となっており、マネジメントサイクルの出発点である。

　なお、人事管理とか労務管理と呼ばれるものは、経営管理のうち「人」に関する管理のことで、次のように分けることができる。

> ①雇用管理…………採用・配置・昇進等に関すること
> ②賃金管理…………賃金体系、賃金形態、賃金額、退職給付金等に関すること
> ③福利厚生管理……法定福利費や法定外福利費に関すること
> ④人間関係管理……従業員にやる気を出させ、生産性等をあげるための制度に関すること
> ⑤教育訓練…………職場内教育訓練、職場外教育訓練に関すること

　人事管理・労務管理の範囲は非常に広く、それぞれが有機的に結びついている。本項では、営業店の管理者に関係すると思われる事項について解説する。

B．経営方針の具体化と目標展開

　経営理念や方針を営業店のメンバーと認識し、共有していくのが管理者の役割である。経営方針や自店の使命や役割（ミッション）を踏まえ、内外環境変化も考慮して、どのような課題や目標に向かって取り組んだらよいかを検討する。

　目標とは目指すゴールであり、「何を、どのレベルで、いつまでに」やり遂げるかが明確にされた、誰にでもわかるゴール設定が必要である。メンバーが目指す方向に共感しなければ、モチベーションは高まらない。共感が営業店の連帯感を育み、そこから個々人の意欲的な行動が生れるのである。管理者には経営方針をわかりやすく翻訳し、営業店の目標へブレークダウンする役割がある。

(図表2-1) 目標設定の留意点

目標の基本要素（4つの要素）

目標の要素	内容
何を	目標とすべき項目、具体的であること
いつまでに	時期や期限
どれだけ	達成水準、達成レベル
どれから先に	複数の目標項目における優先順位

望ましい目標の条件

目標の条件	内容
チャレンジ性	目標があまり高すぎたり、逆に低すぎたりしない →実態を無視した高い目標や、工夫・努力なしに達成できる低位な目標は避ける
自発性	メンバーの意見やアイデアが反映されている →一方的な押し付けられた目標ではやる気がでない
自己開発	目標達成のプロセスのなかで、能力が身につき、自信につながるものである
貢献性	社会や顧客、自金融機関の発展に寄与する →世の中の役に立つ目標である
整合性	上位の目標や方針と方向のズレがなく、関係部門目標ともすり合っている

C. 目標設定の留意点

目標設定の留意点は、（図表2-1）のとおりである。

D. 目標の連鎖

経営方針を組織の階層に沿って具体化して、最終個人の目標までブレークダウンする。上位組織の目標が下位組織の目標とつながることによって、自店の目指すゴールが全行職員によって共有され、相互のベクトルがそろう。そのために、管理者は上位者と部下間の情報交流や他部門との調整、外部情報の収集などを行って、目標連鎖のプロモート役を果たす必要がある。

E. 目標達成のマネジメントサイクル

上位組織から最下位の組織まで、それぞれが目標達成のためにPDCAのマネジメントサイクルを廻す必要がある。

(図表 2-2) 組織は目標の連鎖体系

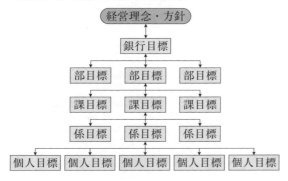

◎目標が下位の組織や全メンバーにブレークダウンされる

＜進め方、留意点＞
①経営目的の実現をめざす
②上からのノルマにしない
③上下の十分な話し合い

(図表 2-3) マネジメントサイクル

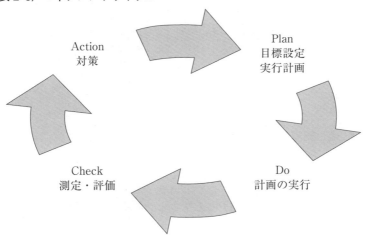

a．目標設定（Plan）　　…目指すゴール
b．実行計画（Plan）　　…手段・方法・スケジュール
c．実行（Do）　　　　　…計画の実行
d．測定・評価（Check）…実績の確認
e．対策（Action）　　　…計画と実行のズレの修正

F．部下に対するマネジメントサイクルのフォローアップ

支店長は、営業店全体の目標についての「PDCA」を確実に実行すると同時に部下に対して次のことを行う必要がある。

> ①行職員1人ひとりの日々「PDCA」の確実な実行を確認し、常に関心を持って、配下行職員にもわかるような言動を実践すること
> ②中間の管理者に対して、配下行職員の目標を十分フォローさせ、進捗状況に応じてタイミングよく具体的な質問・助言・指示等することを励行させること
> ③努力の過程を見たうえで、そのつど営業店の行職員に自分の行動の評価を伝達することにより刺激を与え、動機づけを行うこと
> ④どこに問題があったか気づかせ、その改善のためにどのようなスキルや知識を習得すればよいかを示し、行職員の能力改善を指導すること

❷ 組織

A．組織と組織の意思決定

組織とは、事業活動を効率的に行い、仕事の生産性を高めるために、人や物を配置した仕組み全体のことをいう。組織は共通の目的を実現するためにメンバーが協働する仕組みともいえる。組織は、その目的を達成するために、認知に限界がある個人が複雑な環境を扱えるように、役割の分担（分業）を進める。

これは同時に、意思決定の分業体制を作っていることを意味している。このとき分担する個人の動機は複雑で、基本的に組織の利益と個人の利益は必ずしも一致していないので、何もしなければ、各個人、各部門がバラバラに行動し、統一された協働を生み出すことはできない。そのような事態に陥らないためには、それぞれの意思決定が意識的に調整されるように、さまざまな影響力を行使して組織メンバーの意思決定を結びつけ、全体と

して合目的な意思決定とする仕組みが必要になる。

したがって、組織の意思決定は、組織内の個人と小集団の意思決定が統合された合成的な意思決定といえる。個人の意思決定を上手に合成するには、組織に貢献する意欲を持たせることが重要である。

B．よい組織の条件

C.I. バーナードは、「組織とは複数の人間によって意識的に調整された行動または種々の力のシステムである」といっている。また、「組織はたんなる集団ではなく協働の関係にあり、人間相互がかかわり合い作用するシステムである」ともいっている。彼は、組織の基本要素として以下の3点をあげている。

①共通の目的
②協働の意思
③コミュニケーション

つまり、よい組織の条件とは、以下の5つの要素を満たしているということである。

　a．目的あるいは目標が明確で適切である

人が目的や目標を持たず、ただ集まっている状態を「烏合の衆」といい、これは組織とはいわず、群衆に過ぎない。

　b．相互に協働作業が有効に行われる

組織の目的あるいは目標の達成は、単独ではなく、複数の人間が一定期間継続的に活動することによって可能となるもので、相互に協働作業が有効に行われる必要がある。相互に長所・短所を補い、総和以上の力が発揮されるのが組織の利点でもある。この総和以上の力とは、足し算ではなく掛け算的発想をいう。組織が「凡人をして非凡な働きをなさしめるもの」といわれるゆえんもここにある。

　c．組織構成員の目的・目標達成意欲が旺盛である

具体的には組織構成員に、以下のような行動が見られる状態である。

> ① 組織目的・目標の実現のため、基本方針をよく理解し、自己の能力を最大限に発揮する
> ② 命令には忠実に従い、責任を持って陰日向なく、ひたむきに努力する
> ③ 自己の役割をよく知り、関係部門の業務をよく理解し、連絡や協力を積極的に行い相互信頼に基づいて仕事を進める
> ④ 常に問題意識と革新意欲を持ち、改善、工夫、提案を積極的に行う

d．コミュニケーションが活発である

組織活動は「上意下達、下意上達」による相互協力の下に、共通の目的あるいは目標を達成するものである。しかし、組織化が進み組織階層が複雑になるにつれ、人の意思が正しく伝達されにくくなり、理解を妨げることになる。仕事の成果は、この上下、左右の意思伝達の良否で決まるといっても過言ではない。

e．役割意識を持って行動する

定められた規則、手続き、ルールなどに従って行動すると同時に、組織や上司あるいは部下が自分に何を期待しているかを感知し、その期待に合致するように役割意識をもって行動してこそ、成果のあがる活発な組織となる。

> **参考：バーナードの組織論**
> C.I. バーナードは、1938年自らの社長としての経験と思想を「経営者の役割」として発表し、「人間が個人として達成できないことを、他者との協働によって達成しようとするときに組織は生れる」とし、協働システム論に基づいて組織と管理の一般理論を展開した。この理論は「バーナード革命」と呼ばれて、後にサイモンに受け継がれ、バーナード＝サイモン理論として、近代組織論に影響を与えている。

C．活性化された組織の形成

活性化された組織とは、「組織の持つ目的達成に向けて、その構成員が

強く動機付けられ、自立的に行動し、常に組織学習を行っている状態」を指すと考えられる。さまざまな変化に対して組織自体や構成メンバーが柔軟に対応したり、試行錯誤を繰り返して正解を導いたり、これまでのルールが機能しないならルール自体を構築し直したり、このままでは将来問題が発生しそうな場合に、その課題にあらかじめ備えたりする組織である。

そのためには、メンバーが効果的な経験を積み、そこから効率的に学ぶことも必要であるが、組織としてのまとまりを維持しながらも、事実を客観的に捉え、柔軟に発想し、素直な意見交換がなされる風土が求められる。

このような組織を形成するには、以下のことが有効である。

a．権限委譲、メンバーに対する活躍の場の提供

組織メンバーが自ら発想し検証していく場であり、各人の行動の自律性を高めるうえで有効である。

b．会社の方針や組織の価値観の共有

目的志向の活発な議論を展開するうえで重要である。

c．メンバーの目標設定への参画

目標達成に向けた強いコミットメントを引き出すうえで有効である。

d．成果の検証とフィードバック

事実を客観的に捉え、常に工夫改善していくうえで不可欠の要素である。

> 参考：会議の効果的な運営
>
> 組織の運営において、会議は重要な役割を果たす。情報の共有化を図り、意思決定の質を高め、あるいは部下を合意形成に参画させることにより、決定事項の執行を確実にすることが期待できるからである。しかし、その進め方を間違うと、最終的な合意形成に失敗や意思決定の質が低下といった、まったく逆の結果に陥る場合もありうるので、注意することが必要である。

D．活性化された営業店

営業店を活性化するということは、その業務に携わる人材や集団を活性化することであり、配下行職員のやる気を高め、働きがいのある職場にす

ることである。

　活性化された営業店では、行職員が生き生きとして活動し、てきぱきと業務処理する体制がとれるはずである。「生き生き」とは、職場における人間関係が充実しており、業務に対する意欲が旺盛で積極的に業務処理している姿であり、「てきぱき」とは、業務が手際よくスムーズに運ばれる姿であって、顧客に対する関係でも必ず好影響を与える素因となることは間違いない。具体的には以下のようなことができている営業店である。

①行職員個々人と営業店全体の高い活動効率
②行職員のやる気と生きがいのある職場
③行職員の生き生きとした活動や、てきぱきとした事務処理体制
④生き生きとした人間関係の充実
⑤業務処理に対する意欲旺盛な店内体制
⑥業務が手際よくスムーズに展開する店内体制

　営業店が上記のような活性化した組織となるためには、以下のことが満たされている必要がある。そのために、支店長を始め管理者は、その形成と定着化に努力しなければならない。

①行職員1人ひとりが金融機関全体の方針や自店の営業計画を十分に理解し、成し遂げるべき目標が明快であること
②適材適所・適量の人材配置のもとに、信賞必罰・公平な人事考課が行われ、努力すれば必ず報われること
③業務上の意見が尊重され、店内コミュニケーションや係内外のチームワークがよく、相互信頼が高いこと
④日常業務上の知識はもちろん、人生教訓が得られるなど、店内のオープンな雰囲気と人間成長のムードがあること

❸ 経営理論の変遷

A．労務管理理論の変遷

労務管理に関する理論、労働者の能力開発に関する理論や考え方は、産業の歴史とともに発展してきた。18世紀後半から19世紀前半にかけてイギリスで産業革命が進み、機械制生産によって数百名に及ぶ労働者を雇用する工場が現れた。当時は、児童の労働もあり、労働も長時間にわたるもので、人間に対する考え方も、専制的で非科学的であった。

その後、理論は科学的管理→人間関係論→行動科学と展開されてきた。人にアメとムチを使い分け厳しく管理するという方法から、「人は本来働いて成果をあげることにより喜びを感じるものなので、長所を見出し、励ますことによって、自律的に能力を開発し、成長していくものである」という考え方に高められ、さらに人を、人という抽象的な存在ではなく、豊かな個性を持つ個別の存在として見るようになってきた。

B．科学的管理法

19世紀から20世紀初頭にかけて、アメリカ東部の機械工業を中心に、工場管理の合理化運動が起こった。その代表的推進者が、テイラーである。彼は標準的な作業の仕方や作業時間を研究して、1日の作業量を科学的に算定して、「課業」(task)の考え方を生み出した。「課業管理」(task management)は、作業標準の科学的設定、標準化、経済的刺激制度からなっており、標準以上の出来高の場合には、報酬として高い賃率で計算する「差別的出来高払賃金制度」を導入した。これは標準作業量の達成度合いにより賃金を支払うという管理法である。また、彼は有能な作業者を昇格させることによって能率の向上も図った。この手法は「科学的管理法」と呼ばれ広まっていき、これを基礎として、管理機構モデルを軸とした伝統的管理論が1920年頃に形成された。

C．人間関係論

アメリカのウエスタン・エレクトロニック社のホーソン工場で、1927

年～32年にかけてメイヨーやレスリスバーガーが中心となって行った作業時間と作業能率についての実験（ホーソン実験）で明らかにされた理論である。実験の結果から次のことがわかった。

> ① 物理的な作業条件と作業効率との間に、従業員の感情や意欲といった主観的な態度が関係しており、これが大きく影響している
> ② この主観的な態度は、自然発生的に生じる非公式な人間関係、いわゆる非公式組織（インフォーマル組織[※1]）の集団規範の影響を大きく受ける
> ③ この集団規範が組織目標をサポートするのであれば、生産性向上につながる
> ④ 非公式組織内の人間関係の良し悪しや集団規範の内容は、管理者の管理行動の良し悪しに大きく依存している

この結果は、人間は経済合理性だけでは動くものではなく、人間的側面の大切さが認識されたわけで、この実験を契機にモラール[※2]、リーダーシップ、コミュニケーション等の研究がスタートした。その結果、以下のような諸施策が生まれてきている。

> ① モラール・サーベイ（従業員意識調査）……経営に対する従業員の満足度や意向を調査する
> ② 職場懇談会……コミュニケーションを図るため職場内で定期的に話し合う機会を設ける制度
> ③ 労使協議制……企業の経営等について、使用者と労働者が話し合う制度で、団体交渉[※3]とは異なり、労使の利害の共通する事項も含めて協議する
> ④ 提案制度……従業員に業務等に関する改善案を述べる機会を与え、実現可能なものは採用することで従業員の士気を向上させようとする制度

⑤苦情処理制度……苦情処理機関を設け、職場における不平不満を解決しようとする制度
　⑥カウンセリング……従業員の悩みについて、カウンセラーが相談にのる制度
　⑦自己申告制度……従業員が自らの能力や資格、希望する職務等を申告する制度。

※1　インフォーマル組織とは、経営目標を達成するために目的意識を持って作られた組織（公式組織）と異なり、従業員自らが自然発生的に集まってできる組織をいう。
※2　モラールとは、士気、やる気、作業意欲などをいう。
※3　団体交渉とは、労働組合が、使用者またはその団体と労働協約の締結その他の事項に関して交渉することで、日本国憲法28条および労働組合法によって保障された手続きである。

D．行動科学

　1950年代以降、人の行動を心理学や哲学、社会学などの観点から研究する行動科学が展開され、多くの理論が生れた。行動科学では、モチベーション（動機付け）※が高くなれば労働意欲もあがり生産性も向上すると考えている。

※　モチベーションとは、動機付けともいい、人間が目標に向かう行動を生むもとになるものをいう。

❹ 行動科学の主な理論

A．動機付け・衛生理論（二要因理論）

　ハーズバーグは、労働者が意欲的に仕事に取り組むには動機づけが重要と考えた。人間には仕事に関して「満足に寄与する欲求」と「不満足に寄与する欲求」との2種類の欲求があるとし、「満足に寄与する欲求」は動機付けとなるが、「不満足に寄与する欲求」は動機付けにならないとした（図表2-4）。

　管理者は、部下の業務に対するやる気を継続的に引き出すには、この「動

(図表 2-4) 衛生要因と動機付け要因

	衛生要因（不満足要因）	動機づけ要因（満足要因）
対　象	働いている環境に対する欲求	仕事自体に対する欲求
満たされると	不満でない状態になるが、積極的な満足感はもたらされない。あたかも公衆衛生のようなものである。	積極的な満足を味わう。よりレベルの高い活動への動機付けとなる。
具体例	作業条件や人間関係 金銭や地位 など	やりがいのある仕事自体や仕事の達成感 その承認（遂行したことが他から認められること） など

機付け要因」による必要がある。そして本人のやる気が持続するには、その「動機付け要因」が外的なものではなく、内発的なものであることが重要と考えられている。これを「内発的動機付け」というが、その要因としては「仕事自体の面白さ」があげられる。さらに、仕事自体にやりがいを感じさせるには、その仕事をするうえで本人の知識やスキルを十分に活用できることや、その仕事に際して裁量の余地が大きいこと、また、その仕事が組織やチームにとって重要であることなどが確保されていることが有効と考えられている。

B．XY理論

マグレガーは、「X理論・Y理論」という人間の性質と人間の行動に対する2つの対極的な仮説を立て、X理論は子供のしつけには役立つが、成長意欲を持つ人間には適用すべきではないとし、Y理論による管理方法が適していると提唱した（図表 2-5）。

Y理論を具体的に実践しているのが、P. ドラッカーが提唱し、金融機関も含め多くの企業に導入されている「目標管理制度（MBO：management by objectives）」である。目標の設定に本人を参画させることの重要性を説明する根拠のひとつとなっている。

(図表2-5) X理論とY理論

	X理論	Y理論
平均的な人間の性質	仕事など生まれつき嫌いで、もしできることなら仕事など避けようとする。(性悪説)	生まれつき仕事が嫌いなわけではなく、統制可能な条件次第で仕事は満足の源泉になるかもしれない。(性善説)
平均的な人間の行動	強制されたり命令されたりしないと、組織の目的を達成するのに十分な努力をしない。どちらかというと命令されることを好み、責任を回避することを望む。	適切な条件下では責任を引き受けるのみならず、進んで責任を取ろうとする。人は自分がコミットメントする目標が達成されるように、自己管理・自己統制ができる。
管理者の対応	いわゆる「アメとムチ」を駆使して管理する。強制、管理、指導、規律、処罰といった厳重な統制が必要。	部下の可能性を信じ、彼らの自立的な活動を引き出す管理を行う。

C．マズローの欲求5段階説

マズローは、「人間の行動は欲求に基づいて起こる。そして、人間は誰もが5段階の欲求を持っている。その欲求は下位のものから上位のものへと徐々に高次元のものへと進む。一度満たされると、それ以上の動機づけ要因とはならない。ただし、『自己実現の欲求』だけは、完全に充足されることはなく、最も強く持続的な動機づけの要因となる。」と提唱している。

この5段階とは、以下のものである。

(下位) 生理的欲求

食べる、着る、寝るなどの生きるための最低の欲求

→自己保存の欲求

安全の欲求

物理的あるいは経済的に安全でありたい、安心したいという欲求

→危険・脅威から身を守りたい、仕事や収入において安心でありたい

社会的欲求

集団の中で、自分自身の存在を明らかにしたいという欲求
→仲間を持ちたい、集団に参加したい、他人に認められたい

自我の欲求（尊厳欲求）

自分の名声、身分、力量を他人から認識や賞賛されたいという欲求
→自信・独立などの関するもの

(上位) 自己実現の欲求

自分の仕事を通じて自分の能力を出来る限り発揮し、完成されたものを自己のものにしたいという欲求
→人間のみが持つ高次の欲求であり、仕事のやりがいが自分にとってどれだけ大切か、果たしてその価値があるかなどを認めることを意味する。また、自分の認めている潜在能力の顕在化、あるいは完成に力を尽くす性向があり、この欲求を満たされるレベルに達した人間は、さらに創造性を発揮し持続できる。

（図表2-6）　X理論・Y理論と欲求5段階説

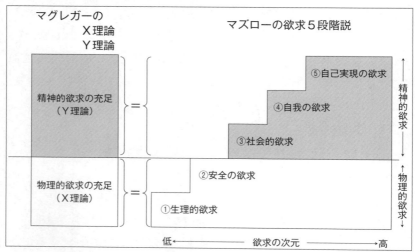

Ⅱ リーダーシップの発揮

❶ リーダーシップの機能

A．リーダーシップの定義と要件

リーダーシップとは「他者に行為を促す影響力」とされており、「集団の一部の人が、他の人たちに影響力を与えつつ、集団や組織の活動を促し、統一を維持しながら目標の達成を図っていく機能、またはその過程」のことである。

ただし、必ずしも上司や先輩が発揮するものだけを指すものではない。また、その影響力は必ずしも統率的であったり、率先垂範的であったりする場合のみを指すわけではなく、さまざまな形が想定されている。

リーダーは、知識や技術等の業務遂行能力やコミュニケーション等対人関係能力を身につけるだけではなく、組織が解決しなければならないのはどういう課題なのかを見つけ出し、未だ誰も解いたことのない課題の解答を発見する役割も負っている。

> **参考：ヘッドシップ**
> ヘッドシップとは、地位や権限に根差した強制力を伴う影響力で、一般にリーダーシップとは区別して捉えられている。

B．「連結ピン」の役割

社会心理学者のR.リッカートは、組織は小集団の集合体であり、その小集団にはリーダーがおかれて、そのリーダーは上位集団と下位集団に同時に属していて、両方の集団のコミュニケーションのチャンネルとなる「連結ピン」の役割を果たしていると考えた。リッカートの小集団のリーダーが管理者であり、組織の連結ピンであると考えることができる。

(図表2-7) リッカートの組織と連結ピン

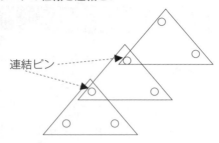

C．管理者にとってのリーダーシップの必要性

　管理者は、会社から従業員の指揮命令権を委ねられている。上司には権限がある。権限は強制力であるが、部下を従わせることはできても、心から納得させ、いわれたことを一生懸命にやろうとする気持ちにさせるのには別の要素が必要である。管理者は権限に頼るのではなく、リーダーシップを発揮することが求められる。

　また、リーダーシップが重視される背景には、職場環境の変化もある。わが国の企業や組織では年功序列が定着化し、日本的経営の特徴のひとつといわれていたが、年功制から能力主義へと企業の制度がかわってきていること、組織もフラット化（階層減少、なだらかな形）かつ機能本位に変わってきていること等があげられる。そして、部下、メンバーは合理性を求め、上司だからといって黙ってついてくるという状況ではない。管理者はポストの力だけではなく、リーダーシップでメンバーを動かすことが必要となっている。

❷ リーダーシップ論の変遷

　リーダーシップの研究は早くから行われ、リーダーシップは本人の生まれ持った資質であるという考え方から、今日では、リーダーシップは学習可能と考えられている。

A．リーダー資質論（〜1940年代）

体格、外見、知能指数などもって生れた資質でリーダーは決まってくるという見解である。しかし、優れたリーダーに共通する特質は見いだせなかった。

B．リーダーシップ行動論（1940年〜1960年代）

リーダーの属人的な資質ではなくリーダーの行動に着目し、リーダーの

（図表2-8）マネジリアル・グリッド理論

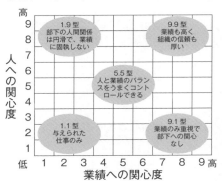

マネジリアルグリッド理論はリーダーの行動を「人間への関心」と「業績への関心」という二軸から評価し、有能なリーダーの行動の特徴を把握しようとしました。この研究では、有能なリーダーは「人間への関心」「業績への関心」をともに強く持ち、業績達成のための管理行動と円滑な人間関係づくりのための行動の双方を積極的に行っていることが明らかにされました。

（出所）ロバート・ロジャース・ブレーク／ジェーン・スリグレー・ムートン『新・期待される管理者像』（産業能率大学出版部）

（図表2-9）PM理論

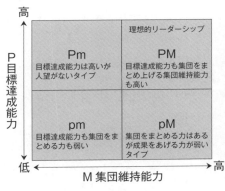

PM理論は、リーダーシップをパフォーマンス（P＝目標達成能力）と集団維持能力（M＝集団維持能力）という2つの能力要素で構成されるとしPとMの大小によってリーダーを4つのタイプに分類して集団が生み出す成果を比較する研究を行いました。この結果、PとM双方が高い状態のリーダーシップが最も望ましいとの結論を得ました。

（出所）三隅　二不二『リーダーシップ行動の科学』（有斐閣）

どのような行動が組織の生産性を高めるために効果的なものであるかを研究したものである。代表的な理論は、Rブレイクとjムートンが提唱したマネジリアル・グリッド理論と、三隅二不二が提唱したPM理論が挙げられる。

リーダーシップ行動論が提示した最も大きな成果は、この2つの理論に共通しているとおり、課題指向行動と関係指向行動の2つの軸で分析しながら優れたリーダーの要件を明確にしたことである。管理者としての自身の強みと弱みを把握するためには、この理論は非常に有効である。

C．条件適合理論（1960年〜1980年代）

フィードラーは、リーダーシップ行動論で提示された2つの行動軸に関して、状況が異なれば、同じリーダーシップ行動でもうまく機能する場合とそうでない場合があるという理論を提唱した。この理論では、リーダーシップの効果に影響を与える状況要因として、以下の3つを挙げた。

> ①リーダーがメンバーからどの程度受け入れられているか
> ②業務手順の明確さ
> ③リーダーの権限の大きさ

フィードラーは、この3つが高い状況がリーダーにとって好ましく、低い状況はリーダーにとって厳しい状況とした。そしてリーダーにとって好ましい状況と厳しい状況では課題指向型のリーダーが求められ、普通の状況では、メンバーに配慮する対人指向型のリーダーが業績を上げていることを明らかにした。

職場での具体的な事例にあてはめて解釈すると、以下のようになる。

> ①メンバーがリーダーに厚い信頼を寄せ仕事の仕組みが整備されているときは、課題指向型であっても受容される。
> ②逆に、仕事の仕組みが不十分でメンバーがリーダーの力量や権限を十分認めていないとき（組織が成熟していないステージの場合）も、リーダーは課題指向型でメンバーを引っ張っていく必要がある。

(図表2-10) PM理論

リーダーは意思決定をする際に、自分で決めたことを部下に一方的に指示すべきなのか話し合いをしたほうがよいのか、また個々の部下に対する指導の軸をティーチング、コーチングいずれにするのか等、管理職が自部署の運営方針や部下の指導方針を立案する際、この理論は極めて有効です。

（出所）ケン・ブランチャード／パトリシア・ジガーミ／ドリア・ジガーミ『新1分間リーダーシップ』（ダイヤモンド社）

D．状況適応（コンティンジェンシー）理論

PハーシーとKブランチャードによって提唱された、条件適合理論をさらに応用した理論である。この理論は、仕事面と人間面の配慮だけでなく、リーダーシップのスタイルは、フォロワーの能力の発展のレベルに応じて、「教示」、「説得」、「参加」、「委任」いずれかに変化させることこそ有効であると提唱している。

まだ業務のスキルが十分身についていない部下に対しては、十分なフォローや育成をする「教示」型の対応が必要である。逆に、ベテランでスキルの高い部下には、細かいマネジメントをしすぎて自主性と意欲を下げないように部下を信じて任せ、自分のやり方を押し付けない「委任」型とする必要があることをこの理論は示唆している。つまり、部下の成熟度（組織や個人がもつ教育・経験や高い目標を設定しようとする姿勢・責任能力の意思と能力など）が高まるにつれ、「教示」⇒「説得」⇒「参加」⇒「委任」とリーダーシップスタイルを切り替えていく必要がある。

E．コンセプト理論

条件適合理論をもとに、集団やビジネスの環境に応じて起こる様々なパ

ターンでのリーダーシップのとり方を研究したものである。したがって、環境や状況ごとに様々な理論がある。代表的なものは、次の2つのリーダーシップ論である。

a．変革型リーダーシップ

米国による経済および景気の長期低迷により、激しく変化する経営環境の中で、組織を変革的に発展させるリーダー行動に焦点をあてた理論である。このタイプのリーダーは経営危機に陥った際に非常に重要で、ビジョンや戦略など積極的に変えようとしたり、組織内に危機感を醸成したりすることで、組織の変革をもたらす。多くの企業にはこうした変革型のリーダーが存在する。彼らのエネルギーはどこから生じるのか、それは以下の公式に要約されると考える。

> 「危機感、ハングリー精神」×「明確なビジョン、目標」
> 　　＝「変革パワーのベースとなる志、夢、不屈な精神力と行動力」
> 出所：三菱UFJリサーチ＆コンサルティング開催　部長特訓スクールテキスト

変革型リーダーになる人は、「衰退せず成長するためにはどうするか」を懸命に考え抜き、明確なビジョンや目標を設定し、そのビジョン実現への熱い志を周囲を巻き込みながら実践に繋げていく。そこまでやりきるのが変革型リーダーである。

b．サーバント・リーダーシップ（支援型リーダーシップ）

サーバントとは「奉仕者」という意味で、リーダーは部下に奉仕し、支援する者であるという理論である。サーバント・リーダーの特徴として、「自身を支援者として認識する」、「まず傾聴する」、「説得と対話を通じて業務を進める」、「組織のチームワークを強化しようとする」などがある。なお、この対局にあるのが、「指示命令型のリーダーシップ」である。どちらがよいのかは、状況適応理論が示すように、一概には決められないが、不透明な経営環境下で1人のリーダーだけですべての答

えを出せない現在、サーバント・リーダーシップはメンバーのパワーを存分に引き出すために有効である。また、人は元来指示をされた仕事については「主体性」をもちにくいという本能がある。したがって、指示命令型のリーダーシップばかり続くとメンバーは「やらされ感」に陥ることも懸念される。長期にわたり安定して成果をあげるチームをつくるためにも、サーバント・リーダーシップの発揮は不可欠になる。

F．リーダーシップ開発論

マッコールは、「リーダーは生まれつきではなく育成できる」という考えのもとで、リーダーがどのように育つかについて研究を重ねた。これがリーダーシップ開発論である。この理論は「優れたリーダーは経験を通じながら一皮むけて大きく成長している」という事実をもとに、経験から学ぶ能力をもつ人を見出し、適切なタイミングで意図的な経験を積ませることが最良のリーダー育成法であると提唱した。現在の企業内リーダー教育の多くは、この考えを基に設計されており、非常に意義深い理論である。

リーダーシップ開発論の着眼点は、「人間力の開発」と「仕事力の開発」に大別される。その着眼点は、次の図表のとおりである。

(図表2-11) 人間力を高める着眼点

大項目	中項目	小項目
人間力のあるリーダー	人に対する優しさ、温かさがある	困ったメンバーには進んで声がけする、丁寧な教育をする、悩みや相談ごとにはしっかり耳を傾ける
	いざというときには倫理に基づく厳格な行動ができる	上司に対しても必要なことは具申できる、間違いや不正は指摘できる
		言いにくい部下メンバーに対しても、必要な指摘、指導、注意叱責を臆さずにできる
	志、使命感がある	自分の部署、チームのミッション（何をもって周囲に貢献するか）を明確に考えている

(出所)「営業店マネジメント [基本] コース」（経済法令研究会）Text.1

（図表 2-12） 仕事力を高める着眼点

大項目	中項目	小項目	例
仕事力のあるリーダー	知識スキルがある	業務の専門知識が豊富である	例：製品、技術、法令、経理等の知識
		マネジメントやリーダーシップに関する知識が豊富である	本コースで学んでいただく知識全般
	論理的な思考力がある	論理的な問題解決ができる	問題に対する原因追究、具体策立案
		論理的な企画提案ができる	目的、効果、リスク等の分析
	実行力がある	発言したことを必ず実行する、率先垂範できる力	
	難局に向かう姿勢とスキルがある	困難なタスクや折衝事から逃げずに向かっていける力	
	コミュニケーションスキルがある	プレゼンテーションスキルがある	ロジカルで明確な説明力
		コーチングスキルがある	傾聴、問いかけ、承認等、メンバーの自主性を引き出す力
		ファシリテーションスキルがある	多くの意見を引き出した上で、効果的な合意形成をする力

（出所）「営業店マネジメント [基本] コース」（経済法令研究会）Text.1

III 支店長・管理者に求められる行動

　本節第Ⅰ項ではマネジメント（経営管理）を、第Ⅱ項ではリーダーシップを扱ったが、いずれも高い業績をあげる組織運営には欠かせないスキルである。本項では、両者の関係も踏まえながら営業店における機能の発揮について考察したい。

❶ マネジメントとリーダーシップの関係

　ハーバード・ビジネススクールのJ・P・コッター教授は、その著書「リー

ダーシップ論‐いま何をすべきか」（ダイヤモンド社）において、リーダーの仕事とは「ビジョンと戦略を策定し、同じベクトルを持つチームによりこれを遂行すること」と定義付けた。

また、計画と予算を策定し階層を利用して効率的に職務を遂行するマネジメントの機能と、ビジョン・戦略を組織のメンバーに理解させ実現への動機づけを行うリーダーシップの機能は、いずれもリーダーにとって必須の要件であるとしている。マネジメントに欠ければ、非効率な業務運営に陥り、リーダーシップの不在は組織の停滞を招くことから、両者はリーダーの職務を遂行するうえでの車の両輪ともいえる。

しかし、一方でコッターは「組織の変革を成功に導く原動力は、リーダーシップにこそある」とも主張する。マネジメントが組織のフォーマルな階層で働くコントロールであること、リーダーシップがインフォーマルな人間関係を含めた関係者全員への動機づけ（点火）を本質とすることを踏まえれば理解しやすいであろう。

❷ 営業店における取組み

A．任命による権限

リーダーには、「自然発生的なリーダー」「選挙で選ばれたリーダー」「任命されたリーダー」等がある。支店長や管理者は「任命されたリーダー」である。

自らの意思はもとより、配下行職員にその力量を認められて職に就くものではないが、着任と同時に職位に基づく業務上の権限と配下行職員の人事権を持つこととなる。

このような立て付けから、支店長・管理者は、以下の点に留意する必要がある。

①任命により得た権限や人事権はあくまで職位に基づくフォーマルなもので、配下行職員の信認によるものではないこと

②行職員は一般的にモラルが高く自らの職務に忠実であるが、仕事のやり方や幅について既往のスタイルを維持する傾向にあること
　③支店長・管理者のマネジメントやリーダーシップにおける不手際は、自らの責任に止まらず、配下行職員の処遇や意欲に影響を及ぼすこと

B．真のリーダーとなる

　支店長・管理者は、マネジメントとリーダーシップを期待されて経営の任命を受けたものである。両機能を十分に発揮することにより、配下行職員の信認を得て「真のリーダー」となり、自店を躍進させ続ける、活性化した組織に導く責務を負うことを肝に銘じたい。

ａ．マネジメント機能の発揮

　金融機関においては、一般的に本部において経営計画が策定され、半期ごとに各営業店への目標示達が行われる。目標は、表彰制度にリンクして広範かつ細目までポイント化されたものである。

　支店長・管理者の役割は、その目標を各課に割り振ることではない。自店のマーケットや戦力の現状を十分に把握し、目指すべき姿（ビジョン）と戦略を策定するなかで、本部目標も織り込むスキルが求められる。「本部目標の全項目必達」が毎期の自店目標では、組織を疲弊化させるばかりである。実態を踏まえ、一部項目で本部目標未達が生じたとしても、全体としては従来の自店の問題点や限界を超える（＝組織を変革する）自店目標をビジョンとして持ちたい。

　また、ビジョンの実現に向けた資源配分（係替え、権限委譲、訪問先の見直し、経費用途等）や的確な実績管理もマネジメントの範疇である。

ｂ．リーダーシップの発揮

　安定した効率的業務運営であれ貸出案件の積上げであれ、営業店の業績は配下行職員の働き次第で決まる。したがって、行職員１人ひとりの力をいかに発揮させるかがビジョンを達成させるうえでの最大の課題

となる。

　支店長・管理者は、先ず配下行職員にビジョンを伝え、理解させ、その実現に尽力する意欲を持たせる（動機付ける）ことが必要である。この過程では往々にして行職員に従来の仕事の仕方を超越させるコンフリクトを伴うことから、十分なコミュニケーションを通じてリーダーの思いを伝えるとともに、達成感・帰属感・自尊心・成長実感など個々に異なるメンバーの着火点を的確につかむことが求められる。

　また、困難なタスクを求める一方で、手厚いサポートを重ねることがビジョンと上司への配下の信頼を高めることに留意したい。

　このような一連の活動がリーダーシップの発揮であり、配下行職員の心をまとめ、共有されたビジョンの実現に向けて一丸となるときに自店の組織は変革を果たす。そして、支店長・管理者が任命（お仕着せ）によらず「自店のリーダー」として認められることともなる。

❸ マネジメントとリーダーシップを発揮するために必要なスキル

　ロバート・カッツ（ハーバード大学教授）は、管理者に求められるスキルを、「テクニカル・スキル」「ヒューマン・スキル」「コンセプチュアル・スキル」に分類した。下の階層のマネジメントほど、テクニカル・スキルが多くの比重を占め、上の階層になるほどコンセプチュアル・スキルの比重が増すと考えられている。また、ヒューマン・スキルは、どの階層にも同程度に重要なスキルとしている（図表2-13）。

　支店長・管理者はこの3つのスキルを自分自身が身につけるべく努力すると同時に、部下にも立場に応じたスキルを教育・指導する必要がある。

A．テクニカル・スキル（業務遂行能力）

　業務を遂行するうえで必要な専門的な知識や、スキル、業務遂行能力を指す。職務内容により、その内容は異なる。このスキルは、比較的若手（低位）のマネジャーに、より必要とされるといわれてきたが、最近は上位の

(図表2-13) ロバート・カッツの管理者に求められるスキルの分類

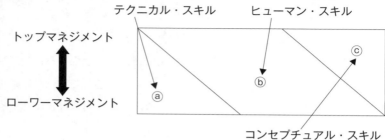

マネジャーにも高度な業務知識が必須であると考えられている。

B．ヒューマン・スキル（対人関係能力）

人間関係を管理するスキルで、相手の言動を観察・分析し、その目的を達成するために、相手に対してどのようなコミュニケーションや働きかけをするかを判断・実行できるスキルである。このスキルは単なるコミュニケーションではなく、「目的に向かって」相手や集団に働きかけ相互作用していく力である。具体的には、以下のものがあげられる。

①リーダーシップ
②コミュニケーション
③ファシリテーション
④コーチング
⑤プレゼンテーション
⑥交渉力
⑦調整力

C．コンセプチュアル・スキル（概念化能力）

周囲で起こっている事柄や状況を、構造的・概念的に捉え、事柄や問題の本質を見極める力がコンセプチュアル・スキルである。抽象的な考えや物事の大枠を理解する力を指し、具体的には、次のものがあげられる。

①論理思考力
②問題解決力
③応用力　など

2 部下の指導・育成

　優秀な人材は「インタンジブルアセット（無形資産）」※のひとつとして、企業の価値を支えるものである。営業店の管理者の大きな役割としては、部下行職員の指導・育成がある。行職員一人ひとりの能力向上は、営業店という組織全体の強化につながるのである。本節では、部下への仕事の任せ方や、指導方法を現在各企業で採用されている目標管理を中心に学ぶこととする。また、各営業店で行われているOJTなどの職場内研修について、管理者として知っておくべきこと、行うべきことを学ぶこととする。

※インタンジブルアセット（無形資産）とは、必ずしもバランスシートには表れない企業価値を生み、これを高める無形資産のことで、優秀な人材や開発力、独自の組織デザインやビジネスモデル、ブランドなどを指す。これは模倣が難しく、企業競争力の源泉となることが多い。

Ⅰ 仕事の任せ方と指導

❶ 目標による管理（MBO：Management By Objectives）

A．目標管理制度

　一般にP.ドラッカーの「現代の経営」のなかで紹介されている考え方が原型で、目標を設定し、その実行を部下と上司で目指すマネジメント手法であるが、基本となる要素は、次の2つである。

①目標設定時に本人（部下）が目標設定に参画すること
②目標の達成については本人（部下）の自己統制に委ねること

つまり、企業・組織の構成員が自分で設定した目標達成のために努力し、組織の目標達成のために役立てるとともに、自らの動機付けを行うシステムのことである。

B．業務目標の設定

業務目標の設定は、いわゆる目標によって業務遂行を管理することにある。目標を業務マネジメントのツールとして使う以上、業務目標の達成が職務の成功に結びつかなければならず、目標は、チャレンジングであることが求められる。ややジャンプしなければ届きそうもないが、上手くジャンプできれば手が届く水準に見極めることが極めて大切である。目標管理に当たっては、こうしたチャレンジングな目標水準について、上司と部下とで納得のいく話合いが行われ、部下本人が参画した目標であること、目標に対するコミットメントを確保することが重要となる。また、目標の定義が明確で、達成か未達成かが明瞭な目標であることが必要である。明確であれば目標項目に対する十分な分析ができ、未達成時の原因分析を実施する場合や結果を人事評価に活用する場合にも有効である。

C．業務目標の測定・評価

管理者は、上記目標を測定・評価する際には、以下のことが重要である。

①当初目標対比で、結果をきちんと確認しているか
②結果のみならず、努力の度合いや結果に至るプロセスも検証しているか
③一人ひとりに管理者の評価を伝えているか
④目標が未達の場合、その原因を解明し、今後の改善につながるものになっているか

D．配下行職員の目標設定時の納得性と目標達成の動機付け

　目標管理制度は、今や多くの金融機関において導入されている。多くは、年度計画を効率的に展開することにより、事業計画達成の確実性を高めると同時に、目標達成に向けて行職員を動機付けることを目的としている。後者の行職員の動機付けにあって重要なのが、目標達成における本人の「参画」（X）と、目標達成における「自己統制」（Y）である。具体的手法は以下のとおりである。

> ①配下行職員が目標達成に向け自らの意思と責任を持って取り組むよう、極力仕事を任せる（Y）
> ②目標設定の段階では、上からの押し付けやノルマではなく、配下行職員から意見やアイデアを聞き、目標設定に部下を参加させる（X）
> ③目標達成の過程においては、権限を委譲し、たとえ部下が失敗しても支援・指導していく（Y）
> ④高い目標にチャレンジしようという意欲がわくように、意欲的で高い目標を設定した部下に対しては、上司として必要とされる支援などを約束する（X）
> ⑤中間地点で達成状況が不十分な場合には、上司はアドバイスや提案を行い、本人に不足しているリソースを補てんするとともに障害を取り除くなど、自律的な業務遂行を維持させる（Y）

E．納得性を高める目標の要件

　本人が「やらされている」と考えずに、「自らやろう」と思えるかどうかがポイントである。具体的にはマグレガーのY理論等に従って、以下のことに留意することが必要である。

> ①本人にとって達成により個人的な満足感が得られる
> ②部下の自主性を尊重し、部下の創意工夫や意欲を引き出す目標とする

③目標が具体的で達成可能なものである
④部下本人と管理者が十分話し合い、相互理解にうえで目標を設定する
⑤管理者として、目標達成にあたっての方針を明確に示しておく

F．支店長・管理者に求められる目標管理のポイント

　管理者はやや距離をおいて管理するのではなく、チームのメンバーとして高い目標に向かっていく体制を作ることである。目標の意義や必要性を同じ目線で理解し、とにかく達成に向けて一丸となり、全員が知恵を出し合い、協力し合うことである。そのためには、部下に対して次のような対応が必要である。

①自金融機関の置かれている状況や自店の現状について、的確な情報を提供し、自店の目標の算出根拠と支店間の公平性について、部下が納得するよう努力する
②部下の目標がひとりでも未達成な場合には、営業店全体の目標値も達成できないように目標を設定し（運命共同意識）、目標達成に向けての具体的な方法論やツールの活用を話し合い、達成可能性が本人の意識の中で高まるようにする
③上司としての指示・支援できることがあれば、積極的にこれを行うことを約束する
④評価にあたっては、部下の自己評価を重視し、自己統制を原則とする
⑤なぜ達成できたのか（達成できなかったのか）のアドバイスや励ましを行い、新たな目標に向けて支援する

　したがって、支店長には、明確な営業戦略とリーダーシップにより、目標を周知させて、営業店全体のモラールのアップやコンセンサスの醸成を行う以下の行動が求められる。

① 目標の狙いと達成の重要性を徹底的に理解・納得させる
② 担当業務の作業量を把握し、負担感の公平な計画を策定する
③ 目標必達のための具体的な計画を担当者に立案させ、実現性についてのキメ細かな検証を行う
④ 情報量・行動・成果についての相関関係をフォロー分析し、随時、問題解決をするように指導する
⑤ 営業店全体の達成状況を把握できるようにし、担当者の責任感の醸成を図る
⑥ 目標達成の充実感、喜びを部下とともに分かち合う営業店風土を構築する

❷ 仕事の任せ方と指導法

A．仕事の任せ方

　部下に的確に職務を任せていくことは、管理者の最も重要な役割のひとつといえる。部下が能力を十分に発揮できる場所や状況を作り出すと同時に、その活動を適宜モニタリングし、必要な助言や支援をタイミングよく行っていくことが管理者に求められる。具体的には、以下の点がポイントである。

ａ．相応の時間を確保して仕事の内容を説明してから開始させる

　最も基本的な事柄である。上司と部下が仕事に対して同じ認識を持たなければ、成功はおぼつかない。まずは、作業内容やアウトプットイメージについて共通認識を持つことが重要である。

　ただし、部下が習熟している部分については、上司が細かい指示を行わない。もし行うと、部下は上司が自分の能力を過小評価していると考える場合や、本質的に信頼していないと疑う場合がある。

ｂ．仕事の目的・要求水準・期日などについてしっかり伝える

　仕事を任せるということは、その手段や方法について部下に裁量権を

与えなければならないが、その場合、仕事のゴールイメージを明確に伝えることが重要となる。仕事の目的・要求水準・期日などは仕事の骨格を構成するもので、明確になっていなければならない。

  c．**適切なタイミングで仕事へのアプローチ方法を確認する**

 仕事の手段・方法については、部下に自由に決定させることが肝要であるが、適切なアプローチ方法かどうかをモニタリングすることは必要である。状況によっては、助言や軌道修正を行わなければならない。

 B．**部下のタイプに応じた指導**

 職場にはいろいろなメンバーがいる。リーダーが同じことを伝えても、相手の性格により、価値観により受け止め方、反応の仕方はさまざまである。したがって、管理者として部下への対応に幅を持たせる必要がある。状況適応理論を踏まえた部下のタイプに応じた指導がポイントである。

 メンバーの個別状況への適切な対応によって、相手の信頼感が増し、信頼感の高まりがリーダーとしての影響力向上につながる関係にある。

 また、メンバーが成長すれば指導スタイルも変えるべきである。上司は自分と同様部下も変化することを念頭に置き、1人ひとりをよく見極め、成長に気づいて、柔軟に対応することが大切である。

 C．**職務分担と部下指導の方向性**

 管理者は、自分が統括する担当業務の組織上の目的あるいは目標を遂行するために必要な職務を明確にし、これを部下に分担させている。職務分担には、水平的なもの（いわゆる仕事の幅）と垂直的なもの（例えば、PDCAサイクルにおいて、担当者はDoだけ行う）がある。部下は自分の能力と関心に対応した職務を与えられると意欲を燃やすが、反対に能力よりも劣った仕事や自分の能力では到底できそうもない職務を与えられると、反抗的になることや自信を喪失してしまうことがある。

 したがって、管理者は部下の置かれている状況や仕事ぶりに関心を持ち、仕事の条件と同時に部下の能力、興味、経験、性格など部下個人の条件をよく把握しなければならない。そのうえで部下の欲求を充足させるような

職務分担をさせることが必要である。

一方、部下を成長させるためには、新たな職務にチャレンジさせ、能力を開発させなければならない。部下を指導し能力を開発する方向性には、「職務拡大」と「職務拡充」がある。

　　a．職務拡大

　水平的拡大ともいわれ、職務の構成要素となる課業の数を増やして仕事の範囲を拡大する方法である。職務内容の定型化等によって発生する疎外感やマンネリ化を防ぐ効果がある。また、いわゆる多能化が進み職場内での互換性向上にも寄与する。

　　b．職務拡充

　垂直的職務拡大ともいわれ、仕事そのものを充実させるため、責任や権限の範囲を広げ、仕事の幅を広げようとする方法である。仕事に計画、準備、統制といった内容を加えることになり、主体的に作業することで作業意欲を向上させ、意思決定に参加させ、作業者の能力のレベルアップにも資することになる。

❸ 部下指導する際の上司の手段

A．ティーチングとコーチング

部下指導やOJTには、ティーチングとコーチングを使い分ける。部下を成長させるためには、状況に応じて「教えること」と「考えさせること」、つまり「ティーチング」と「コーチング」をバランスよく組み合わせることが必要である。

そのためには、管理者はそれぞれの部下のことをよく知っておくこと、成長度合いをよく見ておくことが必要である。その手段としてコーチングにより情報収集することも必要である。

なお、ティーチングとコーチングのそれぞれの特徴は、（図表2-14）のとおりである。

(図表2-14) ティーチングとコーチングの特徴

	ティーチング	コーチング
長所	・初心者や未経験者への指導がしやすい ・短時間で行える ・マニュアルなどによる自習が可能 ・必要な部分に絞って指導しやすい ・教える側も教える内容を整理することで勉強になる	・相手の自発性を引き出しやすい ・能動的な学習スタイルを作りやすい ・行動に対する意欲を維持しやすい ・相手との信頼関係を深めることができる ・本質的な事柄を理解させやすい
得意分野	・知識の付与 ・短時間での指示 ・動機付けがあまり必要でない業務の指示	・自分で考えて行動する力の向上 ・持続可能な動機付け ・責任感の醸成

(出所)「コーチングで活かすOJT実践コース」(経済法令研究会)Text.1を改変

B. コーチングの定義

今日では、部下の自立的な行動が重要となり、リーダーはメンバーの内発的動機付けと行動を引き出すことを求められている。コーチングは、それらに有効なもので、管理者やリーダーにとってコーチングが重要なスキルとなっている。

コーチングの定義は、米国経営者協会発行のガイドブック「コーチング、カウンセリング、メンタリング」(フローレンス・ストーン著)によれば、「コーチや管理者などがチームメンバーの課題・目標設定を手助けし、前向きの姿勢で業務執行に必要な気付きを与え、励まし、挑戦を促し、現在の仕事のパフォーマンスを改善すると同時に、将来の可能性を引き出す技法のこと」となる。他にも「会話や人間としての在り方を通じて、対象者が本人の望む目標に向かって、本人の満足のいく方法で進むことを促進する環境を生み出す技術」などさまざまある。いずれにしても、要点は、「す

べての答えは相手の中にあり、コーチの役割はそれらを引き出し、目標達成への行動を促すこと」である。

C．コーチングの基本原則

コーチングは、一人ひとりの内側にある意欲や能力を引き出すことが最大のポイントである。今日の業務の変化のスピードに対応するためには、自ら考え行動する行職員の育成が急務になっている。その要請に答えるのがコーチングである。

コーチングの基本原則は、以下のとおりである。

> ①対等の立場で相手を信じる
> ②「教える」よりも「相手の気付き」をサポートする
> ③対話により相手の気付きを促進し、目標達成を援助する
> ④一人ひとりの状況に合わせる
> ⑤上司、自身もともに成長する

D．コーチングのスキル

コーチングの基本サイクルは、コーチが問いかける→クライアントが答える→コーチがクライアントの答えを聴いて、次の新たな問いかけをする。この繰り返しである。コーチは回答の予測や自分の方向にリードしないことが重要である。リーディング（Leading 誘導）とは違う。あくまでも部下とのコーチングのなかで結論を相手から引き出すのである。その際、以下のスキルが求められる。金融機関の管理者においても、部下行職員が自ら考え、振り返り、行動することを促す手法として、コーチングのスキルを身につけることは重要である。

a．「傾聴」：相手の言葉をさえぎらず、いいたいことをじっくり聞くスキル

> ①心で聴く……相手のいっていることをただ聞くのではなく、相手の物差しで心を傾けて聴く

②客観的に聴く……偏見、先入観、固定観念などを捨て、相手の話を客観的に聴く

③積極的に聴く（アクティブ・リスニング）……受動的に聴くのではなく、相手の発言を繰返し、相槌を打ちながら、相手の話に最後まで耳を傾ける。繰返しや相槌には、相手に自分の言葉と気持ちを確実に受けてもらったという安心感を与える効果が期待できる

b．「質問」：適切な問いかけによって相手のなかにある言葉を引き出すスキル

①拡大的であること……４Ｗ２Ｈ（What、When、Who、Where、How、How Much）を使うことで、YES/NO では答えられないようにする。または YES/NO で答えられる限定的な問いかけはしない

②未来的であること……「今から先」のことに焦点を当てる。過去的な問いかけは過去の原因を探るだけではなく、相手を追求するニュアンスが含まれる。未来的な問いかけは、本人が自動的に原因を探り出し、これからの行動改善へのきっかけとなる

③肯定的であること……「前向きな言葉」や「明るい言葉」を使い、実現したいテーマ、心が楽しくなる会話に焦点をあてて問いかける。人はポジティブ（前向き）な会話をすることによって、行動を起こすモチベーション（意欲）が高まる

c．「承認」：相手の行動・考え・発言を認めるスキル

　仕事ぶりをよく観察して、よい変化を認識してほめることである。人間は往々にして、自分で自分のことを認めることができない。そこでコーチがそれを承認して、時に勇気づける必要がある。

d．他に持つべきスキル

①要約のスキル（フォーカスのスキル）……コーチは対象者が抱えるさまざまな課題を整理し、大きなかたまりとして存在している問題を小さな単位に示す。質問を投げかけて焦点を絞らせる
②フィードバックのスキル（直感のスキル）……コーチは感じていることを素直に伝える。コーチは「考えない」「予測しない」「リードしない」というのが重要である
③自己管理のスキル……誤解や先入観、偏見などの自己特定の受止め方や反応、また投影（自分の特徴や性質。受止め方などを他者に見出すこと）をきちんとつかむことで客観性を確保し、転移（子供の頃に大切だった人、重要だった人から経験させられた感情や行動パターンを自分の現在の関係に移してしまうこと）などの心理的歪曲を影響させないように、コーチは自己管理することが必要である

Ⅱ 職場内教育の推進

❶ 企業内教育

A．企業が求める能力

企業内の人材育成の目的は、企業で必要とされる能力開発を行うことである。企業内で必要とされる能力とは、企業という組織体の一員として、企業目的の達成に役立つ能力で、「課題設定能力」「問題発見能力」「業務遂行能力」「対人能力」などである。

経済産業省は、職場や地域社会で多様な人々と仕事をしていくために必要な基礎力を、以下の3つの能力（12の要素）からなる「社会人基礎力」

（図表 2-15）社会人基礎力

「社会人基礎力」とは

> 平成18年2月、経済産業省では産学の有識者による委員会（座長：諏訪康雄法政大学大学院教授）にて「職場や地域社会で多様な人々と仕事をしていくために必要な基礎的な力」を下記3つの能力（12の能力要素）から成る「社会人基礎力」として定義づけ。

＜3つの能力／12の能力要素＞

前に踏み出す力（アクション）
～一歩前に踏み出し、失敗しても粘り強く取り組む力～

- **主体性**　物事に進んで取り組む力
- **働きかけ力**　他人に働きかけ巻き込む力
- **実行力**　目的を設定し確実に行動する力

考え抜く力（シンキング）
～疑問を持ち、考え抜く力～

- **課題発見力**　現状を分析し目的や課題を明らかにする力
- **計画力**　課題の解決に向けたプロセスを明らかにし準備する力
- **創造力**　新しい価値を生み出す力

チームで働く力（チームワーク）
～多様な人々とともに、目標に向けて協力する力～

- **発信力**　自分の意見をわかりやすく伝える力
- **傾聴力**　相手の意見を丁寧に聴く力
- **柔軟性**　意見の違いや立場の違いを理解する力
- **情況把握力**　自分と周囲の人々や物事との関係性を理解する力
- **規律性**　社会のルールや人との約束を守る力
- **ストレスコントロール力**　ストレスの発生源に対応する力

（出所）経済産業省ホームページ

（図表 2-15）として発表している。

B．企業教育の目的

企業の教育の目的は、いろいろなものがある。

①トップの方針を全社に徹底するため
②専門的な知識や技術を習得させるため
③創造性訓練によって、発想を豊かにさせるため
④チームワークをつくるため
⑤ボトムを引き上げて、組織のレベルを高めるため
⑥トップクラスの従業員を教育して、エリートを作り、全社をリードさせるため
⑦企業が抱える特定の問題を解決するため
⑧職場を離れて、長期的テーマを考えさせるため

C．企業内教育の体系

対象者、目的、研修方法等によりさまざまな研修があり、次のように分けることができる。職場内研修（OJT）、集合研修（Off-JT）、自己啓発（SD）は「教育研修の3本柱」といわれ、それぞれ特徴（一長一短）があって相互に補完する関係にある。

> ① OJT（On the Job Training 職場内研修）
>   ・マンツーマン指導制度
>   ・ジョブローテーション
>   ・上司による計画的指導
> ②集合研修（OFF-JT）
> ③自己啓発援助促進（通信教育、キャリア教育、英会話研修など）
> ④その他（社外講習会への参加、国内外の大学・研究機関への留学など）

❷ OJT

A．OJTとは

実際に仕事を行いながら、上司などが部下の指導を実施し、業務を行う際に必要な知識や能力を部下に獲得させる教育方法であり、仕事の実務能力を向上させるためには非常に効果が高く、能力開発の柱となるものである。

B．OJT推進上の留意点

OJTを推進するうえでの留意点は、以下のとおりである。

> ① OJTは個人の状況（強み・弱み）に応じた個別性の高い教育内容に特徴がある。そのため、対象者の弱い部分を中心にOJTの計画を立てて、仕事を通じて克服させることがしやすくなる
> ② OJTは、具体的な業務を通じて部下の指導・教育を行うものである。

業務を実践するなかで、本人に不足している知識・スキルや業務遂行能力を直接指導することにより、高い教育効果を期待できる。しかし、実際の業務遂行場面での教育や対象者の状況に応じた指導などにより効果性が高い反面、それぞれの上司が行うため、その内容にバラツキや、そのつど断片的な指導になる懸念がある。OJT の長所を活かし、その実効性を確保するうえで、こうした懸念材料をなくす努力が必要である

③ OJT は、対象者の習熟度に応じた教育内容を選ぶことに意味があるが、指導方法にバラツキが生じたのでは問題があり、これを回避するうえで、指導方法や教材を統一する意味は大きい

④ OJT は現場における「そのつどの教育」であるといっても、場当たり的な指導に陥りがちであるので事前の指導実施計画が重要である

⑤ OJT はマンツーマン教育なので、指導者と対象者はそりが合うに越したことはないが、指導者にはあくまでも的確に対象者を指導できる知識・能力が第一に求められる

⑥集合研修や自己啓発との相乗効果が期待できるように、集合研修の後で同じテーマを OJT で扱ったり、OJT によっても依然として不足の部分について自己啓発を活用したりするなども重要である

なお、新入行職員の OJT では、特に以下の事項が必要である。

①本人とのコミュニケーションをよくとり、理解の状況を確認して指導を進める

②理解力に応じてそのつどフォローすることは重要であるが、根底に十分な計画性が求められる

③本人の特性や知識・スキル、また長所・短所を理解したうえで、指導方針を策定し指導する

④たんに業務のやり方を教えるだけではなく、業務の目的や処理の根拠を説明し、理解させる

C．OJT 指導者の留意点

OJT 指導者である上司は、自分自身が以下の点に留意して指導を行う必要がある。

① OJT 指導者と部下との信頼関係が保たれないと、目標達成意欲が低下するので、指導者として模範となる行動を行い、自己研鑽にも励む
② 教育指導の内容は、知識面など業務中心となりがちであり、仕事に対する責任感・協調性・意欲の醸成・人間的な成長・仕事に対する面白さや取組み姿勢等の指導が疎かにならないように配慮する
③ 指導者と被指導者とのコミュニケーションを密にとって相手のモチベーションを高め、指導内容についての理解度を的確に把握する
④ 相手の理解度によっては、臨機応変に指導計画内容を変更・修正し、教育効果を高める努力をする
⑤ 指導後も本人の理解度を確認するとともに、目標達成に向け進捗状況をフォローする

❸ 集合研修

A．集合研修とは

Off-JT（職場外教育）の一種である集合研修は、多人数を一堂に集めて同一のカリキュラムにより教育するものであり、集まったメンバーに均一な情報・スキルを習得させるのに適しており、体系的・画一的という特徴を持っている。また、同じメッセージを同時に伝えることが最も効果的な基礎的な知識・スキルの習得や、規定・制度の周知などにも向いている。

ただし、実際に職場に戻った段階で集合研修の内容を活用できるかどう

かは、各人の理解度や応用力に委ねられている。受講者は職場に帰った後、研修内容を次第に忘れてしまいがちであり、自ら高い意識を保って各職場の状況に適合するように咀嚼して活用していかなければならない。そこで、集合研修後も修得内容の活用について細かくフォローすることが望まれている。また、職場の上司も、研修内容を実際の業務のなかで活用する機会を積極的に与えるよう配慮すべきである。

B．主な集合研修

OFF-JT（Off the Job Training 職場外研修）の代表的なものは、以下のとおりである。

①階層別教育（新入社員研修など共通の資格対象者に行う）
②専門別（部門別）研修（共通の専門性を持つ人を対象に行う）
・職能別研修（テラーに関する研修など）
・共通専門知識研修（コンプライアンスに関する研修など）
③重点戦略教育（新規事業開発要員研修など）
④組織開発研修（営業店や課の組織全体の能力アップを図る）

参考：教育訓練の技法

教育訓練の技法として次のようなものがある。

a．ケースメソッド（ケーススタディ、事例研究法）

事例研修のことをいう。現実に起きた具体的事例を材料として用い、それにグループ討議を加えることによって、たんなる知識ではなく知恵として身につける。

b．ビジネスゲーム

経営者・管理者の管理能力の向上、意思決定能力の訓練などの研修のひとつの方法である。経営のモデルを用い、それによって経営成果を競い合う。数多くの変数を用いて判断を積み重ねながら、チームでアウトプットを生み出すものである。

c．ブレーンストーミング

アイデアの開発に使われる技法である、自由にアイデアを出さ

せる。他人のアイデアを批判しない、質より量、他人のアイデアにプラスしてよい、自由奔放なものほどよい、というルールの上で行う。

####　d．ロールプレイング（役割演技法）

個人の役割を演じることによって、理解を深めようとするもの。対人感受性を開発する。

####　e．センシティビティトレーニング（ST、感受性訓練）

態度変容を目的とした体験学習技法のひとつである。受講者に激しい集団参加を体験させ、裸の自己をさらけ出し合う過程を通して、社会的感受性を開発する。

####　f．KJ法

カードに書いたアイデアを関係配置化して理論構築する。

####　g．イン・トレイ・ケース（イン・バスケット・トレーニング）

未決裁箱に入っている書類を検討し、所定時間内に処理させる訓練技法。

####　h．ワークショップ

ファシリテーターという司会者進行役を介して参加者が主体的に考え体験し、相互作用のなかで学び、創造するもの。

####　i．アクションラーニング

実際の経営課題の解決にチームで取り組み、調査や議論、合意形成などの行動を通じて参加者の意識の変革を促し、チームビルディングやリーダーシップ開発などを実現していくもの。

####　j．e−ラーニング

自学自習型で一方通行の知識習得だが、最近はインタラクティブ（双方向的）なものもある。

❹ 自己啓発

A．自己啓発とは

自己啓発とは、行職員が自分の意思で能力開発を行うもので、個別の興

味や将来必要とされる能力の開発などを自発的に実施するものである。各金融機関では、業務に関連がある通信教育講座の開設や推奨、公的資格や免許取得の援助などの自己啓発プログラムがある。管理者は自金融機関が実施している制度を熟知して配下行職員に推奨するだけではなく、自分自身も進んで自己啓発に努めなければならない。

B．自己啓発による学習の限界

自己啓発はあくまで個人がその意思によって収集できる情報の範囲内で行うため、個人の情報源や知識レベル、理解力に左右されたり、体系的な学習対象については、その効果や効率性が劣ったりする。また、実際の経験を要するものについては、なかなか習得の機会を得ることができない場合が多い。

❺ 営業店における人材育成の課題

A．組織的な学習方法

支店長は、行職員を個別に指導していくことに時間的・物理的に限界がある場合、「組織全体として学習する仕組みをいかに構築するか」を考え、行動することが重要である。個人の頑張りに期待するだけではなく、組織的に学習を繰り返していく必要がある。それにはまず、①組織としての目標を今一度明確に示し、②高い目標に対する組織全体としての挑戦意欲を喚起する。次に、③メンバーと率直なコミュニケーションをとりながら、④どういったアプローチが有効か仮説を立て、⑤それを日々のメンバーの具体的活動で検証し、⑥こうした行動の繰返しのなかからノウハウやスキルを蓄え、メンバーで共有化しながら、さらに発展させていく。以上のような組織全体をコーディネートし、その実践をリードする活動が必要となる。つまり「仮説－検証」型マネジメントを行い、PDCAマネジメントサイクルを廻し組織として知識を蓄積していくことである。

B．自律的な人材の育成方法

配下行職員をいわゆる「指示待ち族」ではない、自律した人材として育

てるためには、管理者は、以下の行動をとる必要がある。

> ①まず、期待される行動様式を具体的に示し、何が期待されているかを知らしめる
> ②求められる基本動作を行うのに必要な知識・スキルにかけているものがあれば、これを早急に習得させる
> ③具体的な案件を設定し、上司や先輩行職員をつけて成功体験を積ませる
> ④成功体験のなかから「仕事の面白さ」を実感させ、自主的に行動をデザインしていく方法論を理解させる
> ⑤本人が成功体験を重ねられそうな案件をさらに設定し、そのつどフィードバックする

C．中高年行職員の活性化

事業主が定年を定める場合は60歳を下回ることができない。また、定年延長や定年後の再雇用などによって、65歳までの雇用を確保することが高年齢雇用安定法（高年齢等の雇用の安定等に関する法律）によって求められている※。わが国においては、終身雇用制度が崩壊しつつあるとはいえ、いまだに労働者の大半が30年以上にわたって同じ企業で働くのが現状であり、彼らのモチベーションを維持することが企業・個人双方にとって重要な課題となっている。特に中高年行職員にあっては、知力・体力・気力において個人格差が大きいのが現実であり、その相違点に応じた処遇をしていくことが、公平感・納得感を高めることにつながるのである。ただし、これらの格差を周囲や本人に示していくことには課題も多く、年齢等の客観的な基準で一律に処遇するケースが、いまだ多く見られる。

中高年行職員の活性化の人事諸施策としては、以下のことが有効と考えられ、多くの企業で実施されている。

a．本人の知識・経験やスキルが生きる領域の業務を担当

本人の得意領域であれば、知力・体力・気力の低下をある程度カバー

できる。

b．65歳までの就業を前提とした職務能力開発の支援

こうした就業および教育機会を活かして、知力の低下やスキルの陳腐化に対応しようと努力する可能性がある。

c．独立支援制度や早期退職者優遇制度

いわゆる第二の人生を自立的にデザインする風土が醸成される。

なお、多くの金融機関で導入されている役職定年制は、中高年行職員の活性化ではなく、次世代の役職任用を促すという目的で行われている。

※ 年金支給開始年齢までの就労を促進するため、事業主は①65歳までの定年の引上げ、②継続雇用制度（勤務延長制度または再雇用制度）の導入、③定年の定めの廃止のいずれかの措置（高齢者雇用確保措置）を講じなければならないことになっている。なお、継続雇用制度を導入する場合には、就業規則に定める解雇事由または退職事由（年齢に関わるものを除く）に該当する者を除き、原則として継続雇用の対象者が希望すれば、その全員を再雇用しなければならない。

❻ 新しい能力開発の視点

A．エンプロイヤビリティ

雇用不安と労働力の流動化が進むと思われる状況のなかで、「雇用の長期保障」という企業と従業員の関係が崩れ始めており、それに代わる企業と個人の新しい関係として出てきたのが、「エンプロイヤビリティの養成」である。

エンプロイヤビリティは、Employ（雇用する）とAbility（能力）が結びついてできた言葉で、2つの側面を持っている。ひとつは、「従業員が現在雇用されている企業を辞めたとしても、他社で十分通用するだけの能力」、あるいはそうした能力を身につける状態を指す。言い換えると、他社からスカウトされるような職業能力のことである。もうひとつは、現在勤務している企業に「継続して雇用される能力」というように規定できるものである。変化の激しい今日では、企業は存続しても、自分が所属している部門が事業不振により消滅することや、工場の海外移転で仕事がなく

なることもある。そうした場合に、他の部署や新しい仕事につく能力があれば継続して勤務することが可能となる。

これは、これまで企業が社内の教育訓練によって行ってきた職業能力の養成について、今後は従業員自身が必要とする職業能力を、従業員が自助努力によって習得することを企業が支援する、という考え方への転換である。

エンプロイヤビリティの養成は、従業員本人が自己開発の目標を立て、能力開発プランを作成して推進するものを、企業が自己啓発に関する情報と機会の提供などによって支援するものであるが、日本企業における本格的な取組みはこれからの課題である。

B．コンピテンシー（competency）

コンピテンシーの定義は「安定的に高い業績をあげるための思考特性、行動特性のことで、成果に結びつくであろう、再現性のある行動様式や思考形態」と考えてよい。1990年代後半あたりから、わが国の企業に採り入れられるようになり、この行動特性をベンチマーク（指標）として、採用面接や人事評価制度・教育制度などに幅広く活用されるようになってきている。

コンピテンシーは、通常、高業績者の特徴的な行動様式や思考形態に着目する。同じような知識・スキルを持っていても、それらを有効に活用し成果を得る人とそうでない人がいる。その違いを具体的な行動様式や思考形態に求めるのである[※]。成績優秀者（ハイパフォーマー）が高い業績をあげるための原動力となっている行動のなかで、各職務や職位ごとのリーダーシップ、企画立案力、対人影響力、フレキシビリティーなど特徴的に表れる行動特性項目とその行動レベルをモデル化するものである。

作成方法はさまざまあるが、高業績者の成功体験を聞くなかで、コンピテンシーを抽出していく方法が取られることが多い。

成果に結びつく行動を捉えるのは、そうした行動をとることによって成功を重ねるためであり、取るべき行動に再現性があることは必須である。

「困難にあっても最後までやりとげる」とか「粘り強く達成を目指す」ということは、職務遂行するうえでの能力といった概念にはあたらないと思われるかもしれないが、達成指向性の強さや達成動機はコンピテンシーの重要な要素である。

※　ハイパフォーマー（高業績者）とアベレージパフォーマー（平均的な人）の差異に着目し、その相違点こそがコンピテンシーである。

C．エンパワーメント（Empowerment）

顧客の要望や環境変化に迅速かつ柔軟に対応するため、現場の社員の裁量を拡大するという考え方である。現場に近い階層の裁量を拡大し、自主的な判断で行動する状態を作ることが目的である。やらされ感ではなく、個人が自主的にPDCAサイクルを実行するため、責任感とモチベーションが高まり、結果として大きな成果につながる。同時に、個人レベルでの学習が行われ、社員1人ひとりの能力向上が期待できる。

ただし、現場の裁量を大きくすることで、顧客対応のバラツキが発生することや企業ブランドの一貫性を損う活動がなされる懸念がある。このような状態を防ぐためには、経営理念、行動規範、事業戦略や品質に対するポリシーなどを会社全体で共有する必要がある。また、現場の社員から「丸投げ」と認識されると、責任感やモチベーションに対して逆効果となるので、管理者は自分の部下1人ひとりが何を得意としているか、どういうキャリアや仕事を望んでいるかを把握し、成功へ向けた支援を行う必要がある。

D．ロジカルシンキング（Logical thinking）

「理路整然とした筋の通った論理的な思考」のことで、課題の設定から実行可能な対応策の考案、そして実際の行動の管理までの一連のプロセスを経て成果を上げていくのに必要なものとして、近時脚光をあびてきた。

コミュニケーション力、プレゼンテーション力、情報収集力、分析力のアップ、考える力、問題解決力等をアップさせる効能がある。ロジカルシンキングを行ううえで、以下の4つの思考スタンスが不可欠といわれている。

a．仮説思考

「仮の結論（ある時点で考えられる仮説）をもとに行動する」という考え方である。仮説を立て、その仮説を検証し、課題の解決策を導く。仮説が間違っていたら、新たな仮説を立てて検証していく。むやみに行動するより、資源や時間を効率的に使うことができる。重要なことは、仮説の検証に時間をかけすぎないことである。

b．ゼロベース思考

「既成概念にとらわれず、一から最善の答えを見つけ出す」という考え方である。環境変化の激しい現在では、前例の修正だけで、解決できる問題は少なくなってきた。そのため、過去の情報は一度白紙に戻してゼロベースで考えるということが重要になっている。

c．ポジティブ思考

「いまよりもよい解決策が存在する」という考え方である。ビジネスでは、ベストの答えは存在しない。なぜなら、その時点のベストは、環境が変わればベストな答えではないからである。仮説思考と同様に100％を目指すのではなく、あくまで限られた時間のなかで、ベターな対応策を見つけることが重要となる。

d．フレームワーク思考

「考えるための枠組みを使って考える」ということである。物事を考えるときに闇雲に考えると、重要なことが漏れていたり、重複して検討していたりしてしまう。フレームワーク（考えるための枠組み）を使って考えることで、こうした漏れや重複といったロスをなくすことができる。また、広く一般に知られているフレームワークを活用することで、考える時間の効率化を図ることもできる。

E．ファシリテーション（Facilitation）

会議、ミーティング等の場で、発言や参加を促したり、話の流れを整理したり、参加者の認識の一致を確認したりする行為で介入し、合意形成や相互理解をサポートすることにより、組織や参加者の活性化、協働を促進

させる手法・技術・行為として近時注目されている。一人ひとりの考え方が違うことはあたり前だという前提のもと、それぞれの強みを引き出したうえで、メンバーの合意形成に導き、目標に向かって進んでいくことを支援する一対多のコミュニケーションスキルである。ただし、解決するのはあくまで参加者である。ファシリテーターは問題解決という目標に向かって、第三者的な立場で参加者の意見を引き出し、チームとして相乗効果を生み出し、合意形成に導くためのプロセスを支援する役割を持っているのである。

3　適正な人事考課

営業店の管理者が人事考課を行うにあたって大切なことは、自金融機関で定められたルールや評価基準を熟知して、それに従って主観的評定を防止して、客観的に公正な評価を行うことである。本節では、そのルールの基本を学ぶこととする。

Ⅰ　人事考課の方法

❶ 人事考課の役割

A．人事考課とは

人事考課とは、行職員個々の知識、態度、職務遂行能力、適性、業績などを一定の基準に基づいて評価するものであり、評価により得た情報を、昇進・昇格、配置、異動、能力開発、教育訓練、昇給、賞与などの管理に活用し、行職員の有効活用と適切な処遇を行う手続きである。

人事考課の評価材料を職務遂行の場面だけに限定し、仕事以外のことを人事考課の中に入れない評価を行うのが狭い意味の人事考課である。広い意味の人事考課では、志向性評価、適性評価、将来方向評価などの人間評価を含んでいる場合がある。金融機関によっては、人間評価を切り離して適性報告書とか自己申告書と呼んでいるところもある。ここでは狭い意味の人事考課について説明をする。

B．人事考課の役割

a．民主的人事の推進

人事をより民主的に運営するために、以下のことが行われている。

> ① 一部の経営者や上級管理者が持っている部分的な情報や恣意的な判断によって人事が行われないように、直接あるいはなるべく近い管理者からの評価情報を参考にして、人事を決めていく
> ② 評価者としては、主観的評価に陥らないように評価期間や評価基準を定めて、ボトムアップによる情報提供のルール化、制度化を図っている
> ③ 下位評価者の意見を尊重し、上位評価者と評価結果がくい違った場合は、十分な話し合いを奨励する
> ④ 被評価者にも人事考課で評定する項目や基準などについて十分に知らせる

b．部下の能力育成

仕事を通して部下を指導し、能力の向上を図っていくことは、管理者の最も大切な役割である。そのためには、部下の仕事のやり方を見抜き、現有の能力の短所・長所を把握し、部下を意欲付けながら育成しなければならない。

人事考課では、そのための細かに現状を把握できるように分析評定の方法を採り入れ、職務遂行上必要な項目を抽出してその項目ごとに部下を評価し、その結果から個々の部下の教育指導点をより明確に抽出できるようになっている。

c．部下の勤労意欲の向上

より客観的で具体性のある評価基準によって評価できるように、絶対評価の方法を採り入れている。その結果として、納得性の高い評価を確保し、結果を公正に処遇に反映することにより、勤労意欲の向上に役立たせようとしている。

d．行職員の適正配置

異動には職場内で管理者が行う係替えと金融機関全体的な立場で行う異動があるが、適正配置の観点でいえば、行員の能力や特性をもとに行なわなければならない。人事考課は分析評価を採り入れ、行職員の能力を項目ごとに評価する。

ここで把握した行職員の能力特性を蓄積し、必要に応じて活用することにより、行職員を適材適所に配置することが可能となる。また、行職員の長期的なキャリアパスを計画することもできる。

> **参考：キャリアパス**
>
> 職務履歴のことで、CDP（キャリア・デベロップメント・プログラム　経歴管理制度）とは、複数のキャリア・パス（将来の目標職位に至るまでの道筋）を設定し、研修・教育訓練を併用することにより、個人のキャリアプランと企業の人材ニーズを統合させながら人材を育成しようという人事管理システムである。この一環としてジョブ・ローテーション※が行われる場合が多い。なお、キャリア・コンサルティングとは、従業員がその適性や職務経験等に応じて自ら職業生活設計を行い、これに即した職業選択や職業訓練の受講等の職業能力開発を効果的に行うことができるように従業員の希望により実施される相談のことである。
>
> ※　ジョブ・ローテーションとは、従業員に、複数の職務を経験させるために、定期的かつ計画的に職務の異動を行うことで、長期的な人材育成を目的に実施され、従業員の適性発見、マンネリズムの打破、モラールの高揚、セクショナリズムの防止などが図られるが、業務の専門性は図られない。

e．人事管理の施策に反映する役割

人事管理の諸施策（昇給・昇格・賞与・異動・昇進・研修・表彰・懲戒・退職等）を合理的に実施するうえでの資料（仕事の業績・執務態度・能力等）を提供する。人事考課の結果は公正な人事管理を行うための基礎資料として不可欠なものである。

f．職場の組織強化のための役割

　人事考課を正しく行うためには、部下をよく理解し、部下と評価者の信頼関係を保持することが必要である。したがって、人事考課を適正に行うよう管理者が努めることにより、部下をより一層理解することができるようになる。このことにより、適切な仕事を割り当て、意欲を向上させ、さらには部下の集団に応じたリーダーシップを発揮することができるようになり、管轄する組織の内部を強化することが可能となる。

❷ 人事考課の評価（評定）する範囲と領域

A．人事考課の評価（評定）する範囲

　人事考課の評価の対象となる行動およびその結果は、行職員の行動のうち、以下のように明確に定められている。

> ①行職員の業務遂行の場における行動およびその結果を評価する
> ②勤務時間内の職務遂行の行動およびその結果を評価する。業務遂行の場であっても、勤務時間外の私的な行動は評価から除外される
> ③評価期間内における勤務時間中の職務遂行の行動およびその結果を評価する。定められた評価期間以前の行動も、それ以降の行動も評価の材料とならない
> ④評価にあたって、行職員の経験、学歴、性別、年齢等の属人的な要件（いくら努力しても、その人にとってどうにも変えられない要件）を考慮してはならない

B．人事考課の評価（評定）領域

　人事考課は活用目的に応じた評価項目が得られるように、一般的には、業績、執務態度、能力の３つの評定作業域に区分される。

a．業績評価

　与えられた職務の達成度合を評価基準に照らして、どのように遂行し

たのかを評価することである。つまり、定められた評価期間内に与えられた仕事のやり方とその結果を評価することをいうのである。業績評価にあたっての留意点としては、以下のことがあげられる。

> ①達成基準に対して客観的に評価する……業績の内容を上司と部下の間で明確にし、その基準に対して客観的に評価する。仕事の結果だけでなく、遂行過程（プロセス）を重視する場合は、あらかじめ達成基準として明らかにしておくことが大切である
> ②ひとつに偏った評価をしない……ひとつの業績だけを大きく採り上げて評価するのではなく、よかった時、悪かった時のすべての業績を採り上げて平均的に評価することが大切である
> ③能力があるからできるはずという評価はしない……「できる」ということを評価するのではなく、「できた」ということを評価するのである。したがって、事実だけを評価の材料として評価することになる

b．執務態度評価（情意評価、意欲評価）

定められた評価期間内で与えられた仕事への取組み姿勢と意欲の程度を評価することである。ここでいう「態度」とは、心理学上でいう厳密な意味ではなく、職務遂行にあたって、行職員がどのような態度を示したかを指しているものである。執務態度評価の対象となるのは、以下の２項目でその他の態度については対象とならない。

> ①業績の良否に関係する職務遂行上の態度
> ②職場のモラールに影響を与える職務遂行上の態度

執務態度評価の留意点としては以下のことがあげられる。

> ①定着した態度を評価する……態度は環境によって変化するものである。したがって、あまり極端な場面だけをとらえて評価するこ

となく、評価期間全体の中で定着している態度を評価することが大切である
② 自分を評価基準にして評価しない……仕事に取り組む姿勢、すなわち態度を評価するため、どうしても自分を基準にしがちである。また好き嫌いという感情が入りやすい。人事考課での評価基準は自分ではなく、自金融機関が定めた基準である。その基準に従って評価を行うことが大切である
③ 性格評価をしない……評価要素は一般的に性格を表すような表現になっているが、人事考課での評価はその人の性格を評価するのではなく、あくまでも仕事に取り組む姿勢、意欲を評価するのである。この点に十分留意することが大切である

c．能力評価

　その職務を遂行するために必要な能力の保有度合を評価することである。つまり、定められた評価期間で、与えられた仕事を遂行するうえで必要な能力をどの程度発揮しているかを評価する。能力評価で対象とする「能力」の概念は、一般にいう能力の概念とは違う意味で使用されている。人事考課における能力評価の内容は以下のとおりである。

① 人事考課における能力評価は、部下の持っている全能力を評価しようとするものではない……人事考課は推測や想定による評価を避けているので、必然的に現実の資料から構成される範囲のものに限定される。したがって、現実の資料（職務遂行の場で得られるもの）を基にして、個々の部下の能力を評価することになる。その部下の持っている潜在的で目に見えない能力を含めた全能力を評価しようとしているものではない
② 人事考課における能力評価は、金融機関にとって必要な能力すべてを評価するようなものではない……人事考課は、職務遂行の場

> 面、もしくは職務遂行に関連した部下の行動結果に基づいて評価するものである。部下は金融機関の全業務のうちで、限定された業務しか担当していないので、金融機関にとって必要なすべての能力の保有度を評価することはできない
> ③能力評価の結果は、業績（実績）評価結果の模写であってはならない……業績と能力は深い関係を持っていることは確かであるが、部下の業績と能力は常に対応するとは限らない。なぜならば、配置が必ずしも能力と一致するものではない。また、能力があっても他の原因で業績があがらないということも考えられ、またその逆もあるからである。業績にあまり引っぱられないで評価することが大切である

C．人事考課における管理者の役割

人事考課制度を合理的に作り、その運営を効果的かつ公正に行うためには、重要な役割を果たすのが評価者である管理者で、その具体的役割は以下のとおりである。

> ①人事考課制度の内容を具体的に理解する……管理者は自分が人事考課の内容を理解するだけでは足りず、部下にもその内容を理解させること必要がある。人事考課の目的・内容・活用方法等について、部下を納得させられるように、自金融機関の人事考課制度を十分理解しておくことが必要である
> ②公正な人事考課を実施する……管理者は、部下が納得できる公正な評価を実施することによって、初めて部下の信頼を得ることができる。このため、管理者は公正な評価を実施することができるように、日頃から公正な評価態度を堅持し、優れた評価技術を持つ必要がある
> ③日常の部下指導を行う……人事考課という面から部下指導は必要

> で、そのうえに立って初めて公正な評価ができるといえる。したがって、評価材料は（部下の職場内での行動）を日常の部下指導を通じて客観的に収集する必要がある
> ④仕事の割当て、目標設定を行う……部下を評価する場を確定することが肝要である。評価の場を決定するにあたって重要な要件は、部下の職務と目標を確定することである。これを行わなければ、評価の場は揺れ動くことになり、部下の行動結果のうち、どれが評価の材料になるかについての判断が困難になるからである

D．評価者の厳守すべき事項

評価者が公平な評価を行うために、以下のことを、守らなければならない。

> ①評価期間当初において、部下の担当する仕事とその目標を部下に明示し（仕事の割当て、目標設定）部下の理解と納得を得ておく
> ②自金融機関の人事考課の規定や評価基準にしたがって評価を行う
> ③日常の注意深い観察、および指導によって得た部下の業務遂行の行動を評価材料とする（公私の区別を明確にする）
> ④想像や推定によって得た部下の行動や、その結果を評価材料としない
> ⑤評価期間を遵守し、評価材料は定められた評価期間内のものに限定する
> ⑥同一考課集団（同じ級）の部下は、同一の評価基準で評価する
> ⑦被評価者の「前回の評価結果」等に左右されることなく、評価期間内の評価材料で評価を行う
> ⑧評価にあたっては、勤続年数・学歴・年齢・性別等の属人的要素を考慮に入れない
> ⑨義理・人情や他人の思惑に惑わされることなく評価する
> ⑩総合評価から分析評価を行う逆算評価をしない

⑪人物評価に陥らないようにする

❸ 各種評価の方法

A．分析評価と全体評価

　人間を評価する基本技法としては、分析評価法と全体評価法の2つがある。いろいろな実験結果から、分析評価の方が全体評価より評価結果のバラツキが少ないことが明らかにされている。その理由は、人間が人を断片的に評価する時には、個人の持つ好みや趣味などの、その人特有の嗜好とでもいうものに対する評価をせずに、客観的に見ることのできる項目のみを評価対象とするからである。また、分析評価では、人間の持つ個々の特性に着目して評価するので、部下の指導を行うにあたって必要な育成点の発見には、分析評価の方が全体評価より優れているといえる。ただし、（図

（図表2-16）分析評価と全体評価の特徴

	分析評価	全体評価
内容	項目ごとに評価する	全体を見て総合的に判断する
特徴	・合理的な評価項目の個々の判断を行い、これを整理することで具体性・客観性を高めるものである。 ・一般的に主観を排除するのに有効である。 ・評価者の運用状況に偏りがなければ、被評価者の納得感が高まる。 ・バラバラにして評価するので、人間として全体のバランスを欠いた部分ごとのみの評価となる危険性がある。	・いわゆる「木を見て森を見ず」ということがないように、総合的に勘案して、バランスのよさを得ようとする。 ・判断基準はあるが、評価の尺度が具体的でなければ、評価結果をフィールドバックしたとしても、何をどれだけ満たしているのか説明するのが難しい。 ・評価者の人生観や価値観等主観的な要素が入りやすく、また人の長所・短所がはっきりしないことがある。

表2-16）のとおり、全体評価にも全パーソナリティを一体として把握できる等の長所があり、実務的には分析評価を行ったうえで、もう一度部下を全体的に見て、分析評価では見られなかった行動や重複して評価した行動などを修正、補完する総合評価を行う金融機関が多いようである。

B．相対評価と絶対評価

相対評価とは、ある集団内の人たちを相互に比較して、その人たちの優劣の順序やランク付けを行うやり方である。これに対して、絶対評価とは、すでに設けられている一定の評価基準に照らして評価するやり方である。評価者は、行職員を評価しようとするとき、評価がやりやすいため、相対評価で行職員を評価しようとする傾向がある。この傾向に陥ると、以下のような問題が発生する。

①年齢や経験年数の多い者に、そうでない者よりもよい成績を与えるようになる
②地位の高い者や主要な職務についている者に、そうでない者よりもよい成績を与えるようになる
③実際に各行職員がどれだけの業績を上げ、しかもその業績が業務遂行基準よりも上回っているのか、それとも低いのかがはっきりとしない
④行職員がどの程度の能力を保有しているかがはっきりしないので、能力育成に活用できない
⑤自分ががんばっても、それ以上の人がいれば下の業績になり、勤労意欲を低下させるようにもなる

人事考課の主目的には、行職員の能力の育成や適正配置に役立てることもある。このことを考えると、行職員を相互に比較して優劣の序列をつけることよりも、どの点に優れているのか、どのような特質を持っているのかを知ることができる絶対評価的な見方で評価することが大切である。

ただし、人事管理施策上相対的な見方を必要とする場合もある。例えば、

賞与を支給する場合で原資が一定のとき、やむを得ず相対的に行職員の優劣を決め、それによって個人の賞与額を決定する施策をとらざるを得ないことも生じる。このようなことから、金融機関によっては、分析評価は絶対評価で、総合評価は相対評価で行うというところもある。この場合、単純に相互比較に陥ることなく、絶対的な見方によって部下をまず観察し、その結果を相互に比較して評価を行うという方法をとることが必要である。したがって、自金融機関の人事考課制度がどのようになっているのかを十分理解したうえで、評価を行うことが大切である。

❹ 成果主義

A．成果主義とは

成果主義人事について明確な定義はないが、一般的には、実績に応じて賃金等の処遇に格差をつけて社員のやる気を引き出す人事制度と考えられている。

いわゆる成果主義人事に関しては、短期的な成果偏重がこれまでの日本の企業の強みを毀損し、効果よりも弊害の方が大きいと指摘されている。たんに賃金のメリハリだけでは社員のやる気は長続きせず、仕事自体の面白さや成長意欲といった内発的な動機付けが整わなければ、失敗して当然という向きもある。実際、導入した企業のなかには、業績低下や社員のモラールダウン等が見られたことから、これを見直す機運が高まりつつある。

もっとも、成功している企業もあることから、成果主義人事そのものに問題があるのではない。導入した企業の組織・風土や導入の仕方、マネジメントの仕組みや管理者の力量など、さまざまな要因に着目して、成果主義人事がもたらす諸影響について、プラス面・マイナス面の双方を的確に理解することが求められている。

成果主義に基づいた処遇体系の運用にあたっては、目標設定や評価における公平性や透明性を担保すること、目標設定や遂行についての個人の裁量権があること、能力開発の機会があることなどが重要である。目標管理

制度やコンピテンシーモデル、社内公募制[※1]、多面評価[※2]などと組み合わせて実施することが望ましいといわれている。

※1 社内公募制とは、新規事業・新規プロジェクトなどで要員確保が必要な場合、広く社内公募を行う制度である。応募者は直属上司を経由せずに、直接応募できるのが一般的である。
※2 多面評価とは、上司以外に、同僚や部下、関連する他部門の担当者、顧客や関係会社といった社外の人など、複数の評価者によってなされる人事考課のことである。米国ではあらゆる角度から評価するという意味で360度評価と呼ばれている。複数の視点から異なる角度で評価することで、より正確な情報を得ることを目的としている。

B．成果主義人事に対する懸念

成果主義人事を行うと、以下のような懸念が想定される。

①個人の業績が重視されることにより、メンバーの相互協力や組織貢献意欲が低下する懸念……相互協力や組織貢献活動は、業績への影響が測りづらいことから目標として採り上げられない場合がある
②メンバー間で知識・情報・ノウハウの共有が十分に図れないことへの懸念……自分自身の雇用の確保に強い関心が向くことによって、他者への情報・ノウハウ等の共有に消極的となる傾向がある
③成果を一方的に要求しても、部下が成果のあげ方がわからなければ現場が混乱するという懸念……これまでの競争環境の変化や競争優位が揺らぎ、同時に成果偏重となった場合には、現場が混乱する事例は多い

❺ 評価結果のフィードバック

A．フィードバック時の留意事項

人事評価をフィードバックする際には、限られた時間のなかで評価結果を伝えなければならないといった制約はあるが、被評価者本人が評価結果に納得し、その後の行動変容を導くような方法を工夫することが重要である。具体的に評価者である上司は、部下に対して以下のようにフィードバッ

クすることが必要である。

> ①部下本人が改善点に気付いてから、最終結論に入る……評価者がうまく質問を行うなかで被評価者本人が自らの改善点に気づくことができれば、ネガティブなフィードバックでも自ずと受け入れられる可能性が高くなる
> ②部下本人のよい点を褒めてから、改善すべき点に言及する……改善すべき点（つまり欠点）を頭ごなしにいわれたら、誰しも感情的になり相手の話を聞こうとしなくなるものである。まず、よい点を評価していることを伝えることにより、評価の客観性に対する信頼性を得ることができ、一方、相手も改善すべき点を認めて受け入れる余裕ができる可能性が高くなる
> ③部下の考えを聴いてから、上司の分析や主張を述べる……行動の変容を促すには自ら気づくことがベストのなかで、部下の考えを積極的に聴くことが重要である
> ④上司と部下との事実認定を行ってから、評価のフィードバックに入る……まず、評価の根拠となる事実認定について同意を得ることができれば、評価結果に対しても納得してもらえる可能性が高くなる

B．フィードバック面談の進め方

　行職員を業務遂行に向けて積極的に動機付けるうえで、面接の機会は極めて有効と考えられる。その結果、PDCA のマネジメントサイクルにおける面接の重要性がますます高まっている。最近では、「コーチング」と呼んで、部下の業務遂行に必要な気づきや励ましを与え、挑戦を促す技法に着目する企業も多い。コーチングでは、「すべての答えは相手のなかにある」と考え、それを引き出して目標達成への行動を促すうえで「聴く」ことが重要なスキルとなる。具体的には、以下のような面談の進め方をする必要がある。

① 部下の発言に積極的に耳を傾ける……相手の話をさえぎらず、相手の話をしっかりと引き出して徹底的に聞く、相手の立場に立って共感しながら聞く、評価やアドバイスをせず聞くなどによって、相手の中にある答えを導くことができる
② 部下の主張内容をありのままに受け入れる……相手の話をありのままに受け入れる（受容）ことと、それを積極的に肯定することとは異なる。聞き手はさらなる話を引き出すために感想をいったり、同意を示したりする場合はあるが、自身の意見を前面に出して主張することはあまり積極的に行うべきではない
③ 事実の認定や与件の認識に相違がある場合は、認識を統一する……客観的に捉えるうえで、的確な質問を行い認識の統一を行うことは、今後の行為を導くうえでも重要である
④ 部下が自ら正しい推論を行い結論にたどり着くことを目指す……効果的なフィードバック面談は、相手に自ら気づかせ、どう行動すべきかを見出させるものである

C．管理者として必要な面接スキルと日頃の行動

評価結果の面談においては、「評価者としての面談スキル」や、そのつどよいことも悪いこともフィールドバックして指導教育するという「上司としての日頃の行動」が、部下の納得性の向上につながる。具体的には以下のことが必要である。

a．面談する際の具体的なテクニック

① 相手の発言を促す積極的な傾聴力を持つ
② 相手の自尊心を傷つけない
③ 先入観・偏見を持たない
④ 具体的な事実を中心に話し合う
⑤ 自己の価値観を押し付けない

b．上司としての日頃の行動

①評価項目に従ったOJT指導を適宜行う
②コミュニケーションをよくとる
③報告では、結果だけではなくアプローチ方法を確認する
④常に探究的態度でものごとに接する

❻ 自己評価

A．自己評価とは

人事評価制度において、被評価者本人が自分自身を評価する「自己評価」を採り入れている企業が増えている。自己評価は、本人が評価項目や評価の着眼点を目にすることで、会社が期待する人材像を理解することができる。

また、評価にあたって、本人自らの行動を自省する機会を得ることとなる。通常、自己評価は寛大化傾向に陥りやすいと思われるが、その場合でも評価根拠は持っているので、自らの行動と評価基準を比較考量することで、一般的には自己理解が高まると考えられる。

一方、上司は本人がどう自己の行為を認識しているかについて知る機会を得ることになる。自己評価と上司の評価のギャップを知ることで、上司が必要な助言や指導を行う機会を持てる。上司が部下の行動で目についた点について、そのつど正すことはよくあるが、部下本人が自身の行動についてどのように認識しているかを総合的に理解する機会は多くない。総合的にはよくやっていると思っている社員に対しても、その場での反省の弁が誤っているようであれば、これを正していく貴重な機会となる。

B．自己評価制度の効果

人事制度における自己評価（本人評価）においては、まず、本人に期待されている事柄に関して本人が十分に理解する機会を与えるが、これにより本人が改善点に気づいた場合には、上司等の他者から指摘されるよりは

るかに高い改善効果が期待できる。また、上司が上司評価と自己評価の乖離がある部分を認識することにより、教育指導の重点課題を見出すことができるなどの効果も期待できる。

しかし、会社や上司が求める人材像などについて、自己評価を通じて得る情報をうまく活用できれば効果が期待できる反面、活用を誤ると本人が自己評価によってあらぬ期待を抱いた場合などでは、かえって好ましくない状況に陥ることもある。

Ⅱ 評価時の留意点

A．人事考課の課題

人事考課に関しては多くの課題が指摘されるが、その最大のものは「他人による評価の限界」である。これを打開するための方策には、評価者自身の能力を向上させ、心理的な誤差傾向を排除する評価者研修と人事考課に被考課者を参加させる自己申告制度、上司以外の評価も加える多面評価がある。

B．心理的な誤差傾向の種類

評価者が陥りやすいエラー（心理的な誤差）にはさまざまなものがある。主なものは（図表2-17）のとおりである。

(図表2-17) 心理的な誤差傾向の種類

	内　　容
中心化傾向 （中央化傾向）	結果として評価結果が中央値に集中し、「非常に良い」や逆に「非常に悪い」をつけない傾向を指す。 　評価基準が不明確であったり、評価者が被評価者の行動をよく観察していなかったり、評価行動に自信がない場合や評価スキルが低い場合に「可もなく不可もない評価」をする傾向に陥る可能性が高い。
寛大化傾向	相対的に甘めの評価傾向になることを指す。評価者の自信のなさ、観察不足や性格的な傾向などが原因である。 　二次・三次の評価で修正されるのだから一次評価はよくつけておこうといった意図的な場合には、問題は大きい。なお、寛大化傾向の逆は、厳格化傾向である。
ハロー効果	日本語では「背光効果」といわれるもので、いわゆる「後光」のことである。ひとつの事象がすべてに影響し、それ以外がよく見えなくなる状態を指す。評価者が一度持った印象が増幅されることである。 　被考課者の全体の印象、あるいは先入観を重視するあまり、その全体の印象で部分的特性まで見てしまい、評価してしまうエラーと、逆にひとつ優れた部分や劣る部分があると、その部分的な印象だけで全体的に評価してしまうエラーがある。 　上司と部下の関係が長くなり、評価を重ねるにつれ、その人に対する評価が固定化する傾向がでるのも、ハロー効果と考えられる
論理的誤差	論理的錯誤ともいい、評価者の頭の中で評価項目と関連づけたり、パターン化された推論を行ったりすることによっておこるエラーを指す。 　責任感がある者は規律性もある程度高いとか、分析力がある者は論理的思考力も高いとか、評価者があらかじめ評価項目間にある関係を認めて判断をしてしまう。 　ハロー効果と類似しているが、ハロー効果の場合はある特定の被考課者に対してのみ評価を良くしたり悪くしたりするエラーであるが、論理的誤差は関連するいくつかの評価項目間に誤った評価が行われるのが特徴である。

対比誤差	評価者がどうしても自分の状態（能力や行為の水準）を基準として相対的に（過大もしくは過小に）判断する傾向を指す。自分自身の得手・不得手やレベルの基準が評価に影響を与える例えば、時間に厳格な上司は、時間にルーズな部下を厳しく評価し、パソコン操作に不慣れな上司は、パソコンを駆使してわかりやすくて見栄えのよい資料を作成する部下を高く評価する。
直近化傾向 （期末効果）	評価時点に近い事象の方が印象に強く残っていて、その良し悪しが評価結果を左右する傾向を指す。 　被評価者の行動をよく観察したり、その結果を残しておかないと直近化傾向に陥る可能性がある。
逆算化傾向	最初に総合評価ランクや総合得点を決めて、ここから逆算して各評価項目の評価や得点を決めることを指す。評価者が心理的に評価作業を忌避したり、被評価者や上位評価者への思惑を優先させたりする場合に発生しやすい。

4 労務管理の要点

本節では、金融機関の営業店が置かれている現状から、その営業店の管理者が日々行う労務管理のポイントとそれに関係する労働法規について学ぶこととする。

I 労務管理の重要性

❶ 営業店管理者に労務管理が必要な理由

「解雇、労働条件の引下げ、出向・配置転換、採用内定取消、雇止め、いじめ、嫌がらせ等」の個別労働関係紛争（労働関係に関する事項について個々の労働者と事業主との間で生じた民事に関する紛争）が、（図表2-18）のとおり、高止まりしている。

また、メンタルヘルス不調による労災補償請求・支給決定件数も（図表2-19）のとおり、高止まりしている。

これは、雇用構造のシステムの変化（図表2-20）や、それに伴う各個人のストレスの増加と少子化から過保護に育てられたこと等による、スト

(図表2-18) 平成29（2017）年度個別労働紛争解決制度施行状況

内　容	件　数	前年度比
総合労働相談件数	1,104,758 件	2.3%減
⇒うち　民事上の個別労働紛争相談件数	253,005 件	1.0%減
助言・指導申出受付件数	9,185 件	2.3%増
あっせん申出受理件数	5,021 件	2.0%減

(出所) 厚生労働省報道発表資料（大臣官房地方課 企画室）

(図表 2-19) 年度別精神障害の労災補償状況の推移

		2013 (平成25)年	2014 (平成26)年	2015 (平成27)年	2016 (平成28)年	2017 (平成29)年
精神障害	請求件数	1,409	1,456	1,515	1,586	1,732
	支給決定件数	436	497	472	498	506
うち自殺 (未遂も含む)	請求件数	177	213	199	198	221
	支給決定件数	63	99	93	84	98

(注) 支給決定件数は当該事業年度内に業務上と認定されたもの（当該年度以前申請分を含む）
(出所) 厚生労働省報道発表資料（労働基準局補償課 職業病認定対策室）

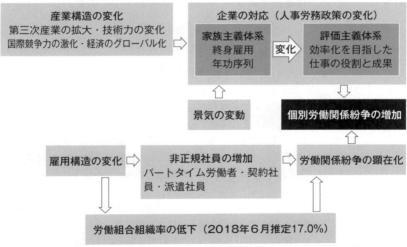

(図表 2-20) 雇用構造のシステムの変化と個別労働関係紛争の増加

(出所)「労務リスク・マネジメントコース」（経済法令研究会）Text.1

レス耐性の低下によるものと考えられる。

　個別労働関係紛争の増加やメンタルヘルス不調者の増加は、金融機関も例外ではない。金融機関は私企業であるといっても公的性質を持っており、そのうえに、信用によって成り立っている企業体で、他業種の企業以上にCSR（企業の社会的責任）が重んじられ、コンプライアンス（法令遵守）

も徹底されていなければならない。各金融機関本部の担当セクションでは、日々出される労働関係の多方面にわたる法令・告示・通達等の制定や改定に対応する就業規則等の社内規程の見直しなどを行い、制度や体制は形式的に整っていると思われる。

　ただし、運用は各営業店の支店長・管理者の仕事であるが、目標達成や顧客対応に注力するあまり、行職員に対する労務管理が疎かになりがちという懸念はぬぐえない。支店長・管理者には、関係法令や自金融機関の就業規則等の規程に則った労務管理を日々行い、行職員が心身ともに健康で規律ある行動をし、働きやすい職場を作り上げていく「職場環境配慮義務」[1]や、行職員の生命・健康等を危険から保護する「安全配慮義務」[2]がある。なお、多様な働き方を選択できる社会を実現するために「働き方改革関連法」として労働基準法等関連する法律が一括して平成30年6月に改定された。管理者としては、多様な働き方の理解と「ワーク・ライフ・バランス」の推進、それに対応する労務管理も重要になっている。

[1] 職場環境配慮義務とは「使用者が労働者に対して物理的かつ精神的に良好な職場環境を整備するように配慮する義務」のことである。この配慮義務の一環として、職場のいじめや嫌がらせなどによって職場環境が悪化しないよう配慮する必要があると考えられる。労働安全衛生法（71条の2）に規定され、厚生労働省から指針（事業者が講じるべき快適な職場環境の形成のための措置に関する指針）なども定められており、事業者は、快適な職場環境を形成するよう努めることを求められている。

[2] 安全配慮義務とは「労務の提供にあたって、労働者の生命・健康等を危険から保護するよう配慮するべき使用者の義務」という判例により確立されてきた概念であり、2008（平成20）年3月施行の労働契約法5条で「使用者は、労働契約に伴い、労働者がその生命、身体等の安全を確保しつつ労働することができるよう、必要な配慮をするものとする。」と明示された。

❷ クローズアップされる着眼点

A．時間外・休日勤務の削減

　部下一人ひとりの生産性を高めて営業店全体の業績向上に貢献することが、管理者の基本的任務である。時間外勤務が生産性アップをしているの

かどうかの検討、反省がまずなければならない。また、管理者も含め、働く個々人として望ましいのは、時間外や休日勤務が最小限で生活時間のゆとりがあり、家族とリフレッシュし、能力開発にも努められる状態である。それが、生産性向上につながるのである。つまり、ライフ・ワーク・バランスがとれた状態にすることである。

時間外勤務を削減するためには、まず管理者自身が時間外勤務の削減の意義や必要性を認識することが必要である。そのうえで、時間内勤務の効率を上げるマネジメントをすることが必要である。具体的には、合理化・業務の平準化への創意工夫、店内連携・互換性の向上、方針の徹底、部下の業務の把握、計画的なOJTなどの実施が必要である。また、早帰り日やノー残業デーの実施も有効である。

ただし、一方的な命令だけによる急激な時間外削減は、大きなトラブルにつながる懸念がある。したがって、削減にあたっては、以下の点について留意点しなければならない。

a．顧客サービスの質の維持

サービスの量が仮に下がったとしても、質を高めて顧客のニーズに応える工夫と努力をする。

b．情報・資料の整備や事務の正確性の維持

業務体制の見直し、交叉教育配置、適時の業務チェックなどを行い、事務の正確性を維持する。

c．サービス残業

部下のモラールと組織の活力を損い、上下の信頼関係を失わせる。法令上の大きな問題にもなり得ることとの認識をもって事前対応の努力をする必要がある。

d．必要な時間外勤務

時間外勤務は業務上どうしても必要な場合があり、管理者が必要と判断した時間外勤務は、指示どおり効率的に実施させる姿勢を持っていなければならない。また、特定の行職員に集中しないように配慮する必要

がある。

B．休暇の管理

休暇管理は管理者として業務に必要な要員確保の観点から考えるのが一般的であるが、管理者自身も含めた行職員のライフ・ワーク・バランス、法令の遵守などへの配慮も大切である。休暇が規定に沿って十分に利用できる職場が働き甲斐のある職場の主要な条件のひとつであるという実情を管理者はよく認識して、適切な管理に努める必要がある。

なお、休暇には法律で定められたものと就業規則により任意に定められたものがある。それぞれの休暇の取得の手続き、賃金などの取扱いは社内規定によって行うことになるので確認しておく必要がある。

C．メンタルヘルスへの配慮

a．メンタルヘルスケア

メンタルヘルスとは「心の健康」のことで、企業が行うメンタルヘルスを厳密にいうと、「事業場において事業者が講ずるように努めるべき労働者の心の健康の保持増進のための措置」となる。

厚生労働省は、「労働者の心の健康の保持増進のための指針」で、事業主は「心の健康づくり計画」を策定するとともに、その実施にあたっては、関係者に対する教育研修・情報提供を行い、「4つのケア」を効果的に推進し、職場環境等の改善、メンタルヘルス不調への対応、職場復帰のための支援が円滑に行われるようにする必要があるとしている。

また、心の健康問題の特性、個人の健康情報の保護への配慮、人事労務管理との関係、家庭・個人生活等の職場以外の問題等との関係に留意することが必要である。

ここでいう4つのメンタルヘルスケアには「セルフケア」「ラインによるケア」「事業場内産業保健スタッフ等によるケア」および「事業場外資源によるケア」がある。

まずは自身がストレスに気づき、これに対処するための知識、方法を身につけ実施することが重要との認識のもと、セルフケアに関する教育

研修・情報提供を行うとともに、相談体制の整備等が必要である。

　管理者はラインにおけるケアを行う当事者であるが、自身にとってもセルフケアは重要であり、事業者が配慮するメンタルヘルスの対象ともなっている。

　なお、労働者が安心してメンタルヘルスケアに参加するうえで、個人情報保護への配慮は必要不可欠である点についても留意したい。

b．心の健康問題発症のサイン

　心の健康問題発症の原因はさまざまで、ストレスが大きな要因といわれている。金融機関の職場は一般企業以上にストレスがかかる職場といわれている。心の健康問題は、「心と体のエネルギーが低下した状態」「心の風邪」などとされている。誰もがかかる可能性があることを理解して、部下の出すサインに気づいて、早期に治療させることが大事である。

〔心の健康問題のサイン：自分で気づく変化〕
①心の悩みや心配事が頭から離れない
②仕事への意欲や集中力が減る
③考えがまとまらず、堂々巡りで決断できない
④気分が落ち込み楽しくない
⑤さまざまな身体症状が出現（めまい、筋肉痛、睡眠不足、食欲低下、表情、目つき）

〔心の健康問題のサイン：他人が気づく変化〕
①表情が暗く元気がない
②仕事の能率低下
③凡ミスや事故が増加
④遅刻、欠勤、早退の増加

c．心の病の疑いがある行職員への面談

　面談には慎重にならなければならない。まず、面談を実施する際には、自然なタイミングでさりげなく声をかけ、邪魔が入らないように静かな

場所で話を聞く、そして、いきなり本題に入るのではなく、相手がリラックスできてから、業務の状況やその負荷、問題の有無などを確認し、親身になって話を聴く、その際、話を途中で遮ったり、結論を急がないように注意する。

面談の結果、原因が仕事量やその難易度によるものや人間関係など改善で解決できるものであれば、自己の裁量や上司と相談して問題解決に努める。例えば、業務負荷の軽減やサポートスタッフの補充、配置転換など、具体的なストレッサーを排除する。

一方、精神疾患の可能性や懸念があれば、職場内で解決しようとせず、本部とも協議の上で産業医やカウンセラー等といった専門家に早期につなぐようにする。

心の病は、他の者には理解できない部分もあるため、その兆候を感じ取ったらすぐに専門家等に相談すべきである。

d．職場復帰

経営環境の厳しさが増すなか、企業における組織の見直し等が進行し、業務の質的、量的変化等による心身の負担の一層の増加が懸念されている。また、心の健康問題により休業している労働者が増加しているという調査結果もあり、なかでも金融機関は一般企業以上に増加しているといわれている。このような状況において、長期休職者の職場復帰支援、戦力化は管理職の重要な仕事となっている。

厚生労働省で作成している「心の健康問題により休業した労働者の職場復帰支援の手引き」を参考にして、職場復帰をサポートされたい。手引きによる職場復帰支援の流れは、病気休業開始から職場復帰後のフォローアップまでの次の5つのステップからなっている。ただし、この手引きは、休業後、医学的に業務に復帰するのに問題の無い程度に回復した労働者を対象としていることに留意されたい。

(図表2-21) 職場復帰支援の流れ

＜第1ステップ＞　病気休業開始および休業中のケア
ア　病気休業開始時の労働者からの診断書（病気休業診断書）の提出
イ　管理監督者によるケアおよび事業場内産業保険スタッフ等によるケア
ウ　病気休業期間中の労働者の安心感の醸成のための対応
エ　その他

↓

＜第2ステップ＞　主治医による職場復帰可能の判断
ア　労働者からの職場復帰の意思表示と職場復帰可能の判断が記された診断書の提出
イ　産業医等による精査
ウ　主治医への情報提供

↓

＜第3ステップ＞　職場復帰の可否の判断および職場復帰支援プランの作成
ア　情報の収集と評価
(ア)　労働者の職場復帰に対する意思の確認
(イ)　産業医等による主治医からの意見収集
(ウ)　労働者の状態等の評価
(エ)　職場環境等の評価
(オ)　その他
イ　職場復帰の可否についての判断
ウ　職場復帰支援プランの作成
(ア)　職場復帰日
(イ)　管理監督者による就業上の配慮
(ウ)　人事労務管理上の対応
(エ)　産業医等による医学的見地からみた意見
(オ)　フォローアップ
(カ)　その他

↓

<第4ステップ>　最終的な職場復帰の決定
ア　労働者の状態の最終確認
イ　就業上の配慮等に関する意見書の作成
ウ　事業者による最終的な職場復帰の決定
エ　その他

↓

職　場　復　帰

↓

<第5ステップ>　職場復帰後のフォローアップ
ア　疾患の再燃・再発、新しい問題の発生等の有無の確認
イ　勤務状況および業務遂行能力の評価
ウ　職場復帰支援プランの実施状況の確認
エ　治療状況の確認
オ　職場復帰支援プランの評価と見直し
カ　職場環境等の改善等
キ　管理監督者、同僚等への配慮等

（出所）「心の健康問題により休業した労働者の職場復帰支援の手引き」厚生労働省

D．パワー・ハラスメント（パワハラ）

a．職場におけるいじめ嫌がらせの増加

都道府県労働局に寄せられる個別労働関係紛争（労働関係に関する事項について個々の労働者と事業主との間で生じた民事に関する紛争）のうち「いじめ嫌がらせ」に関する相談が最も多く、年々増加している（図表2－22）。また。職場でのひどい嫌がらせ、いじめ、暴行等によるうつ病などの精神障害を発病し、労災補償を受ける件数も増加している（図表2－19）。金融機関の職場においても看過できない問題となっている。

b．パワハラとは

パワハラの定義は法令では定まっていないが、厚生労働省が開催した「職場のいじめ・嫌がらせ問題に関する円卓会議ワーキング・グループ」の報告（2012年1月30日発表）では、「職場のパワー・ハラスメント

(図表2-22) 民事上の個別労働紛争の主な相談内訳別の件数推移

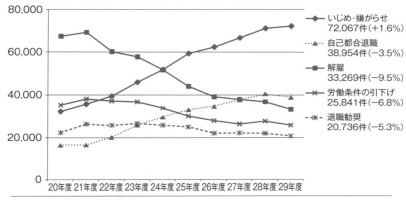

※　（　）内は対前年度比。
(出所) 厚生労働省報道発表資料（雇用環境・均等局総務課　労働紛争処理業務室）

とは、同じ職場で働く者に対して、職務上の地位や人間関係などの職場内の優位性※を背景に、業務の適正な範囲を超えて、精神的・身体的苦痛を与える又は職場環境を悪化させる行為をいう。」としている。

※　優位性は、上司から部下に行われるものだけでなく、先輩・後輩間や同僚間、さらには部下から上司に対してさまざまな優位性を背景に行われるものも含む。

職場のパワー・ハラスメントに当たりうる行為類型としては次のもの（だだし、当たりうる行為のすべてを網羅するものではない。）があげられる。

①身体的な攻撃　　　　　……暴行・傷害
②精神的な攻撃　　　　　……脅迫・名誉毀損・侮辱・ひどい暴言
③人間関係からの切り離し……隔離・仲間はずし・無視
④過大な要求　　　　　　……業務上明らかに不要なことや遂行不可能なことの強制、仕事の妨害
⑤過小な要求　　　　　　……業務上の合理性がなく、能力や経験とかけ離れた程度の低い仕事を命じることや仕事を与えないこと
⑥個の侵害　　　　　　　……私的なことに過度に立ち入ること

(図表2-23) パワハラと熱血指導

信頼関係が低い　　　　　　　　　　　　　信頼関係が高い
パワー・ハラスメント　　グレーゾーン　　　熱血指導

c．パワハラの定義の難しさ

　実際の職場においては、誰が見ても明らかにパワハラと思われるものは少なく、大概がグレーゾーンといえる（図表2－23）。つまり、「上司と部下の間に良好な人間関係（信頼関係）があれば、受ける側が熱血指導と感じ、パワー・ハラスメントにはならない」とされているのである。

　したがって、パワハラは、業務命令や指導とどう線引きするか、難しい側面をもっている。また、指導から始まったものが、いつのまにかエスカレートして、パワハラとなってしまうことも少なからず発生しているのが現状である。

d．パワハラの防止

　パワハラは上司と部下の間でのみで起きるわけではない。力関係の強い人と弱い人の間で起きる。従業員が加害者にもなりえるし、被害者にもなりえるのである。パワハラを防止するためには、管理者以下行職員が次の視点をつねにもって行動すること、そして、営業店全体に研修などを通じて定期的にパワハラ防止を周知徹底することが必要である。

①パワハラは、従業員個人としての名誉や尊厳を傷つける問題であることを基本に、人権の問題であるとの認識をもって、人権尊重の視点から行動する。
②パワハラの問題を「個人の問題」にとどめることなく、「職場環境の問題であり、雇用上の差別ともなりうる人事・労務管理上の問題」としてとらえる。

> ③加害者・被害者の心理や意識の違いから生ずるコミュニケーション・ギャップが、問題の理解を困難にしているため、双方の意思疎通を図ることを重視した行動をとる。
> ④パワハラは、教育指導や業務上の命令などの陰に隠れて表面化しにくいところがある。上司や先輩は「この言動は本来の業務の範囲で、正当か」ということを基準に、判断し考えて行動する。

なお、多くの金融機関では発生の早期発見・初期対応のために、セクハラ防止対策と同様に相談窓口を設置している。パワハラ事案が発生した場合には相談窓口と連携して解決にあたると同時に再発防止に向けた対策を実施されたい。

E．セクシャル・ハラスメント（セクハラ）

a．セクハラとは

セクハラとは、性的な言動に対する労働者の対応により、「当該労働者がその労働条件につき不利益をうけるもの」[※1]と「性的な言動により、労働者の就業環境が害されるもの」[※2]を指す。男女雇用機会均等法では、職場における男女双方に対するセクハラを防止すること、職場におけるセクハラがないように、雇用管理上の必要な措置を講じることを企業に義務付けている。

セクハラには故意犯も過失犯もなく、「相手の意に反する言動」や「不快な言動」があるかぎり、相手を不快にさせる意図等は要件とされていない。「意に反する」や「不快」の判断基準は主観的なもので足り、人によってそれぞれ異なることが前提である。その人特有の感じ方と思われても、不快であると意思表示をされれば被害の対象となる。

セクハラは職場において行われる行為が対象であるが、取引先の事務所や顧客の自宅、会社の飲み会が行われる飲食店、社内旅行での交通機関や旅館など当該労働者が通常就業している場所以外であっても該当すると考えられる。

※1 「対価型セクハラ」といわれるもので、性的な要求や行動を拒絶されたことにより解雇・降格・配置転換など相手に不利益なことが行われるケースである。例えば、「給料をあげてほしければ～」と親密な関係を迫るといったケースのことである。

※2 「環境型セクハラ」といわれるもので、性的な行動や発言により職場環境が悪化し、就業意欲の低下などを招くケースをいう。例えば、性的な雑誌を見せびらかすように見る、必要以上に体に触れるといったケースのことである。

b．セクハラの防止

職場におけるセクハラ防止のために、自金融機関で制定されている規程にもとづき、営業店の管理者は次のことを行う必要がある。その際、管理者自身を含め行職員が潜在的にもっていることが多いジェンダー・ハラスメント※を払拭することが肝要である。

①行内規程によるセクハラ禁止の明文化……セクハラは人権にかかわる問題であり、発生した場合には金融機関の信用へのダメージが非常に大きいので、明文化して周知徹底を図る。

②教育・研修の徹底……セクハラは労働問題であり、たんなる男女間のトラブルではないという認識のもとで、セクハラについての理解を深めさせて、防止の対策、被害者のとるべき行動などについて、全員向け、管理者向け、女性社員向けなど多様な教育研修を継続的に実施する。さらに、この機会に懲罰規程なども公表し、注意喚起を図っておく。

③相談窓口の設置と守秘義務……営業店内における相談窓口を設置するとともに、上司がセクハラの加害者である場合にも対応できるように、本部あるいは外部など別ルートの相談窓口を設置する。被害者がセクハラの相談をしたことにより不利益を被ることのないように、秘密保持の体制を整備し、これが保障されていることを徹底する。

④苦情処理体制の確立……セクハラの相談があった場合を想定し

> て、相談を受ける管理者を選定し、被害者に対する対応要領をまとめ、加害者からの事情確認方法、この間の支店長や本部への報告など、いつでも冷静に対処できる体制を整備し、定められた懲罰規程の運用方法についても熟知しておく。

※ ジェンダー・ハラスメントとは、性別による差別と評価できるようなハラスメントで、性別の役割や性にもとづく偏見、固定観念に基づく取扱いや言動をいい、無意識のうちに言葉や行動に表れてしまうものである。例えば、「男は男らしく、女は女らしく」といった固定観念を押し付けること等が、これにあてはまる。男性から女性に向けられるものだけではなく、女性から男性へ向けられるものもあることにも留意する必要がある。

c．セクハラ事案が発生した場合の対応

まずは、セクハラの相談・申出の内容について、双方のプライバシーに留意しつつ、相談者および行為者から事実関係を迅速かつ正確に確認する。また、事実確認が十分できない場合や両者に不一致があったような場合には、第三者からも事実関係の聴取を行う。次に、事実関係が確認できた場合には、社内規程に基づいて人事部や専門委員会に報告・協議し、今後の対応等を決定する。そして、コンプライアンス教育を再徹底するとともに、内部通報制度（ホットライン）を周知する等、再発防止に向けた対策を実施する。

F．LGBTなど性的少数者に対する対応

LGBT[※1]など性的少数者の問題が社会的に認知されはじめ、企業にもその対応が求められてきている。セクハラ指針（事業主が職場における性的な言動に起因する問題に関して雇用管理上講ずべき措置についての指針）が2016年8月に改定され、セクハラ被害を受ける人の性的指向や性自認にかかわらず、これらの人に対する職場におけるセクハラも対象となる旨が明確になった。

セクハラ対策に関する基本は、セクハラの対象者が性的少数者であってもそうでなくても変わらない。しかし、LGBTの課題が認知されはじめたのはごく最近のことであり、従業員まで十分に理解が浸透していないこと

や、LGBTであることを公表（カミングアウト）しないで働いている従業員も存在することなどから、LGBTへのセクハラは無自覚的に行われる場合があるという難しさもある。

　周囲にLGBTの当事者がいる可能性があることを意識して日頃の言動に気をつけることや、LGBTに対する差別的な言動を慎むことなど、配慮や心遣いをすることがLGBTへのセクハラ[※2]を防止することにつながる。このような考え方を本部担当部署と連携して従業員に浸透させることも管理者の役割である。

※1　LGBT
　　LGBTは以下の4つの用語の頭文字から作られた言葉です。
　①レズビアン（Lesbian）：女性同性愛者
　②ゲイ（Gay）：男性同性愛者
　③バイセクシュアル（Bisexual）：両性愛者
　④トランスジェンダー（Transgender）：自身の性と心の性が一致しないもの
　なお、①～③は性的指向で、④は性自認である。
※2　LGBTに対するセクハラ（好きになる人の性別や、自分の性別についての認識に関わることで差別的な扱いを受けたり、発言をされたり、いじめや暴力といった精神的・肉体的な嫌がらせを受けること）を「SOGIハラ」とよぶ場合がある。

G．マタニティー・ハラスメント（マタハラ）

a．マタハラとは

　職場における妊娠・出産・育児休業等に関するハラスメントのことで、「職場」において行われる上司・同僚からの言動（妊娠・出産したこと、育児休業等の利用に関する言動）により、妊娠・出産した「女性労働者」や育児休業等を申し出・取得した「男女労働者」等の就業環境が害されることである。

　マタハラには、「制度等の利用への嫌がらせ型」[※1]と「状態への嫌がらせ型」[※2]とがある。

※1　制度等の利用への嫌がらせ型
　　男女雇用機会均等法が対象とする制度または措置や育児・介護休業法が対象とする制度または措置の利用に関する言動により就業環境が害されるものをいう。
　①解雇その他不利益な取扱いを示唆するもの

②制度等の利用の請求等または制度等の利用を阻害するもの
③制度等を利用したことにより嫌がらせ等をするもの

　なお、女性労働者に対するマタハラに対し、男性労働者に対する制度または措置の利用に関する言動により就業環境が害されるものを「パタニティ・ハラスメント」（パタハラ）という。

※2　状態への嫌がらせ型
　女性労働者が妊娠したこと、出産したこと等に関する言動により就業環境が害されるものをいう。
①解雇その他不利益な取扱いを示唆するもの
②妊娠等したことにより嫌がらせ等をするもの

　ただし、次のような業務上必要な言動は、マタハラには該当しない。
①強要しない場合の制度等の利用を希望する労働者に対する変更の依頼や相談
②妊婦本人はこれまでとおり勤務を続けたいという意欲がある場合であっても、客観的に見て妊婦の体調が悪い場合における妊娠している女性労働者への配置転換等の配慮

b．マタハラの発生の原因や背景

　妊娠・出産・育児休業等に関する否定的な言動が頻繁に行われるなど、制度等の利用や請求をしにくい職場風土や、制度等の利用ができることについて職場内での周知が不十分であることが考えられる。制度等を利用する本人だけでなく全従業員に理解を深めてもらうとともに、制度等の利用や請求をしやすくするような工夫をすることが大切である。

　なお、妊娠・出産・育児休業等に関する否定的な言動には、ほかの労働者の妊娠・出産等の否定につながる言動や制度等の利用否定につながる言動で、たんなる自らの意思の表明を除き、本人に直接行わない言動も含む。また、本人に直接行われない場合も含む。例えば、夫婦が同じ会社に勤務している場合に、育児休業を取得する本人ではなく、その配偶者に対して否定的な言動を行うことは、妊娠・出産・育児休業等に関するハラスメントの発生の原因や背景になり得る行為といえる。

c．マタハラの防止

　マタハラの未然防止には、日頃から風通しのよい職場づくりをしておくことが必要である。セクハラの防止で記述している管理職としての心がけが、この場合も必要となる。また、部下から「妊娠した」「子供が

生まれた」と聞いたときは、管理職としては次のことを行い、自金融機関のルールにしたがって所定の手続きをされたい。

①妊娠した行職員には「おめでとうございます。」「体調はどうですか？」，といった言葉を忘れずに言い、まずは、行職員の意向を確認する。
②管理職自身が、自金融機関の制度を理解しておき、妊娠・出産・育児期に利用できる自金融機関の制度を説明する。
③「育休を取得すべき」「退職して育児に専念すべき」といった、自分の考えを押しつけるような言い方はせずに、今後の働き方についての希望を聞く。

d．妊娠・出産・育児休業等を理由とする不利益な取扱いの禁止

事業主は、女性労働者が婚姻、妊娠、出産したことや、産前産後休業を取得したこと、妊娠中および出産後の健康管理に関する措置をもとめたこと等を理由として、解雇その他の不利益な取扱いをしてはならない。

妊娠中および産後1年以内の解雇は、事業主が「妊娠・出産・産前産後休業等による解雇ではないこと」を証明しない限り、無効となる。

なお、多くの金融機関ではマタハラ・パタハラについても、セクハラやパワハラの相談窓口と一体となったハラスメント相談窓口が設置されている。マタハラやパタハラ事案が発生した場合には、対応窓口と相談し迅速な解決を図られたい。

H．ワーク・ライフ・バランスと次世代育成支援

a．ワーク・ライフ・バランス

ワーク・ライフ・バランスは「仕事と生活の調和」と訳され、この実現を通じて「国民一人ひとりがやりがいや充実感を感じながら働き、仕事上の責任を果たすとともに、家庭や地域生活などにおいても、子育て期、中高年期といった人生の各段階に応じて多様な生き方が選択・実現できる社会」とすることを目指すものである。出生率向上・男女均等政

策のみならず、労働時間政策、非正規労働者政策など働き方の全般的な改革に関わる。

　政府は推進のため、ワーク・ライフ・バランス国民運動「カエル！ジャパン」キャンペーンを開始しており、各金融機関もこの運動に取り組んでいる。

　b．次世代育成支援

　「次世代育成支援対策推進法」では、次代の社会を担う子どもが健やかに生まれ、育成される環境の整備を行う「次世代育成支援対策」を進めるため、国や地方公共団体による取組みだけでなく、101人以上の労働者を雇用する事業主は、「一般事業主行動計画」（従業員の仕事と子育ての両立を支援するための雇用環境の整備等について事業主が策定する計画）の策定・届出、公表・周知が義務付けられている。なお、雇用する労働者が100人以下の事業主には、同様の努力義務があるとしている。管理者には自金融機関の一般事業主行動計画で設定された目標を推進することが求められている。

　c．子育てや介護の支援

　自らのライフステージに合わせ、男女とも仕事と育児・介護等の両立ができるように育児・介護休業法の改定が重ねられ、育児や介護休業制度、子の看護休暇、介護休暇、所定外労働を制限する制度、時間外労働を制限する制度、深夜業を制限する制度、所定労働時間の短縮措置等、小学校就学の始期に達するまでの子を養育または家族を介護する労働者に関する措置、育児休業等に関するハラスメントの防止措置、労働者の配置に関する配慮、不利益取扱いの禁止、育児・介護休業等の個別周知について、（図表2－24）のとおりの内容が定められている。

　仕事と育児や介護等を両立できる職場環境の整備は企業の義務であり、企業のイメージアップにつながる。法令で義務化されているものを超える制度を設けている金融機関も多数ある。管理者は、自金融機関の制度を確認し育児や介護中の行職員の状況や意向に応じた制度の利用を

(図表2-24) 育児・介護休業法における制度の概要

		育児関係	介護関係
休業制度	休業の定義	○労働者が原則としてその1歳に満たない子を養育するためにする休業	○労働者がその要介護状態（負傷、疾病又は身体上若しくは精神上の障害により、2週間以上の期間にわたり常時介護を必要とする状態）にある対象家族を介護するためにする休業
	対象労働者	○労働者（日々雇用を除く） ○有期契約労働者は、申出時点において、次の要件を満たすことが必要 ・同一の事業主に引き続き雇用された期間が1年以上であること ・子が1歳6ヵ月（2歳まで休業の場合は2歳）を経過する日までに労働契約期間が満了し、更新されないことが明らかでないこと ○労使協定で対象外にできる労働者 ・雇用された期間が1年未満の労働者 ・1年（1歳以降の休業の場合は、6ヵ月）以内に雇用関係が終了する労働者 ・週の所定労働日数が2日以下の労働者	○労働者（日々雇用を除く） ○有期契約労働者は、申出時点において、次の要件を満たすことが必要 ・同一の事業主に引き続き雇用された期間が1年以上であること ・介護休業取得予定日から起算して93日経過する日から6ヵ月を経過する日までに労働契約期間が満了し、更新されないことが明らかでないこと ○労使協定で対象外にできる労働者 ・雇用された期間が1年未満の労働者 ・93日以内に雇用関係が終了する労働者 ・週の所定労働日数が2日以下の労働者
	対象となる家族の範囲	○子	○配偶者（事実婚を含む。以下同じ。） 父母、子、配偶者の父母 祖父母、兄弟姉妹及び孫
	回数	○子1人につき、原則として1回（ただし、子の出生日から8週間以内にした最初の育児休業を除く。） ○以下の事情が生じた場合には、再度の育児休業取得が可能 ・新たな産前産後休業、育児休業又は介護休業の開始により育児休業が終了した場合で当該休業に係る子又は家族が死亡等した場合 ・配偶者が死亡した場合又は負傷、疾病、障害により子の養育が困難となった場合 ・離婚等により配偶者が子と同居しないこととなった場合 ・子が負傷、疾病、障害により2週間以上にわたり世話を必要とする場合 ・保育所等入所を希望しているが、入所できない場合 ○子が1歳以降の休業については、子が1歳までの育児休業とは別に取得可能	○対象家族1人につき、3回
	期間	○原則として子が1歳に達するまでの連続した期間 ○ただし、配偶者が育児休業をしているときは、子が1歳2ヵ月に達するまで出産日と産後休業期間と育児休業期間とを合計して1年間以内の休業が可能	○対象家族1人につき通産93日まで
	期間 （延長する場合）	○子が1歳に達する日において（子が1歳2ヵ月に達するまでの育児休業が可能である場合に1歳を超えて育児休業をしている場合にはその休業終了予定日において）いずれかの親が育児休業中であり、かつ次の事情がある場合には、子が1歳6ヵ月に達するまで可能 ・保育所等への入所を希望しているが、入所できない場合 ・子の養育を行っている配偶者(もう一人の親)であって、1歳以降子を養育する予定であったものが死亡、負傷、疾病等により子を養育することが困難になった場合 ※同様の条件で1歳6ヵ月から2歳までの延長も可能（平成29年10月1日から）	
	手続	○書面等で事業主に申出 ・事業主は、証明書類の提出を求めることができる ・事業主は、育児休業の開始予定日及び終了予定日等を、書面等で労働者に通知 ○申出期間（事業主による休業開始日の繰下げ可能期間）は1ヵ月前まで（ただし、出産予定日前に子が出生したこと等の事由が生じた場合は、1週間前まで） 1歳以降の休業の申出は2週間前まで ○出産予定日前に子が出生したこと等の事由が生じた場合は、1回に限り開始予定日の繰上げ可 ○1ヵ月前までに申し出ることにより、子が1歳に達するまでの期間内で1回に限り終了予定日の繰下げ可 1歳以降の休業をしている場合は、2週間前の日までに申し出ることにより、子が1歳6ヵ月（又は2歳）に達するまでの期間内で1回に限り終了予定日の繰下げ可 ○休業開始予定日の前日までに申出撤回可 ○上記の場合、原則再度の申出不可	○書面等で事業主に申出 ・事業主は、証明書類の提出を求めることができる ・事業主は、介護休業の開始予定日及び終了予定日等を、書面等で労働者に通知 ○申出期間（事業主による休業開始日の繰下げ可能期間）は2週間前まで ○2週間前の日までに申し出ることにより、93日の範囲内で、申出毎に1回に限り終了予定日の繰下げ可 ○休業開始予定日の前日までに申し出ることにより、撤回可 ○上記の場合、その後の再度の申し出は1回のみ可

子の看護休暇	制度の内容	○小学校就学の始期に達するまでの子を養育する労働者は、1年に5日まで（当該子が2人以上の場合は10日まで）、病気・けがをした子の看護又は子に予防接種・健康診断を受けさせるために、休暇が取得できる ○半日（所定労働時間の2分の1）単位での取得も可能。ただし、1日の所定労働時間が4時間以下の労働者及び、労使協定により、半日単位での取得が困難と認められる業務に従事する労働者は、1日単位での取得。 ○労使協定により、所定労働時間の2分の1以外の時間数を半日と定めることも可能	
	対象労働者	○小学校就学の始期に達するまでの子を養育する労働者（日々雇用を除く） ○労使協定で対象外にできる労働者 ・勤続6ヵ月未満の労働者 ・週の所定労働日数が2日以下の労働者	
介護休暇	制度の内容	○要介護状態にある対象家族の介護その他の世話を行う労働者は、1年に5日まで（対象家族が2人以上の場合は10日まで）、介護その他の世話を行うために、休暇が取得できる ○半日（所定労働時間の2分の1）単位での取得も可能。ただし、1日の所定労働時間が4時間以下の労働者及び、労使協定により、半日単位での取得が困難と認められる業務に従事する労働者は、1日単位での取得 ○労使協定により、所定労働時間の2分の1以外の時間数を半日と定めることも可能	
	対象労働者	○要介護状態にある対象家族の介護その他の世話を行う労働者（日々雇用を除く） ○労使協定で対象外にできる労働者 ・勤続6ヵ月未満の労働者 ・週の所定労働日数が2日以下の労働者	
所定外労働を制限する制度	制度の内容	○3歳に満たない子を養育する労働者がその子を養育するために請求した場合においては、事業主は所定労働時間を超えて労働させてはならない	○要介護状態にある対象家族を介護する労働者がその対象家族を介護するために請求した場合においては、事業主は所定労働時間を超えて労働させてはならない
	対象労働者	○3歳に満たない子を養育する労働者（日々雇用を除く） ○労使協定で対象外にできる労働者 　1　勤続1年未満の労働者 　2　週の所定労働日数が2日以下の労働者	○要介護状態にある対象家族を介護する労働者（日々雇用を除く） ○労使協定で対象外にできる労働者 　1　勤続1年未満の労働者 　2　週の所定労働日数が2日以下の労働者
	期間・回数	○1回の請求につき1カ月以上1年以内の期間 ○請求できる回数に制限なし	○1回の請求につき1カ月以上1年以内の期間 ○請求できる回数に制限なし
	手続	○開始の日の1カ月前までに請求	○開始の日の1カ月前までに請求
	例外	○事業の正常な運営を妨げる場合は、事業主は要求を拒める	○事業の正常な運営を妨げる場合は、事業主は請求を拒める
時間外労働を制限する制度	制度の内容	○小学校就学の始期に達するまでの子を養育する労働者がその子を養育するために請求した場合においては、事業主は制限時間（1カ月24時間、1年150時間）を超えて労働時間を延長してはならない	○要介護状態にある対象家族を介護する労働者がその対象家族を介護するために請求した場合においては、事業主は制限時間（1カ月24時間、1年150時間）を超えて労働時間を延長してはならない
	対象労働者	○小学校就学の始期に達するまでの子を養育する労働者 ただし、以下に該当する労働者は対象外 　1　日々雇用される労働者 　2　勤続1年未満の労働者 　3　週の所定労働日数が2日以下の労働者	○要介護状態にある対象家族を介護する労働者 ただし、以下に該当する労働者は対象外 　1　日々雇用される労働者 　2　勤続1年未満の労働者 　3　週の所定労働日数が2日以下の労働者
	期間・回数	○1回の請求につき1カ月以上1年以内の期間 ○請求できる回数に制限なし	○1回の請求につき1カ月以上1年以内の期間 ○請求できる回数に制限なし
	例外	○事業の正常な運営を妨げる場合は、事業主は請求を拒める	○事業の正常な運営を妨げる場合は、事業主は請求を拒める
	手続	○開始の日の1カ月前までに請求	○開始の日の1カ月前までに請求

深夜業を制限する制度	制度の内容	○小学校就学の始期に達するまでの子を養育する労働者がその子を養育するために請求した場合においては、事業主は午後10時～午前5時（「深夜」）において労働させてはならない	○要介護状態にある対象家族を介護する労働者がその対象家族を介護するために請求した場合においては、事業主は午後10時～午前5時（「深夜」）において労働させてはならない
	対象労働者	○小学校就学の始期に達するまでの子を養育する労働者 ただし、以下に該当する労働者は対象外 1 日々雇用される労働者 2 勤続1年未満の労働者 3 保育ができる同居の家族がいる労働者 　保育ができる同居の家族とは、16歳以上であって、 　イ 深夜に就労していないこと（深夜の就労日数が1カ月につき3日以下の者を含む） 　ロ 負傷、疾病又は心身の障害により保育が困難でないこと 　ハ 6週間（多胎妊娠の場合は14週間）以内に出産する予定であるか、又は産後8週間を経過しない者でないこと 　のいずれにも該当する者をいう 4 週の所定労働日数が2日以下の労働者 5 所定労働時間の全部が深夜にある労働者	○要介護状態にある対象家族を介護する労働者 ただし、以下に該当する労働者は対象外 1 日々雇用される労働者 2 勤続1年未満の労働者 3 介護ができる同居の家族がいる労働者 　介護ができる同居の家族とは、16歳以上であって、 　イ 深夜に就労していないこと（深夜の就労日数が1カ月につき3日以下の者を含む） 　ロ 負傷、疾病又は心身の障害により介護が困難でないこと 　ハ 6週間（多胎妊娠の場合は14週間）以内に出産する予定であるか、又は産後8週間を経過しない者でないこと 　のいずれにも該当する者をいう 4 週の所定労働日数が2日以下の労働者 5 所定労働時間の全部が深夜にある労働者
	期間・回数	○1回の請求につき1カ月以上6ヵ月以内の期間 ○請求できる回数に制限なし	○1回の請求につき1カ月以上6ヵ月以内の期間 ○請求できる回数に制限なし
	手続	○開始の日の1カ月前までに請求	○開始の日の1カ月前までに請求
	例外	○事業の正常な運転を妨げる場合は、事業主は請求を拒める	○事業の正常な運転を妨げる場合は、事業主は請求を拒める
所定労働時間の短縮措置等		○3歳に満たない子を養育する労働者（日々雇用を除く）であって育児休業をしていないもの（1日の所定労働時間が6時間以下である労働者を除く）に関して、1日の所定労働時間を原則として6時間とする措置を含む措置を講ずる義務 ただし、労使協定で以下の労働者のうち所定労働時間の短縮措置を講じないものとして定められた労働者は対象外 1 勤続1年未満の労働者 2 週の所定労働日数が2日以下の労働者 3 業務の性質又は業務の実施体制に照らして、所定労働時間の短縮措置を講ずることが困難と認められる業務に従事する労働者 ○上記3の労働者について所定労働時間の短縮措置を講じないこととするときは、当該労働者について、次の措置のいずれかを講ずる義務 ・育児休業に関する制度に準ずる措置 ・フレックスタイム制 ・始業・終業時刻の繰上げ、繰下げ ・事業所内保育施設の設置運営その他これに準ずる便宜の供与	○常時介護を要する対象家族を介護する労働者（日々雇用を除く）に関して、対象家族1人につき次の措置のいずれかを、利用開始から3年以上の間で2回以上の利用を可能にする措置を講ずる義務 ・所定労働時間を短縮する制度 ・フレックスタイム制 ・始業・終業時刻の繰上げ、繰下げ ・労働者が利用する介護サービスの費用の助成その他これに準ずる制度 ただし、労使協定で以下の労働者のうち所定労働時間の短縮措置等を講じないものとして定められた労働者は対象外 1 勤続1年未満の労働者 2 週の所定労働日数が2日以下の労働者
小学校就学の始期に達するまでの子を養育又は家族を介護する労働者に関する措置		○小学校就学の始期に達するまでの子を養育する労働者に関して、育児休業に関する制度、所定外労働の制限に関する制度、所定労働時間の短縮措置又はフレックスタイム制等の措置に準じて、必要な措置を講ずる努力義務 ○小学校就学の始期に達するまでの子を養育する労働者に関して、配偶者出産休暇等の育児に関する目的で利用できる休暇制度を講ずる努力義務	○家族を介護する労働者に関して、介護休業制度又は所定労働時間の短縮等の措置に準じて、その介護を必要とする期間、回数等に配慮した必要な措置を講ずる努力義務
育児休業等に関するハラスメントの防止措置		○事業主は、育児休業、介護休業その他子の養育又は家族の介護に関する制度又は措置の申出・利用に関する言動により、労働者の就業環境が害されることがないよう、労働者からの相談に応じ、適切に対応するために必要な体制の整備その他の雇用管理上必要な措置を講ずる義務	
労働者の配置に関する配慮		○就業場所の変更を伴う配置の変更において、就業場所の変更により就業しつつ子の養育や家族の介護を行うことが困難となる労働者がいるときは、その子の養育や家族の介護の状況に配慮する義務	
不利益取扱いの禁止		○育児・介護休業、子の看護休暇、介護休暇、所定外労働の制限、時間外労働の制限、深夜業の制限、所定労働時間の短縮措置等について、申出をしたこと、又は取得等を理由とする解雇その他不利益な取扱いの禁止	
育児・介護休業等の個別周知		○事業主は、次の事項について、就業規則等にあらかじめ定め、周知する努力義務 ・育児休業及び介護休業中の待遇に関する事項 ・育児休業及び介護休業後の賃金、配置その他の労働条件に関する事項 ・その他の事項 ○事業主又はその配偶者が妊娠・出産したことを知った場合や、労働者が介護していることを知った場合に、当該労働者に対し、個別に関連制度を周知する努力義務	

（出所）厚生労働省パンフレット「育児・介護休業法のあらまし（平成29年10月1日施行対応）」

推奨し、せっかく経験を重ね成長して貴重な戦力となっている行職員が育児や介護を理由として離職すること防止し働き続けることができるように支援されたい。

II 労働関係法規の理解

❶ 職場のルールの決め方

A．労働法と就業規則

　労働法は、労働基準法や労働契約法などの使用者と労働者の労使関係を円滑に維持し、快適な労働環境を整備するためにつくられた法律の総称である。

　労働基準法1条2項で「この法律で定める労働条件の基準は最低のもの」とされているように、労働法はあくまで最低の基準である。各金融機関ではそれを上回る基準を就業規則等で設定している事項が数多くある。

　したがって、労務管理を行う管理者は、職場のルールブックである自金融機関の「就業規則」を熟知することが不可欠である。また、自金融機関が個々の行職員の労働条件を取り決めた「労働契約」も確認する必要がある。これ以外に、職場の労働条件を決定するものに「労働協約」がある。労働協約は、労働組合が団体交渉を通じて使用者と妥結した事項を法律で定める形式で作成された文書である。自金融機関に労働組合がある場合には「労働協約」も熟知しなければならない。

　労働基準法に達しない労働条件を定める就業規則や労働契約は、その部分が無効となり、無効となった部分は労働基準法で定める基準となる。また、就業規則で定める基準に達しない労働条件を定める労働契約は、その部分が無効となり、無効となった部分は、就業規則で定める基準による。さらには、就業規則および労働契約は、労働協約に反してはならないと定

められている。したがって、労働法、労働協約、就業規則、労働契約の優先順位は

労働関係法令＞労働協約＞就業規則＞労働契約

となる。つまり、労働者にとって、常に有利な労働条件となる。

B．働き方改革関連法

　働き方改革関連法とは、「労働者がそれぞれの事情に応じた多様な働き方を選択できる社会を実現する働き方改革を総合的に推進するため、長時間労働の是正、多様で柔軟な働き方の実現、雇用形態にかかわらない公正な待遇の確保等のための措置を講じる。」という趣旨で関連する法律を一括して改正を行ったもののことである。

　その主な内容は、（図表2－25）のとおりである。

❷ 労働時間、休憩、休日

A．労働時間規制の原則

　労働基準法32条では、「使用者は休憩時間を除いて1週間40時間、1日8時間（これを法定労働時間という）を超えて働かせてはならない」旨、定められている。これを超えて労働させる場合には「時間外・休日労働に関する労使協定※（36協定）」を締結し、かつ、割増賃金を支払わなくてはならない。なお、常時10人未満の労働者を使用する商業、映画・演劇業（映画の製作の事業を除く）、保健衛生業及び接客娯楽業の事業場では、1週間44時間、1日8時間とする特例処置が認められている。

※労使協定とは、使用者と「当該事業所の過半数で組織する労働組合があるときはその労働組合、労働者の過半数で組織する労働組合がないときは労働者の過半数を代表する者」が労働条件の細部について書面により協定したものである。代表的なものに36協定がある。

B．変形労働時間

　労働時間の原則は1週間40時間、1日8時間であるが、業務量に繁閑の波があり、原則を守るとかえって業務の効率を悪くする場合がある。そ

(図表 2-25) 働き方改革関連法

項　目	改正法	主な内容	施行日
働き方の総合的かつ継続的な推進	雇用対策法	題名・目的規定等の改正 働き方改革における基本方針の策定　等	2018（平成30）年7月6日
労働時間法制の見直し ▽ 働き過ぎを防ぐことで、労働者を守り、多様な「ワーク・ライフ・バランス」を実現	労働基準法	労働時間の上限規制	2019（平成31）年4月1日 ※2020年4月1日
		高度プロフェッショナル制度の創設 ⇒高度専門職で高年収の限定的な労働者が対象であり、営業店にはいないと思われる。	2019（平成31）年4月1日
		1人1年あたり5日間の年次有給休暇の取得の企業への義務化	2019（平成31）年4月1日
		フレックスタイム制の改正 （清算期間を1ヵ月から3ヵ月へ） ⇒営業店では対象者はいないと思われる。	2019（平成31）年4月1日
		中小企業に対する月60時間超の時間外労働に対する割増賃金の猶予措置の廃止	2023年（平成35）4月1日
	労働安全衛生法	労働時間の把握義務（管理者や裁量労働制適用者も対象） 産業医機能の強化	2019（平成31）年4月1日
	労働時間等設定改善法	勤務間インターバル制度 ⇒努力義務	2019（平成31）年4月1日
	じん肺法	心身の状態に関する情報の取扱い	2019（平成31）年4月1日
雇用形態に関わらない公正な待遇の確保 ▽ 同一企業内における正規雇用と非正規雇用の間にある不合理な待遇の差をなくし、どのような雇用形態を選択しても「納得」（同一労働同一賃金関連）	パートタイム労働法（パートタイム・有期雇用労働法へ法律名変更）	有期雇用労働者への均等待遇義務化 （パートタイム労働者の規定を同一化） 労働者に対する待遇に関する説明義務の強化 行政による事業主への助言・指導等や裁判外紛争解決手続（行政ＡＤＲ）の規定の整備	2020（平成32）年4月1日 ※2021年4月1日
	労働者派遣法	次のいずれかを確保することを義務化 ・派遣先の労働者との均等・均衡待遇 ・一定の要件を満たす労使協定による待遇 労働者に対する待遇に関する説明義務の強化 行政による事業主への助言・指導等や裁判外紛争解決手続（行政ＡＤＲ）の規定の整備	2020（平成32）年4月1日
	労働契約法	労働契約法20条削除（パート・有期労働法に内容を変更して規定）	2020（平成32）年4月1日 ※2021年4月1日

※中小企業の施行日

こで、労働者と使用者が自ら工夫して労働時間を弾力化し、業務の繁閑に応じた労働時間の配分等を行うことが認められている。認められているのは次の制度である。金融機関では繁閑日の所定労働時間を延ばすために変形労働時間制を採用している場合がある。管理者は自金融機関の所定労働時間の取決めを熟知し、部下の時間管理をしなければならない。

a．1ヵ月単位の変形労働時間制（労働基準法32条の2）

1ヵ月以内の一定期間を平均して、1週間の労働時間が40時間（特例事業場は44時間）以下であれば、特定の日や週に、1日および1週間の法定労働時間を上回る所定労働時間を設定することができる制度である。

b．1年単位の変形労働時間制（労働基準法32条の4）

1年以内の一定期間を平均して、1週間の労働時間が40時間以下であれば、特定の日や週に、1日10時間、1週52時間まで働かせることができる制度である。

c．1週間単位の変形労働時間制（労働基準法32条の5）

30人未満の小売店、旅館、料理店および飲食店において、1週間の労働時間が40時間以下の範囲内であれば、1日10時間まで働かせることができる制度である。

d．フレックスタイム制（労働基準法32条の3）

1ヵ月以内の一定期間（清算期間）の総労働時間をあらかじめ定めておき、労働者がその範囲内で、各日の始業および終業の時刻を自由に決められる制度である。なお、2019（平成31）年4月1日より清算期間を3ヵ月とすることが可能となった。

C．みなし労働時間制

使用者には労働時間を適切に把握する責務があるが、労働者の労働時間を正確に算定することが困難な場合がある。このような労働者を対象に、ある時間だけ働いたと見なす「みなし労働時間制」を認めている。それには、事業場外労働のみなし労働時間制と裁量労働制（専門業務型裁量労働

制、企画業務型裁量労働制）があるが、金融機関の営業店で適用されている事例はほとんどない。

####　D．高度プロフェッショナル制度

2019（平成31）年4月1日より認められた制度で、対象となる労働者は、高収入の一部専門職で、時間外、割増賃金等の労働時間規制から完全に外す制度である。ただし、導入する事業所では、在社時間等に基づく健康確保措置が必要である。また、導入に際しては本人同意（同意の撤回も可能）や労使委員会の決議が必要である。これも金融機関の営業店で適用される事例はないと思われる。

####　E．休憩

休憩時間とは、労働者の権利として、労働から離れることを保障している時間のことで、使用者は労働時間が6時間を超える場合には少なくとも45分、8時間を超える場合には少なくとも1時間の休憩時間を与えなければならない。労働基準法34条で休憩時間について3つの原則（労働時間の途中に、一斉に、自由に利用させる）が定められている。ただし、金融機関は、休憩時間を一斉に与えなくてもよいことになっている。

なお、休憩時間にはいわゆる「手持時間」（実際に作業していないけれども、業務の指示を受けたときにはすぐに就労できるようにするための待機時間）は含まれない。

####　F．休日

労働契約上、労働義務を免除されている日を休日という。使用者は、労働者に毎週少なくとも1回、あるいは4週間を通じて4日以上の休日（法定休日）を与えなければならない（労働基準法35条）。

使用者が業務の必要に応じて労働者に休日出勤を命じたり、その代わりに別の日に休みを与えたりすることがある。この休みの与え方には2つの方法がある。法定休日の代わりに他の日に休日を与えると、休日の割増賃金が発生しない「振替休日」になる場合と休日の割増賃金が発生する「代休」となる場合があり、管理者は、休日出勤を命じる際には、振替休日な

のか、代休なのかを明確にする必要がある。

❸ 残業・休日労働

A．労働時間

労働基準法では、1週間40時間、1日8時間（法定労働時間）以下が原則である。ただし、労働時間は労働基準法36条にて「労使協定で定めるところによって労働時間を延長し、または休日に労働させることができる。」とされている（この労使協定を「36協定と呼んでいる」）。つまり、36協定で定められた時間の範囲内でしか、時間外労働や休日労働をさせることはできないのである。

残業や休日出勤を労働者に義務づけるためには、36協定の締結の外に、

（図表2-26）振替休日と代休

	振替休日	代　休
意味	あらかじめ定めてある休日を、事前に手続きして他の労働日と交換すること。休日労働にはならない。	休日に労働させ、事後に代りの休日を与えること。休日労働の事実は変わらず、帳消しにはならない。
要件	①就業規則等に振替休日の規定をする ②振替日を事前に特定 ③振替日は4週の範囲内 ④遅くとも前日の勤務時間終了までに通知	特になし。ただし、制度として行う場合、就業規則等に具体的に記載が必要（代休を付与する条件、賃金の取扱い等）。
賃金	同一週内で振り替えた場合、通常の賃金の支払いでよい。ただし、週をまたがって振り替えた結果、週法定労働時間を超えた場合には、時間外労働に対する割増賃金の支払いが必要。	休日労働の事実は消えないので、休日労働に対する割増賃金の支払いが必要。代休日を有給とするか無給とするかは、就業規則等の規定による。

（出所）「労務リスク・マネジメントコース」（経済法令研究会）Text.1

労働協約や就業規則、あるいは個々の労働契約等において「業務上の必要があるときには36協定の範囲内で時間外や休日出勤を命令できる」ことを明らかにする必要がある。

残業時間の上限は、原則として月45時間・年360時間であるが、通常、金融機関では「特別条項付36協定」を締結し労働基準監督署に届けている。これは金融庁検査その他外部検査に関する業務や決算に関する業務など限度時間を超える残業が必要な具体的な臨時的業務について、あらかじめ延長できる時間や手続きを労使で協議して決めて36協定に盛り込み、その事情が生じた場合に限り限度時間を超えて残業ができるようにしたものである。ただし、年6回までという制限がある。管理者は自金融機関の就業規則や36協定を必ず確認する必要がある。

なお、働き方改革関連法の成立に伴い、2019（平成31）年4月1日（中小企業は2020年4月1日）より従来の行政指導で行っていた残業時間の上限を法制化し、規制の内容を（図表2－27）のとおりとした。ただし、この上限規制は自動車運転の業務や建設事業、医師、新技術・新商品等の研究開発業務等では、適用猶予や除外をされている。

> **参考：法定労働時間と所定労働時間**
> 36協定で定められた「延長できる時間」の対象時間とは、原則「法定労働時間」を超えた部分である。そのため、1日の所定労働時間（各事業所にて就業規則等で定められている労働時間）が7時間の場合は、法定労働時間（8時間）になるまでの1時間は36協定の時間数には含まれない。

B．残業・休日労働の割増賃金

使用者が労働者を時間外労働、休日労働、深夜労働させた場合は就業規則等で定められた割増率で計算された割増賃金を支払わなくてはならない。

なお、法定労働時間を超える時間外労働、法定休日の労働、深夜労働の

(図表 2-27) 残業時間の上限

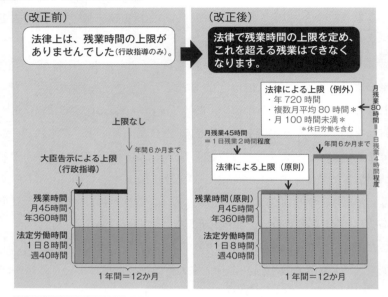

◎残業時間の上限は、原則として月45時間・年360時間とし、臨時的な特別の事情がなければこれを超えることはできません。
（月45時間は、1日当たり2時間程度の残業に相当します。）

◎臨時的な特別の事情があって労使が合意する場合でも、
・年720時間以内
・複数月平均80時間以内（休日労働を含む）
・月100時間未満（休日労働を含む）
を超えることはできません。
（月80時間は、1日当たり4時間程度の残業に相当します。）
また、原則である月45時間を超えることができるのは、年間6か月までです。

（出所）厚生労働省リーフレット「働き方改革～一億総活躍社会の実現に向けて～」

　割増賃金の割増率は労働基準法第37条第1項・第3項及び政令で（図表2－29）のように定められている。

　なお、管理監督者は労働基準法41条にて「労働時間、休憩、休日に関する規定は適用しない」旨、定められている。したがって、1日8時間を

(図表2-28) 残業の違い
（始業9時、終業17時、昼休み12時～13時、所定労働時間7時間の場合）

（出所）「労務リスク・マネジメントコース」（経済法令研究会）Text.1

超えても、休日に労働しても、時間外労働、休日労働とはならないため、割増賃金を支払う必要はない。

ただし、深夜労働は除外されていないので深夜時間帯（午後10時～翌午前5時まで）に労働した場合には、就業規則等で定められた深夜の割増賃金（2割5分以上）を支払う必要がある。なお、管理監督者は年次有給休暇、育児・介護休業に関する規定についても、その適用は除外されていない。

❹ 年次有給休暇の取得

A．年次有給休暇とは

働かなければならない日に休むと、その分の賃金は支払われないというのが原則（ノーワーク・ノーペイ）であるが、年次有給休暇は、所定の休日以外に仕事を休んでも、賃金を払ってもらうことができる休暇である。所定の要件（6か月間の継続勤務と8割以上の出勤）を満たしていると、法律上当然に生じる権利である。使用者は、年次有給休暇を取得した労働者に対して、賃金の減額その他不利益な取扱いをしてはならない。

B．年次有給休暇の時季指定権と時季変更権

労働者が「○日に休みたい」と時季（労働基準法では季節を含めた時期という意味で「時季」という言葉を用いている）を指定して請求する（時

(図表2-29) 割増賃金の割増率

①法定労働時間（1週40時間、1日8時間）を超えて労働させた場合	月60時間以下　2割5分以上[※1] 月60時間超　　5割以上[※2]
②深夜（22時～翌朝5時）に労働させた場合	2割5分以上
③法定休日（1週1日または4週4日）に労働させた場合	3割5分以上

※1 月45時間超60時間以下の場合には、2割5分以上にするよう努力義務が課されている。時間外労働と深夜労働が重複した場合は2割5分＋2割5分（60時間超の場合は5割）で5割以上（60時間超の場合は7割5分以上）となる。法定休日に深夜労働をさせた場合は3割5分＋2割5分で6割以上となる。休日労働に時間外労働をさせても割増率は加算されない。

※2 労働基準法が改定され、2010（平成22）年4月1日より、1ヵ月60時間を超える時間外労働部分については割増率が5割以上に引き上げられ、労使協定により引き上げられた割増賃金の支払いに代えて有給の休暇（代償休暇）を与えることができるものとされた。なお、法定中小企業については2023（平成35）年3月31日まで割増賃金の引き上げを適用しないとする猶予措置が設けられている。自金融機関の就業規則・労使協定を確認する必要がある。

(出所)「労務リスク・マネジメントコース」（経済法令研究会）Text.1

季指定権）。利用目的を問われることはない。ただし、指定された日に年休を与えることが「業務の正常な運営の妨げとなる場合」、使用者は「別の日に変更して欲しい」と時季変更権を行使することが認められている。使用者が時季変更権を行使しなかったときは、労働義務が消滅して労働者は指定日に休むことができる。

　ここでいう「業務の正常な運営の妨げとなる場合」とは、その労働者の所属する事務所の事業規模、内容、その労働者の担当する作業の内容、性質、作業の繁閑、業務の程度、同時に年休を請求している労働者の人数、代替者の確保の困難度、年休の請求が代替者の確保ができるだけの時間的な余裕があるかどうかなど、諸般の事情を勘案してケースごと個別に判断される。つまり、使用者の時季変更権は、かなり限定され、たんに繁忙期だからといった理由では行使できない。行使する場合には慎重に行う必要

がある。

年休は本来、労働者を休ませて心身のリフレッシュを図る制度である。特定の人しか取れないとか、特定の人が取れない、というようなことがないように仕事の分担を見直し互換性を高め職場の全員が相応に取れるよう配慮することが管理者の役目である。また、年休の取得日が重ならないよう職場内で調整することも必要である。日頃からコミュニケーションをとって職場の情報を行職員が共有し、時季変更権を行使しなくともよい状況にすることが何よりも重要である。

C．年次有給休暇の取得日数

労働基準法39条1項にて「その雇入れの日から起算して6箇月間継続勤務し全労働日の8割以上出勤した労働者に対して、継続し、又は分割した10労働日の有給休暇を与えなければならない。」と使用者に年休の付与を義務付けている。6ヵ月継続勤務した労働者に付与される年休日数は10日であるが、その後勤続年数が増すごとに従って20日まで加算される（図表2-30①）。年休を取得できる権利は2年の時効で消滅するので、未消化の年休については翌年に限って繰り越すことができる。

なお、年休の利用を促進するため「計画年休制」（労使協定により有給休暇を与える時季に関する定めをしたときは、有給休暇のうち5日を超える部分の日数は、計画的に付与することができる）を採用している金融機関、法令を上回る日数付与や付与日を統一している金融機関もある。自金融機関が就業規則で定めている年休の付与日や付与日数等を必ず確認されたい。

一定の年次有給休暇を確実に取得させるために、2019（平成31）年4月1日より、使用者は10日以上の年次有給休暇が付与される者に対して、基準日から1年以内の5日について、毎年、取得時季を指定して与えることが義務化された。ただし、指定する時季については労働者の意見を聴取し、意見を尊重すること、年次有給休暇管理簿を作成し3年間保存することが必要である。また、労働者の時季指定や計画的付与により取得された

分は5日に含めてよいことになっている。この点に留意することも必要である。

D．パートタイム労働者などへの年次休暇の比例付与

週所定の労働時間や労働日数の少ないパートタイム労働者等であっても、その雇入れの日から起算して6ヵ月間継続勤務し全労働日の8割以上出勤すれば、年休を与えなければならない。1回の労働契約期間が短くとも、労働契約を更新して通算6ヵ月以上継続して働くようになった場合も同様である。

年休の付与日数は、週所定労働時間や週または年間の所定労働日数により（図表2－30②）のとおり定められている。

E．時間単位の取得

労働基準法が改正され2010（平成22）年4月より、年休の消化率を高める目的で時間単位での年休の付与が認められるようになった。従来は1日単位（就業規則で半日単位の付与を認めている金融機関もある）であったが、事業場で労使協定を締結ぶことにより、1年に5日を限度に時間単位で取得できるようになった。

❺ 女性行職員の活躍推進

金融機関は、女性比率の高い職場である。女性行職員の活躍なくして職場の活性化を図ることはできない。管理者は法令をよく理解し女性行職員の活躍を支援する必要がある。

A．男女雇用機会均等法

労働者が性別により差別されることなく、また、女性労働者にあっては、母性を尊重されつつ、充実した職業生活を営むことができるようにすることを基本理念とし、次のようなことが主に定められている。

　a．**性別を理由とする差別の禁止（男女雇用機会均等法5条・6条）**
　　次のような雇用管理の各ステージにおいて、労働者の性別を理由として差別的取扱いをしてはならない。

(図表2-30）年次有給休暇の付与日数
①【一般の労働者】
（週の所定労働日数が5日以上または週の所定労働時間が30時間以上の労働者）

継続勤務年数（年）	0.5	1.5	2.5	3.5	4.5	5.5	6.5以上
付与日数（日）	10	11	12	14	16	18	20

②【週所定労働時間が30時間未満の労働者】

週所定労働日数	年間所定労働日数	継続勤務年数（年）						
		0.5	1.5	2.5	3.5	4.5	5.5	6.5以上
4日	169～216日	7	8	9	10	12	13	15
3日	121～168日	5	6	6	8	9	10	11
2日	73～120日	3	4	4	5	6	6	7
1日	48～72日	1	2	2	2	3	3	3

（出所）「事例でわかる労務リスク・マネジメントコース」Text.1

①週の所定労働日数が5日以上（週以外の期間によって所定労働日数が定められている場合は、年間の所定労働日数が217日以上）または週の所定労働時間が30時間以上の労働者……一般の労働者と同じ日数を付与する（図表2－30①）
②週の所定労働日数が4日以下（週以外の期間によって所定労働日数が定められている場合は、年間の所定労働日数が216日以下）または週の所定労働時間が30時間未満の労働者……1週間または1年間の所定労働日数に応じて比例付与する（図表2－30②）

①募集、昇進、配置（業務の配分・権限の付与を含む）、降格、教育訓練
②一定範囲の福利厚生（例、住宅資金や生活資金の貸付、住宅の貸与など）
③職種の変更・雇用形態の変更
④退職の勧奨、定年、解雇、労働契約の更新

　この他、労働基準法4条では、労働者が女性であることを理由とした、賃金面での男女差別を禁止している（男女同一賃金の原則）。

b．間接差別の禁止（同法第7条）

次の3つの措置は、実質的に一方の性の構成員に不利益を与えるおそれがあることから、業務遂行上の必要などの合理的な理由がない場合には、間接差別として禁止されている。

① 募集または採用にあたって、身長、体重または体力を要件とすること
② 募集、採用、昇進、職種変更にあたって、転居を伴う転勤に応じることができることを要件とすること
③ 昇進にあたり、転勤経験があることを要件とすること

c．女性のみ・女性優遇に関する特例＝ポジティブ・アクション（同法8条）

女性労働者が男性と比較して相当程度少ない（女性が4割を下回っている）雇用管理区分等において、支障となっている事情を改善するため、募集、採用、配置、昇進、教育訓練、福利厚生等に関して、女性に有利な取扱いをすることは違法ではないとされている。

d．このほか、次の4つの項目等が定められている。

① 婚姻、妊娠、出産等を理由とする不利益な取扱いの禁止（同法9条）
② 妊娠中および出産後の健康管理に関する措置（同法12条、13条）
③ 男女雇用機会均等法にかかる紛争が生じたときの都道府県労働局長の助言、指導、勧告および紛争調停委員会において調停（同法17条、18条）
④ 男女雇用機会均等法の実効性を高める措置としての厚生労働大臣および都道府県労働局長の報告の請求、助言、指導、勧告および勧告に従わない事業主に対する企業名の公表、並びに虚偽の報告をした場合の20万円以下の過料（同法29条、30条、33条）

B．母性の保護

労働基準法や男女雇用機会均等法では、働く女性の母性を保護するための規定を設けている。定められているものは次のとおりである。

a．産前産後休業（労働基準法65条1項・2項）

出産予定の女性労働者は、出産予定の6週間（多胎妊娠は14週間）前から、産前の休業を会社へ請求することができる。また、産後の休業は、出産の翌日から8週間請求の有無を問わず休まなければならない。（ただし、産後6週間を経過した女性労働者が請求し、医師が支障ないと認めた業務には就労できる。）

b．妊産婦の就業制限（同法64条の3・65条3項）

使用者は、妊産婦（妊娠中の女性および産後1年を経過していない女性）に重量物を取り扱う業務、有毒ガスを発散させる場所における業務、その他妊娠、出産、哺育等に有害な業務に就かせることはできない。また、妊娠中の女性より、他の軽易な業務に変えてくれるように請求があったときは、業務を転換させなければならない。

c．労働時間、時間外・休日・深夜業の制限（同法66条）

使用者は、妊産婦から請求があったときには、1週40時間、1日8時間を超えて働かせることはできない。また、妊産婦から請求があったときは、時間外・休日労働および深夜業をさせてはならない。

d．育児時間（同法67条）

1歳に満たない子を育てる女性労働者から請求があったときには、休憩時間のほか、1日2回各々少なくとも30分、育児時間を与えなければならない。ただし、2回を合わせて1時間とすることもできる。また、1日の労働時間が4時間以内である場合には、1日1回30分の育児時間の付与で足りるとされている。

e．生理休暇（同法68条）

生理日の就業が著しく困難な女性労働者から休業の申し出があったときには、会社はその労働者を就業させてはならない。

f．産前・産後に必要とされる保健指導または健康診査（男女雇用機会均等法 12・13 条）

妊娠中や出産後の女性労働者が、保健指導や健康診査を受けるために必要な時間を確保できるようにすることや、その指導に基づいて、勤務時間の変更や勤務の軽減など必要な措置を講じるように事業主に義務付けている。

> ①産前の場合（男女雇用機会均等法施行規則 2 条の 4）
> 　　妊娠 23 週まで　　　：4 週に 1 回
> 　　妊娠 24 週〜25 週まで：2 週に 1 回
> 　　妊娠 36 週〜出産まで　：1 週に 1 回
> ②産後（1 年以内）の場合（男女雇用機会均等法施行規則 2 条の 3 第 2 号）
> 　　医師または助産師の指示による必要な時間

C．女性活躍推進法

女性が、職業生活において、その希望に応じて十分に能力を発揮し、活躍できる環境を整備するために制定されている。301 人以上の労働者を雇用する事業主は、次のステップ 1 から 3 までを行う必要がある（300 人以下の事業主は努力義務）。

> ＜ステップ 1＞
> 自社の女性の活躍状況の把握・課題分析を行う。
> なお、把握・課題分析の必須項目は、①採用に占める女性比率、②勤務年数の男女差、③労働時間の状況、④管理者に占める女性比率であり、そのほか任意項目を選定できる。
> ＜ステップ 2＞
> ステップ 1 の結果を踏まえ、①行動計画の策定、②都道府県労働局への届出、③労働者への周知、④外部への公表　を行う。

> なお、行動計画には、計画期間、数値目標、取組内容、取組の実施時期を盛り込む。
> ＜ステップ３＞
> 優秀な人材の確保と企業の競争力向上につなげるため、自社の女性の活躍に関する情報を公開する。

したがって、管理者はもとより行職員全員は、本部から示されている自金融機関の「**女性の活躍に向けた行動計画**」に基づいて行動する必要がある。

❻ 非正規職員に関する留意点

金融機関は、正規行職員と非正規行職員（パート・有期・派遣）が混在して働いている。多くの営業店では非正規行職員の活躍なくしては運営ができない状況にある。管理者は、非正規職員に関する留意点をよく理解して正規・非正規を問わず働きやすい環境づくりをする必要がある。

なお、働き方改革関連法の成立※に伴い、雇用形態に関わらない公正な待遇の確保が強化された。同一企業内における正規・非正規の間の不合理な待遇の差をなくし、どのような雇用形態を選択しても、待遇に納得して働き続けるようにすることで、多様な働き方を選択できるようにするためである。

※働き方改革関連法の成立に伴うパートタイム労働法（パートタイム・有期雇用労働法へ法令名変更）改定の施行は2020（平成32）年4月1日（中小企業は2021（平成33）年4月1日）、派遣法の改定の施行は2020（平成32）年4月1日であるが、ここでは、改定後の内容で説明する。

A．パートタイム・有期雇用行職員

ａ．**労働条件の明示**（パートタイム・有期雇用労働法6条）

労働基準法で定められている書面（労働条件通知書等）で交付し明示しなければならない「賃金」「労働時間」「労働契約の期間」「就業の場所及び従事すべき業務」「退職に関する事項」に加えて、パートタイム

労働者や有期雇用労働者に対しては、トラブルに発展することが多い「昇給、退職手当、賞与の有無」についても書面で明示することが義務化されている。

また、有期雇用契約の場合には、契約更新の有無について契約時に明示する必要がある。なお、「契約を更新する場合がある」と定めた場合には、更新する・更新しない、の基準を明示しなければならない。

b．不合理な待遇の禁止（パートタイム・有期雇用労働法8条）

短時間・有期雇用労働者の基本給、賞与その他の待遇のそれぞれについて、当該待遇に対応する通常の労働者との間において、短時間・有期雇用労働者および通常の労働者の①職務の内容（業務の内容と責任の程度）、②職務の内容および配置の変更の範囲、③その他の事情のうち、当該待遇の性質および当該待遇の目的に照らして適切と認められるものを考慮して、不合理と認められる相違を設けてはならない（均衡待遇）。

なお、同様に、賃金の決定・教育訓練・福利厚生施設の利用に関しても、多様な就業実態に応じて、通常の労働者と均衡のとれた待遇の確保に努める義務がある（パートタイム・有期雇用労働法10条〜12条）。

c．通常の労働者と同視すべき短時間・有期雇用労働者に対する差別の禁止（パートタイム・有期雇用労働法9条）

短時間・有期雇用労働者と通常の労働者の職務の内容（業務の内容と責任の程度）、②職務の内容および配置の変更の範囲が同じ場合は、差別的取扱いを禁止している（均等待遇）。

d．通常の労働者への転換の推進（パートタイム・有期雇用労働法13条）

通常の労働者の募集を行う場合の短時間・有期雇用労働者への周知、新たな通常の労働者を配置する場合の短時間・有期雇用労働者への応募の機会の付与、通常の労働者への転換のための試験制度等、通常の労働者への転換のための措置を講じなければならない。

e．無期労働契約への転換（労働契約法 18 条）

同一使用者との間で有期労働契約（2013（平成 25）年 4 月 1 日以降に締結された労働契約から対象）が通算で 5 年を超えて反復更新された場合は、労働者の申込みにより、期間の定めのない無期労働契約に転換する。

この場合において、当該申込みに係る期間の定めのない労働契約の内容である労働条件は、現に締結している有期労働契約の内容の労働条件（契約期間を除く）と同一の労働条件（契約期間を除く当該労働条件について別段の定めがある部分を除く）とする。

なお、無期労働契約への転換の基準となる「通算して 5 年を超過したか否か」は事業者単位（法人単位）で判断されている。

ただし、有期雇用特別措置法により、高度専門職や継続雇用の高齢者に対しては特例がある。

f．雇止め法理（雇止めへの解雇規制の類推適用）（労働契約法 19 条）

本来、期間を定めた労働契約は、その期間が満了したという客観的事実により契約が終了して労働者は自動的に退職（雇止め）となり、解雇の問題は生じない。ただし、「期間を定めた契約でも事実上期間の定めのない契約と同様に見なされる」という下記の雇止め法理が労働契約法 19 条に規定されている。

> ①過去に反復更新された有期労働契約で、その雇止めが無期労働契約の解雇と社会通念上同視できると認められるもの
> ②労働者において、有期労働契約の契約期間の満了時に当該有期労働契約が更新されるものと期待することについて合理的な理由があると認められるもの
> 　①②のいずれかに該当する場合に、使用者が雇止めをすることが、「客観的に合理的な理由を欠き、社会通念上合理的であると認められないとき」は、雇止めは認められず、従前と同一の労働条件で、

有期雇用契約が更新される。

B．派遣行職員

a．派遣労働とは

雇用契約を結んだ会社（派遣元）が労働者派遣契約を結んだ依頼主（派遣先）へ労働者を派遣し、労働者は派遣先の指揮命令にしたがって働くという働き方である。派遣先は、労働者から労務の提供を受けた後に派遣元に派遣料金を払い、派遣元は、派遣料金の中から派遣労働者へ賃金を支払う。

一般的な働き方と異なることにより、いろいろな問題が生じることがあるため、労働者派遣法および派遣元指針、派遣先指針を定め、派遣元と派遣先がそれぞれ講じるべき措置等を示している。

（図表2-31）労働者派遣の仕組み

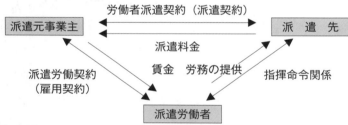

（出所）「事例でわかる労務リスク・マネジメントコース」Text.1

b．労働者派遣と請負

請負は第三者の指揮命令を一切受けずに雇用主の指揮命令に基づいて労務の提供を行う。いわゆる「偽装請負」とは、企業や個人事業主と業務請負や業務委託の契約を締結している場合であっても、実際には注文

（図表2-32）労働者派遣と請負の相違

	労働者の労務提供先	雇用契約	指揮命令関係
労働者派遣	派遣先	派遣元	派遣先
請負	注文主	請負業者	請負業者

主や委託先が指揮命令を行っている状態をいう。

　c．派遣可能期間

つぎのとおり派遣期間は制限されている。契約更新をする場合は必要な対応をする必要がある。

　ア．派遣先事業所単位の期間制限

同一の派遣先の事業所において、派遣労働者の受入れを行うことができる期間は、原則、3年が限度となる。派遣先が3年を超えて受入れしようとする場合は、派遣先の過半数労働組合（過半数労働組合が存在しない場合、事業所の労働者の過半数を代表する者）からの意見を期間制限期間の1ヵ月前までに聴く必要がある（1回の意見聴取で延長できる期間は3年まで）。また、過半数労働組合等から異議が示されたときは、対応方針等を説明する義務がある。

　イ．個人単位の期間制限

同一の派遣労働者を、派遣先の事業所における同一の組織単位（いわゆる「課」などを想定している）において受入れすることができる期間は、原則、3年が限度となる。

　d．派遣会社と派遣契約を結ぶ際の注意点

営業店は、派遣会社と契約して派遣労働者を受け入れる場合は、契約期間のほか下記に注意する必要がある。なお、本部担当部署が契約する場合でも「労働者派遣契約書」にて確認することが不可欠である。

日雇派遣は原則禁止されているためイベント等で日雇労働者の派遣を受け入れる際には、例外業務（デモンストレーション関係等）や例外に該当する人（60歳以上、雇用保険の適用を受けない学生、副業として日雇派遣に従事する人[※1]、主たる生計者ではない人[※2]）であることを必ず確認されたい。

※1　生業収入が500万円以上の場合
※2　世帯収入が500万円以上の場合

また、離職後1年以内に元行職員を派遣労働者として受け入れるこ

とは禁止されている（60歳以上の定年退職者は禁止対象外）。禁止対象となる勤務先の範囲は事業者単位（法人単位）となる。他営業店等自金融機関で1年以内に退職した元社員ではないか、必ず確認されたい。

派遣先の都合により派遣契約を解除する場合には、派遣先には次の措置が義務付けられている。中途での契約解除にならないよう、契約期間や内容を十分検討されたい。

①派遣労働者の新たな就業機会の確保
②休業手当などの支払いに要する費用の負担　など

派遣先が違法派遣と知りながら派遣労働者を受け入れている場合、違法状態が発生した時点において、派遣先が派遣労働者に対して労働契約の申込み（直接雇用の申込み）をしたとみなされる。派遣労働者の業務の内容のチェックや派遣会社の厳選等が必要である。

なお、労働契約申込みみなし制度の対象となる違法派遣とは、次のような場合である。

①労働者派遣の禁止業務[※3]に従事させる場合
②無許可の事業主から労働者派遣を受け入れた場合
③派遣可能期間を超えて労働者派遣を受け入れた場合
④いわゆる偽装請負の場合

※3　派遣契約が禁止されている業務とは、下記の業種である。
①港湾運送業務
②建設業
③警備業務
④病院等における医療関係業務　（ただし、紹介予定派遣・産休等代替。僻地の医師等除く）
⑤弁護士・税理士・社会保険労務士等のいわゆる「士」業務（一部例外あり）

e．紹介予定派遣

派遣期間終了後、派遣元から派遣先に、派遣社員を職業紹介することを予定して派遣就業させるもので、紹介予定派遣の場合に限っては、派

遣就業開始前の面談や経歴書の送付および求人条件の明示や採用の内定等を行うことができる。ただし、派遣受入期間は最長6ヵ月までとなっている。また、紹介予定派遣の労働者に対しては、採用後、試用期間を設けることはできない。

f．均等・均衡待遇

働き方改革関連法に基づき労働者派遣法が改正され、パートタイム労働者や有期雇用労働者と同様に派遣先の正規雇用労働者との均等・均衡待遇の確保が義務化（派遣先は派遣元に待遇情報の提供義務化）された。

ただし、一定要件（同種業務の一般の労働者の平均的な賃金と同等以上の賃金であること等）を満たす労使協定による待遇でも可能とされている。この改正の施行は2020（平成32年）4月1日である。

❼ 職場の安全衛生

A．安全衛生

事業者は、労働災害を防止するために、労働安全衛生法で定められた最低基準を守るだけではなく、快適な職場環境をつくり、労働条件を改善することで、労働者の安全と健康を守らなくてはならない。

労働者も労働災害を防止するために必要な事項を守り、会社が実施する労働災害防止の措置に協力するように努めなければならない。労働安全衛生法では、事業主が講ずべき措置を次のように示している。

a．安全衛生体制の確立（労働安全衛生法10条～19条）

一定規模以上の会社では、総括安全衛生管理者、安全管理者、衛生管理者、安全衛生推進者、産業医等を選任して、事業場内の安全衛生管理体制を確立しなければならない。

具体的には、金融機関では、行職員が常時50人以上の営業店では、衛生管理者（毎週1回以上の巡視義務）と産業医（毎月1回以上の巡視義務[※]）を選任し衛生委員会（毎月1回以上開催）を設けなければならない。常時10人以上50人未満の営業店場では衛生推進者を選任しな

ければならない。

※毎月1回以上の巡視は、産業医に対して長時間労働者に関する必要な情報や衛生管理者の職場巡視の結果等が定期的に提供され、回数についての事業主の同意が得られた場合には、2ヵ月以内ごとに1回以上にできる。

b．労働者の危険又は健康障害を防止するための措置（同法20条～36条）

労働者の危険又は健康障害を防止するために、必要な措置を講じなければならない。

具体的には、労働者を就業させる建築物その他作業場の保全ならびに換気、採光、照明、保温・保湿等、労働者の健康、風紀および生命の保持のために必要な措置を講じなければならない。

c．労働者の就業にあたっての措置（同法59条～63条）

労働者を雇い入れたときまたは労働者の作業内容を変更するときには、安全衛生教育を行わなくてはならない。

具体的には、クレーン運転など一定の業務については、免許を有する者、一定の技能講習を修了した者でなければ就業させてはならない。また、中高年齢者など特に労働災害を受けやすい者については適正な配置をするように努めなければならない。

d．労働者の健康の保持増進のための措置（同法65条～71条）

労働者を雇い入れたときや継続雇用するときには、定期健康診断を行わなければならず、事業場の業務が危険有害業務である場合は、特別な健康診断を行わなければならない。また、有所見者については、健康保持のために必要な措置について医師等の意見を聴き、労働者の実情を考慮した上で適切な措置を講じなければならない。

なお、省令に定める（時間外・休日労働が1ヵ月あたり100時間※を超え、疲労の蓄積が認められる）長時間労働者については、労働者から申し出があれば、医師による面接指導を行う必要があります。

※100時間は省令の改定により、2019（平成31）年4月から80時間に変更される。

> **参考:一般健康診断の種類**
>
> 一般健康診断には次の6種類がある。いずれも、実施だけではなく、健康診断の結果を記録し5年間保存すること、労働者へ結果を通知すること等の義務が事業主に課されている。
>
> なお、常時50人以上の労働者を使用する事業者は、定期健康診断を行ったときは、遅滞なく、定期健康診断結果報告書を所轄労働基準監督署長に提出しなければならない。

(図表2-33) 一般健康診断の種類

種 類	受診対象者	実施時期
①雇入れ時の健康診断	常時使用する者	雇入れ時
②定期健康診断	常時使用する者	1年以内ごとに1回
③配置換え時の健康診断	特定有害業務従事者	配置換えの際、6ヵ月以内ごと
④海外派遣労働者の健康診断	海外派遣労働者	6ヵ月以上海外派遣する場合、または派遣された者
⑤結核健康診断	結核の発病のおそれがある者	発病のおそれがあると診断されてから6ヵ月後
⑥給食労働者の検便	給食労働者	雇入れ時、配置換え時

(出所)「事例でわかる労務リスク・マネジメントコース」(経済法令研究会) Text.1

> **参考:パートタイマーに対する定期健康診断**
>
> 法的には、事業者が医師による健康診断を行なわなければならない対象労働者とは下記の2つの要件を満たす者となっている。ただし、一部の金融機関では、受診対象者の範囲を広げているので自行庫の規程に従う必要がある。
> ①期間の定めのない労働契約により雇用される者、または期間の定めのある労働契約により雇用される者であって、契約期間が1年以上(特定業務に従事する場合は6ヵ月)である者、契約更新に

より1年以上雇用されることが予定されている者・雇用されている者
② 1週間の所定労働時間が、同じ事業所において同種の業務に従事する通常の労働者に比べて4分の3以上である者

d．心理的な負荷の程度を把握するための検査等（同法66条の10）

2014（平成26）年に労働安全衛生法が改正され、ストレスチェック

（図表2-34）定期健康診断とストレスチェック制度のポイント

	定期健康診断	ストレスチェック制度
目的	労働者の安全と健康の確保とともに、快適な職場環境の形成を目的とする	メンタル不調を未然に防止する一次的予防を目的とする
対象事業所	全事業所	50人以上の事業所は義務（50人未満は努力義務）
実施方法	1年に1回実施	1年に1回実施。定期健康診断と同時に実施可。ただし、本人に直接通知
受診義務	有	無
事後措置	異常の所見がある労働者に、事業者は、医師等の意見を聴取し、就業上の措置を行う	「高ストレス者」で申し出た者について、医師による面接指導を実施し、事業者は、医師等の意見を聴取し就業上の措置を行う
保存・届出	保存：5年間保存義務 届出：労働基準監督署へ届出義務（50人未満の事業所は届出義務無）	保存：労働者の同意を得た場合は、事業者が保存可。同意を得られない場合は実施者か実施実務従事者が5年間保存義務 届出：労働基準監督署へ届出義務

（出所）「事例でわかる労務リスク・マネジメントコース」（経済法令研究会）Text.1

（図表 2-35）ストレスチェック制度の流れ

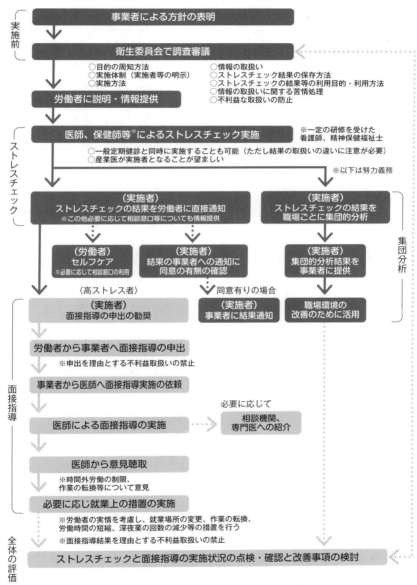

（出所）労働安全衛生法に基づくストレスチェック制度実施マニュアル

と面接指導の実施を義務づけるストレスチェック制度が創設されました（2015（平成27）年12月1日施行）。

　この制度は、定期的に労働者のストレスの状況について検査を行い、本人にその結果を通知して自らのストレスの状況について気付きを促し、個人のメンタルヘルス不調のリスクを低減させるとともに、検査結果を集団ごとに集計・分析し、職場におけるストレス要因を評価し、職場環境の改善につなげることで、ストレスの要因そのものも低減させるものである。さらにそのなかで、メンタルヘルス不調のリスクの高い者を早期に発見し、医師による面接指導につなげることで、労働者のメンタルヘルス不調を未然に防止する取組みである。

　なお、定期健康診断とストレスチェック制度のポイントは（図表2－34）、ストレスチェック制度の流れは、（図表2－35）のとおりである。

B．労災保険

a．労災保険のしくみ

　労働者が仕事のうえでの怪我、病気には、会社は労働者の治療費を負担しなければならない。また、それがもとで働けなくなったために賃金を得られないときには、労働者に平均賃金の6割の休業補償を支払わなければならない（労働基準法75条、76条）。ただし、労働災害が発生したとき、会社に十分な支払能力がない状況で、大きな事故で補償が多額にのぼり、支払が困難になることがあるかもしれない。そこで、労災保険（労働者災害補償保険法）では、日頃から、会社が保険料を納めて、災害が発生したときは、そこから補償を行うように定めている。

　つまり、労災保険は労働者が仕事のうえで怪我、病気、死亡、また通勤の途中で事故に遭ったときなどに、国が事業主に代わって必要な補償を行う保険である。労災保険料は事業主のみが負担する。労災保険の加入は、事業主や労働者の意思にかかわらず、原則的には、パートタイマー、アルバイト等を問わず、労働者が一人でも雇用するすべての事業主に義務付けられている。

なお、補償を受けるためには、労働基準監督署長が労働災害であると認定した場合に限られる。認定されるためには、次の要件が必要である。

①業務遂行性……労働者が労働契約に基づいた事業主の支配下にある状態（作業中だけではなく、作業の準備行為・後始末行為・出張中などの場合も「業務」とみなす）において発生
②業務起因性……業務と傷病との間に一定の因果関係が存在

b．通勤災害とは

労働者が通勤途中で被った負傷、疾病、障害または死亡をいう。この場合の「通勤」とは①住居と就業の場所との間の往復、②就業の場所から他の就業の場所への移動、③単身赴任先住居と帰省先住居との間の移動を合理的な経路および方法により行うことをいい、業務の性質を有するものを除くとされている。

往復の経路を逸脱または中断した場合には、逸脱または中断の間およびその後の往復は「通勤」にはあたらない。ただし、逸脱や中断が、日常生活上必要な行為であって、やむを得ない理由（例えば、日用品の購入や病院・診療所での診療や治療を受ける場合など）で行う最小限のものである場合には、逸脱又は中断の部分を除き「通勤」となる。

c．労災保険からのおもな給付内容

労災保険の請求手続きは、労働者本人またはその遺族がおこなうことになっている。

業務災害または通勤災害による保険からの給付の内容は次のようなものがある。

　ア．療養補償給付（通勤災害の場合は療養給付）
けがや病気が治るまで、労働者が無料で診療や治療が受けられる。

　イ．休業補償給付（通勤災害の場合は休業給付）
けがや病気がもとで労働者が働けなかったために賃金が得られないときには、働けなくなった日の4日目から休業（補償）として給付基

礎日数の 60％相当額、休業特別支給金として 20％相当額が支給される。（業務災害による休業の場合、労働基準法 76 条に基づいて休業の最初の日から 3 日分は会社が平均賃金の 60％を補償する。）

ウ．傷病補償年金（通勤災害の場合は傷病年金）

けがや病気が、治療を開始してから 1 年 6 ヵ月を経過しても治らないときなどに、それまで支給されていた休業補償給付は打ち切られ、傷病による障害の程度に応じて年金が支給される。このほかに傷病の程度に応じて傷病特別支給金が支給される。

エ．障害補償給付（通勤災害の場合は障害給付）

けがや病気が治っても障害が残ったときには、その程度に応じて障害（補償）年金あるいは障害（補償）一時金が支給される。このほか障害の程度に応じて障害特別支給金が支給される。

オ．遺族補償給付（通勤災害の場合は遺族給付）

死亡した場合は、遺族（補償）年金、あるいは遺族（補償）一時金が支給される。このほかに遺族特別支給金が支給される。

第3章
業務管理

　金融危機以降の業界再編、規制緩和や相互参入の自由化による金融サービスの多様化、国際的な自己資本比率規制の強化等の環境変化に加え、デジタライゼーションの広がりや高齢化の進展といった急速な社会環境の変化は、金融機関に自行庫の存立を問う経営活動の革新と競争を促すものである。個々の金融機関においては、自己責任を原点に顧客の金融ニーズにいかに対応していくかということに尽きるが、社会や地域における存在意義など、その経営格差が鮮明となって選別が加速する時代となってきている。

　そして、金融サービスを底支えする業務運営体制の優劣も信用基盤としての顧客の信頼感・安心感やコストの側面から経営格差を生じさせる大きな要因となる。優れたマーケティングと商品開発力で洗練されたサービスを提供できたとしても、事務ミスや事故・トラブルが絶えないような金融機関は、決して顧客から支持を得られないであろう。また、システム維持費用と並び人件費が最大のコスト項目である以上、非効率な業務運営に問題意識をもたずにいたのでは競争力を持ち得ないであろう。

　「利用者の保護と利便性を同時に目指す」とするビジョンに見るとおり、近時の金融行政は、詳細なルール準拠の形式チェックを廃し、ルールの実効性とプリンシプルに基づく自主的な取組みとのバランスを志向している。金融機関には堅持すべき安全性とともに技術の進展や社会の変化に合致した革新性が求められ、営業店の経営層・管理者においても、「変えてはならないもの」と「変えなくてはならないもの」を十分に踏まえたうえで、堅牢かつスリムな業務運営体制を構築する責務を負うこととなる。

　本章では、かかる態勢整備を推進するうえで欠くことのできない「業務の堅確性」、「オペレーショナル・リスク」、「業務改善と効率化」、「金融業務に係るコンプライアンス」、「顧客保護」等の営業店業務管理の要点を考察する。

1 業務管理の基本

営業店における業務管理の要点各論に入る前に、営業店の経営層・管理者に求められる「業務管理」の意義と機能について整理する。

I 業務管理の意義

　「管理」に関する定義はさまざまであるが、金融業界において一般的に理解されているところでは、「組織の機能を最大限に発揮させることによって、組織の目的や目標をなしとげる技術」であるとされる。そして、営業店の経営層・管理者は、その組織の中にあって主導的責任を負うこととなる。

　すなわち、自店が目指す長期的・短期的経営目標を策定するとともに、配下行職員が行動できるように事前に行動指針を定め、細かく指示を与え、部下が与えられた方針や指示と違った方向をとったときには、それを是正し、決められた方向に導くなど、いわゆる計画・実施・統制の具体化を担うことが求められる。

　金融機関の営業店は、ある意味で矛盾満載の職場であるとの見方がある。「業容を拡大せよ」という至上命令に「要員の圧縮・時間外勤務の削減」といった条件がつき、「業務を正確に執れ」という反面で「迅速に処理せよ」といった要請がある。しかし、これらの矛盾する課題をそのまま配下行職員に示達するわけにはいかず、何らかの転換なり受け入れられるだけの措置を施さなくてはならない。

　つまり、自行庫の経営計画や目標が本部から示達されたら、営業店の経

営層・管理者は、自店の顧客や戦力を踏まえて矛盾する課題の解決策を模索し、部下とコミュニケートし、目的達成の原動力となることが求められる。「矛盾を解決すること」が業務管理のキーポイントであるといえよう。

Ⅱ 業務管理の機能

　物事をうまく実施し、よい結果を得るためには、あらかじめ、確かな計画を立て、実施した結果が、その計画との間にどのような差異があるかを早めに掌握して対策を打つことが求められることはいうまでもない。業務の遂行においては、計画と統制を行うためにそれを管理する機能が必要となる。

　業務管理を進めるうえで、ＰＤＣＡ（plan：立案・計画、do：実施、check：検証・評価、action：改善・見直し）のサイクルを継続的に回していくことが有益といわれている。業務管理を捉えるうえで、ＰＤＣＡサイクルといった動的な流れで組織の向上を図ることも大切である。

　金融の自由化や数々の規制緩和などにより、金融機関業務は多様化し複雑化する一方、取引層の増大もあって、業務量は増加の一途をたどった。これら質の多様化・量の増大化する業務に対して、金融機関はコンピュータ・システムの増強などで対処してきたが、金融危機以降の長期にわたる経済の停滞により経営環境はますます厳しさを増し、旧来の金融慣行や事務手続では対応できない状況を迎えている。

　金融庁が公表する「金融サービス業におけるプリンシプル」では、その原則の第一に「創意工夫をこらした自主的な取組みにより、利用者利便の向上や社会において期待されている役割を果たす」ことが掲げられている。営業店の経営層・管理者においても、従来の慣行や手続きにとらわれない業務運営の改革や体制の再構築に自ら取り組むことが求められる。

　自店において、管理が正しく理解されず、形式的・保守的で実効性と効率性を欠くものとなっていることはないかをチェックすることも必要にな

ろう。営業店という業務組織が、たんに人のみの集団にとどまらず、機械その他、金・物・情報・時間などの資源を含めて有機的な連携関係にあることを考えれば、管理とは、一定の目的・目標を達成させるために、その手に委ねられた各種資源を余すことなく活用し発展させる技術と理解されたい。

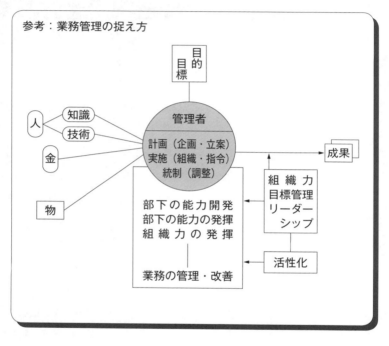

2 業務の堅確性の維持・向上

> 業務が堅確に処理されているかどうかは、営業店の経営において基礎的な要件のひとつであって、営業店の経営層・管理者にとっても基本的な職務にかかわる重要な課題である。業務処理が堅確性を欠くときは、直接的には事務効率が低下し、事故・トラブルの発生を誘い金融機関の信用にも影響を与えるなど、営業店の経営にとって後向きの要因が重なる一方で、業務推進上でも大きなブレーキとなる。これらのマイナス要因が日常業務の中で、できる限り発生しないように業務規範の周知徹底を通じて、ムダ・ムリ・ムラのない業務遂行をするうえでの環境を整えることが先決条件となる。本節では、営業店業務に内在するオペレーショナル・リスクに焦点をあて、業務の堅確性を維持・向上させるための管理上の要点を整理する。

I 業務規範の遵守と基本動作の徹底

　業務規範は業務能率と事故防止の相反する要請の調和と顧客サービス等営業関係の調整のうえに立って策定されている。店内の行職員に規範を十分に理解させ、忠実に守らせることは、管理者の重要な責務である。

❶ 業務規範の理解と実効性の確保

　業務規範は、当該業務のリスクをミニマイズするとともに効率的な運用がなされるよう設計されている。また、規範に則った運用が確保されるならば、誰がその部門の担当となっても誤りなく同じ処理が行われ、業務を

標準化させる機能を持つ。

　したがって、管理者には配下行職員の1人ひとりに担当業務に係る業務規範を十分に理解させることが求められるが、たんに規範の読み合わせを指示するような対応では、その徹底を図ることは難しい。

　大切なことは、どうしてそのような規範となっているかということの理解である。

　例えば、1つひとつの事務手続には、必ず法律的な理論や根拠、金融機関としての方針や考え方が裏づけとなっている。このような背景まで承知されていれば、規範に示されないような突発的なケースが生じた場合にも的確な対応がなされるほか、さらに効率的な業務運営に変えていく等の業務改善への意識も生じるものである。

　特に、異例判断などの応用動作や部下の教育指導を担う管理者においては、規範について一層の深度ある理解が求められる点に留意されたい。「行間の極意を読みとれ」という言葉は、規範の行間に隠れている背景・根拠こそ真の教えを果たすものとの示唆であろう。

　なお、規範は原則として当該金融機関一律のものとして設計されているが、自店の立地条件や顧客構造、要員数など固有の事情から特別な業務処理をすることが適切な場合もある。

　このような場合には、規範の背景、すなわち当該業務に内在するリスクとリスクを抑止するための統制の要件を十分に検討したうえ、本部への稟議手続を経てオーソライズを受け、あるいは店内ルールを策定して、自店の実状に合った業務処理体制を工夫・強化し実践的なものとすることが必要である。

　規範に基づき配下行職員の業務運営を正すとともに、必要に応じてムダ・ムリ・ムラの観点等から「守れない規範」を正して業務運営を改善させることも、実務の長である営業店経営層・管理者の重要な役割である。

❷ 業務管理と教育による業務規範の浸透

　業務規範に係る教育の対象は、一義的には新入行職員等の業務新任者が中心となろう。

　管理者は、「規範自体を知らない」、「頭では理解しているが、取り扱ったことがない」、「取り扱ったことはあるが、まだ自信がない」等、配下行職員1人ひとりの理解レベルを把握しながら、実務を通じた訓練を重ね、業務規範に基づく業務運営の習得を推進しなければならない。

　一方で、ベテランの中堅行職員にも、往々にして慢心や緊張感の不足による基本動作の欠如が見られることにも注意を払いたい。「面倒くさい」とか「たかをくくる」といった類であるが、信用を基盤とする金融機関の業務において、基本をないがしろにした応用動作ほどおそろしいものはない。

　実務上、業務規範に則さない業務処理を行わなければならないケースもありえるが、係る取扱いは規範の背景・根拠を十分に理解した管理者の判断と権限者の承認の下で行うべきものである。業務多忙等を理由とした安易な手抜き処理や後づけ処理の放置は、規範遵守の浸透を阻害するとともに、いずれ実際に事故・トラブルを誘発させる。

　管理者は、事故・トラブルの原因に必ず「基本動作の欠如」があげられる現実を踏まえたうえで、中堅行職員に対しても自意識過剰を戒め、基本動作の励行を率先するよう指導・監督することが肝要である。

II 事務リスクと管理の要点

　金融庁の「監督指針」によれば、事務リスクは「役職員が正確な事務を怠る、あるいは事故・不正等を起こすことにより金融機関が損失を被るリスク」と定義され、システムリスクとともに金融機関業務におけるオペレーショナル・リスクの中核をなすものとされる。

本項では、事務リスクとそれに対応する統制について、営業店管理者が直接に係わる項目を中心に考察する。

❶ 承認取引の取扱い

精査や検印は、形式的、表面的であってはならず、実質的で厳正に行うことが求められる。精査や検印を担う者自身が業務に追われて、精査・検印が本来の機能を発揮できないことがないような態勢の整備は、営業店長のマネジメントの要諦のひとつである点にも留意したい。

A．ロジカルチェック機能

オンライン・システムを中心とする金融機関の事務システムでは、取扱業務をノーマル処理とアブノーマル処理に分別し、ノーマル処理についてはシステムのロジカルチェックにより、担当者の単独処理を可能として業務効率を高めている。

そして、アブノーマル処理については、内容に応じ「取扱い自体を不可とする」、「管理者の承認・確認を求める」、「第三者の確認（精査・再鑑）を求める」等の統制が付される。なお、承認は一般的に当該システム処理前または処理中にシステム上で行うが、確認は別途出力される管理資料により事後的に行う場合もある。

このような取扱方法の分類は、検出項目のリスク内容に応じて設計されており、承認者や確認者は当該リスクと統制の機能を正しく認識のうえ対応することが必要である。

B．「確認（精査・再鑑）」の機能

第三者による確認には、主に２つの機能がある。

ひとつは、「人間は過ちを犯す動物」という前提に立って、システムへの入力オペレーションミス、伝票転記ミス、札勘定ミス等のヒューマン・エラーを防止するものである。

もうひとつは、権限者の承認有無など一連の業務処理が適切に行われたことを別人格が確認するものであり、不正防止を含む相互牽制機能である。

いずれにしても、管理者においては、配下行職員に「確認を求める業務処理には、排除すべきリスクが内在していること」、「確認行為を行うことは、処理内容についての責任を共有すること」等を十分に認識させ、馴れ合いによる形骸化等が生じないような教育・指導を徹底されたい。

C．「承認」における管理者判断

　「承認」の機能は、前述の「確認」とは大きく異なることに留意する必要がある。

　「承認」は、担当者段階による単独処理を許さない特別な処理（例えば「過振り」）の適否を判断し、自らの権限を行使するものである。当然ながら相応のリスクを含むことが明らかな取引処理であり、承認責任を認識のうえ、リスクと状況に基づく適確な判断を下すことが求められる。

　「承認」は管理者固有の本来業務であり、承認印や承認キー（カード）を他人に預けて承認行為を任せたり、多忙を理由に事後承認を黙認することは、管理者としての業務を放棄することにほかならない。

　配下の行職員を信頼せずには営業店業務は成り立たないが、管理者が部下に「信頼する」という言葉で、これを統制し監督する力を弱めるとしたら、明らかに過ちを犯すことを覚悟しなければならない。信頼するということは、「定められた組織を実現し手順を正しく実行していく基盤の上に築かれるべき人間関係」であることを肝に銘じたい。

❷ 異例扱い（便宜扱い）

　金融機関はサービス業の建前から、顧客の要望に応じて、所定の標準的な手続きによらないで業務処理をするケースが生じることがある。コンシューマリズムの高まりや業務に対する価値観の変化から、金融機関のサービス機能や所定の手続きそのものも、時代に即して常に今日的でなければならないが、誤ったサービス感覚から、異例扱い（便宜扱い）を恒常化させることには多くの問題が内在するという認識が必要である。

A．異例扱い（便宜扱い）の問題点

異例扱い（便宜扱い）には、以下のとおり、2つの意味で問題があるとされている。

a．事故懸念事案としての見方

異例扱い（便宜扱い）の許容にあたっては、正当な手続きを踏んでいないために生じる事故への懸念を念頭に置く必要がある。手続的に瑕疵があるために、事故に発展したときに金融機関の立場が弱く、実損に結びつく可能性がある。異例扱い（便宜扱い）の承認を経ることにより、一見いわゆる不備事項とは異なるような錯覚に陥りがちだが、これは「管理された不備事項」であり、本来あってはならない不備事項と紙一重の危険度の高いものである。

また、管理者においては、安易な異例扱い（便宜扱い）の許容や常習化が業務規範の軽視を通じて業務運営体制の根幹を揺るがすような乱れを誘うことについても留意すべきであろう。

b．非効率業務としての見方

異例扱い（便宜扱い）の許容にあたっては、前述の潜在的な事務リスクに加え、業務効率の側面からの考察を要する。

通常の事務処理とは別に、取扱い許容の承認手続を経たうえ、事後の整備など二重三重の手続きと管理を必要とし、経営効率を低下させる非効率業務であるとの認識が求められる。

B．取扱いにあたっての留意事項

異例扱い（便宜扱い）許容の判断は、前述の問題点を踏まえつつ、定められたしかるべき権限者（営業店長・管理者）によって行われなければならない。

権限者においては、規程に示す標準手続に反する異例扱い（便宜扱い）は行わないという原則を堅持し、とかく顧客サービスを至上命題として安易に流れやすい点も考慮のうえ、厳正なチェックが求められる。また、やむを得ず取り扱う場合には、規程に示す手順に基づき、関係管理帳票への

記録、事後の補完措置等を配慮し、権限者の事前承認を経て行う。

権限者の許容判断にあたっては、例えば、以下の要件が考慮されるべきである。

> ①身元が明らかな取引先本人（法人であれば代表者）からの申し出であること。また、本人の意思確認がしっかりと行えること
> ②申出事由が納得できること
> ③甚大な経済的リスクが発生する可能性がないこと
> ④後日紛争となる危険がないこと
> ⑤早期に規程に則った補完措置をとることが確実であること
> ⑥必要な証拠書類を徴求することが可能であること
> ⑦許容することによりコンプライアンス上の問題が生じないこと
> ⑧習慣化することなく、業務運営上の阻害要因とならないこと、等

なお、取引先の事情によっては、その申し出が真にやむを得ない場合もあり、いたずらに短絡的・形式的な拒否反応を示すことは得策とはいえない。営業関係へも配慮し関係者と協議のうえ、慎重に対処することも大切な事柄である。

❸ 自店検査の運営

日常的な業務処理の過程でのチェック・システムが、所期の目的どおり機能し実行されているかということを見直すのに、一般に自店検査（店内検査）という制度が用いられる。

A．自店検査の位置付けと機能

自店検査は、営業店の自店管理の原則に立って制度付けられており、本部検査とはその趣旨が異なる。

自店検査には、たんに業務処理のチェックとしての有効性があるということではなく、管理者が自店検査によって自店の業務処理上の不備が起こっている実態を把握し、その対策を立てるという意味での効用がある。

すなわち、検査の実施、不備の摘出・補完で自店検査の目的が達せられるものではなく、それらの実態を把握したところで自店の業務処理上のウィークポイントを発見し、改善のための諸対策を打ち出すことが自店検査制度における管理者の役割であるといえよう。

　自店検査が効果的に運営されれば、業務に係る知識不足や誤った理解、体制補強の必要性等の問題点が早期に把握され、改善が図られる。結果として、本部検査の成績も概して良好となる。

　一方で、自店検査における不備摘出が皆無でありながら、本部検査にて多くの不備が摘出される場合には、事務運営のレベル評価にとどまらず自店管理の態勢自体の瑕疵が懸念されることとなる。本部の臨店検査は、自店検査を含めた営業店のチェック機能を、本部の専門的な観点から検証するものである。

B．運営上の留意事項

　一般に自店検査は、営業店長の責任と権限の下で実施されるが、検査員・検査項目・検査方法・結果報告などについて本部からガイドされている。

　例えば、現物照合・諸勘定照合を主体とした定例検査と全店共通的なミスの多い項目、事故につながりやすい項目を重点的に絞り、かつ、各営業店の実態に合わせて任意に計画的に選択する特別検査、さらに営業店長の更迭時の臨時検査などがある。いずれにおいても、定められているから仕方なしに実施するとか、お義理・形式的に実施するのでは、自店検査の意味をなさない。

　自店検査の機能を十分に発揮するためには、組織と方法を確立しておくことも大切であるが、それにも増して検査に従事する管理者や行員の態度・心構え・検査活動こそ重要なポイントとなる。

　営業店長においては、指名時に趣旨説明を行う、実施状況を視察する、「不備なし」の報告については証跡の提示を求める、等を通じて厳正運営の徹底を強く動機付けていくことが必要であろう。

　また、管理者においては、自店検査の中心勢力となり、内部の諸規程を

熟知して常に新しいチェック・リストを準備し、旺盛な責任感を持って公正無私の行動を貫き、支店長の信頼に応えることが望まれる。

> 参考：自店検査の適切性の要件
> １．営業店等における、事故や不正等の未然防止を防ぐために、実施基準・要領に基づいて定期的または必要に応じて随時、実効性のある自店検査を実施する。
> ２．自店検査の結果等について、自店検査の実施者から、定期的または必要に応じて随時、事務統括部門および内部監査部門に対して報告する。
> ３．自店検査の結果を、業務運営の改善や役職員の知識向上に活用する。

III 業務上の事故とその防止

堅確性を基本とする金融機関業務において、事務事故・不祥事件などは起きてはならないものである。一度このような事件が起きると、顧客の信用は確実に失われる。

ひと昔前には、ちょっとした事務ミスによって顧客が迷惑を受けても、「銀行でも間違うことがあるのですね」ということで一件落着し、トラブルにまで発展してその収拾に苦慮することは稀であったが、昨今は、事務ミスはもとより窓口の応対に少しの不行届きがあっても、顧客本人あるいは代理人と称する者等を通じて金融機関の責任をとがめ、損害賠償や慰謝料を請求することも少なくない。また、中には、故意に事務ミスを誘うように仕組んだり、無理難題をぶつけてくるようなケースさえある。

まさに時代の流れかもしれないが、行職員はこのような時代環境の中で業務を処理しているという認識を高める必要があろう。

本項では、営業店における各種事故の要因とその防止策を考察する。

❶ 現金・現物の管理

　金融機関業務における取扱い粗漏による過失事故の例は、記帳ミス・口座相違、諸届登録相違、不渡り取扱相違、利息適用相違、担保設定相違・漏れなど多岐にわたるが、日常業務を通じて常に厳格な管理が求められるものとして、第1に現金と現物の取扱いがあげられる。

A．厳正な取扱いの必要性

　現金取扱いは、金融機関業務を遂行するうえで、欠かすことのできない業務である。現金取扱いには、初鑑・再鑑時の基本動作、収入・支払いに際しての金種類記入、正確な紙幣計算機・硬貨処理機の操作、顧客との授受にあたっての合札の使用と氏名・金額の確認、他係との資金授受時の記録による確認等の基本事項があって、これらの徹底を欠くときには、誤払い・別人渡し・現金過不足等の事故が発生する。

　これらは、IT・システムの進展によっても解消できない営業店業務固有のリスクである。一方で、新入行職員やパート職員の比率が多勢を占める近時の営業店体制においては、かつての金融機関における常識が必ずしも通じないという事情もあり、管理者としては「現金その場限り」の金言どおりの現金の堅確な授受を意識の中に浸透させる配意が従来以上に求められる。現金に準ずる手形・小切手などの諸証券も、現金同様に慎重な取扱いを要することはいうまでもない。

　重点管理を要する現物には現金・諸証券のほか、手形・小切手用紙、預金通帳・証書等の帳票類があり、これらの日常における使用管理・在庫管理も厳正に行う必要がある。これらはすべて管理者自らの業務でもあるが、業務終了後の扱い数の管理・書き損じ分の廃棄方法の徹底と確認、在庫分の管理など、発行記録と現物の突合せを通じて、毎日厳正に確認しなければならない。

B．紛失・過不足発生時の対応

　本来あってはならないことであるが、取扱者の勘違いや現金機器の不具

合などさまざまな要因によって、現金の過不足や重要帳票類の紛失事故は発生する。

営業店経営層・管理者にとって重要なことは、このような事実があった場合には、速やかにその情報が伝達され、能率のよいトレースや善後措置がとれるよう、日頃からルールを確立しておくことである。担当者限りの安易な対応や報告の遅滞は原因究明の妨げとなり、いたずらに事態を混迷させる。

また、紛失や過不足が懸念事象の段階でも、本部所管部門には迅速に一報を入れ、必要に応じてサポートを求めることが肝要であり、自店の評価へのマイナスから報告を躊躇するような態度は、厳に謹むべきである。

❷ 店舗外取次ぎ業務の管理

渉外業務の管理については、ややもすると預金や融資の推進など業績面の成果にウエイトが置かれがちであるが、管理者の目の届かない店舗外で高額現金や重要書類等を取り扱うことから、事故・トラブル未然防止の観点より店内業務以上に厳正かつ適確な管理が求められる。

A．適切な授受・保管手続の徹底

渉外担当者が顧客から現金や通帳類を預かる場合には、所定の預り証を適正に交付するとともに、店内各係との授受も授受簿を介して行う。顧客返却時には、所定の受取証等の受領または預り証の回収を行う。

また、顧客返却時までの保管についても管理簿等に記録のうえ、規程に則り管理者または第三者の確認を受ける。無記録保管・自宅持ち帰り等は問題外であるが、長期未処理保管や返却遅延についても顧客の不信を招き、トラブルに発展することに注意したい。

B．管理上の留意事項

日頃より手続遵守の教育指導を徹底するとともに、顧客からの取次受付、店内各課との授受、処理済み物件の保管・返却といった一連の工程において、規程に則った業務運営がなされていることを厳正に点検することが求

められる。業務知識と経験が不足する若手行職員の取扱いには、特に丁寧な管理を通じて早期定着化を図るとともに、ベテラン担当者にも「慣れ」による手抜き処理を生じさせない配意が必要である。

具体的には、帰店時の抜打ち動態点検等を通じて日常の手続遵守状況を管理者自身が確認するほか、担当者との同行訪問および不定期に管理者が単独訪問を実施して実効性の高い管理を徹底することが肝要であろう。

信頼すれども検証を怠らずという姿勢が必要になる。適切な業務管理による規律の徹底は、部下や自店を守るとともに顧客の信頼を高めるものであり、管理者の重要な職責である。

❸ 不正行為の要因と防止策

米国の組織犯罪研究者ドナルド・クレッシー（Donald R. Cressey）は、不正行為の発生要因として、「動機・プレッシャー（他人に打ち明けられない金銭問題等）」、「機会（不正行為を行っても発見されない）」、「正当化（『すぐに戻せば問題ない』等の理由付け）」の３点（＝不正のトライアングル）をあげている。

発覚した不正行為の検証を通じて、不正行為者に加えてそれを防止できなかった職場や、上司の問題点が必ず指摘される現実を踏まえれば、管理者は配下の行職員が不正行為に及ぶことを断じて許さないよう、多方面からの配意が求められることを改めて肝に銘じるべきであろう。

A．不正行為の要因

　a．動機的側面

不正行為に及ぶ者は、生活態度・生計や業務のうえで何らかの問題点や悩みを抱えている。背景は多種多様であるが、基本的には本人の性格とりわけ自己をコントロールできない弱い性格によることは否定できない。

〔生活態度・生計から〕
①生活の基本が乱れて酒・賭事など遊興飲食費がかさんだ
②本人や配偶者の生活が派手で、生活の収支が見合わなくなった
③本人・親族等の病気や事業の倒産によって借財ができた
④無理なマイホーム計画や、株式・不動産投機のため多重債務に陥った
⑤異性関係から金銭が必要となった　等
〔業務から〕
①特定取引先と癒着し、融資・債務保証・各種取引の異例扱いを重ねるうちに、ずるずると相手ペースに取り込まれた
②事務ミスや出納不足金を隠蔽しなくてはならない　等

b．機会的側面

　本来、金融機関においては不正な取引処理を排除するチェック機能や監査機能が構築されるべきであるが、個別の業務領域や勘定処理について長期間にわたって特定の担当者に任せ切りであったり、上司や第三者によるチェックが形式的で機能しない等の統制環境の不備・劣化は往々にして不正行為を可能とさせる。さらに行為者にして「不正は発覚しない」と確信し得る状況においては、事故を誘発させる大きな要因となる。

c．正当化の側面

　不正行為に及ぼうとする者は、良心の呵責や発覚の恐怖に苛まれつつも行動に移す際に、心の内に自らの行為を正当化させる理屈を作る。例えば、人事考課・配置への不満から「自分は本来この程度の報酬を得てもよいはずだ」とか「会社・上司が悪いからだ」とするもの、倫理規程・業務規範の軽視から「後で戻せば誰にも気付かれないし、迷惑も掛けない」とするもの等である。いずれも極めて身勝手なものであるが、個人の資質・性格とは別に人事管理の適否や職場におけるモラールの状況との相関が想起される点に留意したい。

B．不正行為の防止

不正行為の発生は、行為者のみならず職場全体に甚大な影響を及ぼす。営業店の経営層・管理者においては、配下行職員に対し「動機を持たせない」、「機会を与えない」、「正当化させない」ような管理と教育指導を日々実践することが求められる。

　a．人事管理

管理者には、人事評価や労務管理にあたり、不正行為防止の側面からの配意が必要である。具体的には、以下のとおりである。

> ①人事評価や配置を適正に実施するとともに、本人へのフィードバック等を通じて無用な不満や理解不足を解消する
> ②定期的な面談や日頃のコミュニケーションを通じて心情・身上の把握と経済生活の指導を行う。「動機」の早期発見と解消に有用である
> ③取引先との癒着や馴合いの防止、業務の属人的運営防止等を踏まえて、人事ローテーションを実施する
> ④連続休暇、研修等による職場離脱期間を確保する。また、当該期間中の業務代行により日常の業務運営状況を点検する趣旨を十分に踏まえた代行運用を行う

　b．業務管理

管理者は、以下により不正行為を許す隙（機会）を与えない業務管理を実践する。なお、配下行職員が関わる業務やシステムの機能について、管理者自身が十分に理解する必要があることはいうまでもない。

> ①日頃より馴合いや惰性を許さない業務規範の徹底を図る。また、便宜扱い等の異例扱いについて厳正に対処する
> ②抜打ち実施など実効性のある自店検査を行い、点検の精度を高めるとともに牽制機能を発揮させる

③不定期の管理者による単独訪問や顧客宛取引照合表出状などの不祥事対策の趣旨と仕組みを理解し、厳正に運営する

　　c．倫理教育とモラールの向上

　管理者が前述による意を尽くしても、プライベートな問題等を掌握することには限界があり、また、発覚をも覚悟した追い詰められた不正行為まで防止できるように、日々の統制は設計されていない。

　したがって、仮に動機と機会があったとしても「不正行為は行ってはいけない」と自ら踏みとどまらせるモラールの維持・向上への努力は欠かせないであろう。営業店経営層・管理者においては、制定されたコンプライアンス・プログラムの励行はもとより、日々の業務管理と店内コミュニケーションを通じて職場全体の意識を高める不断の取組みが求められる。

防犯・防災対策

　金融機関は多額の現金を取り扱っていることから、常に強盗犯の標的となっていることの認識が必要である。また、1995（平成7）年1月の阪神・淡路大震災や2011（平成23）年3月の東日本大震災の例をあげるまでもなく、大地震や風水害などの災害をあらかじめ防ぐことは困難である。

　「備えあれば憂いなし」の例えのとおり、このような不可抗力の緊急事態の発生に対して平素から対応を準備し訓練を重ねておくことが肝要であり、本項では、その要点を整理する。

❶ 防犯対策の基本

　防犯とは犯罪の予防ということで、犯罪を誘発する要因を取り除き犯人に狙われるスキを与えないことである。警視庁の調査によると、犯人は犯

行前に必ず下見をしており、「いらっしゃいませ」の元気な一声で犯行を断念したとの告白もあり、活気のある店頭が防犯対策の第一歩であるとの見方もある。平素から防犯意識に基づいた執務態度とともに、キビキビとした行動など活性化された職場の雰囲気は、防犯対策上のキーポイントであることは間違えなかろう。

　営業店における具体的な防犯対策は、以下の参考のとおり、店舗・防犯設備等のインフラ面の整備、日々の巡回警備や来店客への呼びかけ等の基本動作の徹底、地元警察との連携と訓練の実施、等に整理されるが、常に万全の体制が維持されるよう、管理者はチェック表に基づく点検を励行されたい。

　なお、万一不幸にして犯罪が発生した場合には、顧客と行員の安全を第一義に、冷静沈着に行動し、被害を最小限に食い止める努力をしなければならない。血気にはやって軽率な行動に出ることは慎むべき事柄である。

　また、近時の金融機関を舞台とした犯罪は、銃刀で武装した強盗に限られず、ＡＴＭコーナーに呼び出した高齢者に携帯電話で振込みを行わせる詐欺犯や偽造キャッシュカードによる不正払出しなど、外国人を含む組織的な知能犯のケースが増えている点についても留意し、対策を講じておくことが肝要である。

参考：防犯対策項目

	項　目	実施事項
インフラの整備・点検	防犯設備の整備	店舗外周部適正照明、出入口・窓・シャッターの鍵や鉄格子、通用口のインターホン・ドアスコープ・チェーンの性能などのチェックや整備をする。
	非常通報装置の整備	防犯ブザーや通報ランプ、緊急通報受電専用電話等の適正配置と作動確認・発報点検等を行う。

インフラの整備・点検	その他	監視カメラの適正配置と正常稼動の確認、カラーボールの備付けと充填インクの状態確認、出入口等への身長目測表示、録音機能付電話の適正配置等を行う。
日々の基本動作の徹底	店頭、ATMコーナー、店周の警備	ロビー・ATMコーナーへの案内人の適正配置、来店客への呼びかけ励行、挙動不審者・不審物・不審車両の発見等を推進する。また、ATMコーナーにおける振り込め詐欺対策（高齢者）、偽造キャッシュカード対策（スキマー装置等）にも配意する。
	現金の厳正な取扱い	番号札・合札の使用、現金の格納（机上放置現金の排除）、大口現金支払時の店内ルール、現送便到着時の立会いおよび警備・照合手続等を徹底する。
	その他	通用口の常時施錠、集配金担当者の防犯ブザー携行、大口集配金の時間帯および経路の変更、合言葉・合図など防犯ルールの周知等を行う。
体制整備	警察との連携	平時より地元警察署との緊密な連携体制を構築する。
	訓練実施	定期、随時の訓練により対策の実効性を確認する。

❷ 防災対策の基本

　地震をはじめ各種の災害は、いつ・どこで発生するかは多くの場合は予測がつかない。このため、災害に耐える店舗設計、通信手段の整備、バックアップシステムの構築、緊急要員や物資の確保などハード面の対策のほか、対策本部の設置、情報集約と対応策の決定、関係当局との連携と対外広報等をマニュアル化したソフト面の対策を確立して、被害を最小限に止めることとしている。

　営業店においては、そのルール（事業継続計画またはコンティンジェン

シー・プラン）や本部指示に基づき災害の内容・程度に応じた緊急措置を済々と行い、顧客に迷惑をかけない営業を確保することが求められる。日頃からこのような非常時の対応ルールを周知させるとともに、訓練を通じて円滑な対応ができる体制を整えておくことが肝要である。

A．被災時の対応

先の大震災に見るとおり、想定を外れた被災や指示系統の分断による混乱もあり、このような緊急事態の状況下では多分に機転のきいた応用動作が求められることもあろう。このような場合の営業店経営層・管理者の判断の拠り所としては、例えば、以下の点があげられる。

a．人命の尊重を第一義に考える

災害発生時のいかんにもよるが、顧客および行職員や家族の安全確保を最優先させる（人的行動の源泉ともなる）。

b．二次災害の防止

阪神・淡路大震災においては直後の火災が、東日本大震災においては津波による水災と原子力発電所事故が、地震による直接的な被害をはるかに上回る災禍を及ぼした。被災後、生命の安全が確認されれば、支店長・管理者は速やかに二次災害の防止に配意しなければならない（震災時の火の元確認の徹底や紛失・焼失・盗難に備えた重要物の格納等）。

c．事業継続への対応

金融機関は社会インフラのひとつであり、災害等の緊急時こそ社会における信用秩序を図る重要な使命がある。資金供給や決済等の重要な業務は非常時であっても機能を維持するよう本部や近隣店とも連携のうえ、業務運営体制の確保に努める（社会不安の発生防止、決済機能の維持）。

d．地域貢献の実践

店舗被害等の程度を見極めたうえで、目を地元近隣に向けて被災拡大防止・人命救助等の努力を惜しまない。また、行政機関とも連携し、被災者の目線・立場を理解した安定の回復への対応と復興への支援を念頭に置く（社会的貢献の積極化）。

B．災害時の特例措置

台風・洪水・大火・地震等の災害発生時、金融庁および災害地の財務局・日本銀行支店は、銀行協会等を通じて必要な特例措置の実施を求める。具体的には以下などの措置があり、所管する管理者・担当者への周知と当該手順の運用訓練の実施により、慌てずに対応できる実践力の整備に努められたい。

> ①災害関係の融資について、融資相談所の開設・審査手続の簡略化等、被災者の便宜を考慮した措置
> ②預金通帳、届出印章等を焼失・流出した被災者については、簡易な本人確認方法により預金払戻しの利便を図る
> ③被災者等に対してやむを得ないと認められるときには、定期預金、定期積金等の期日前解約または当該預金を担保とする貸出しに応じる
> ④災害時における手形交換または不渡処分、金融機関の休日営業・平常時間外の営業等について配慮する

> **参考：東日本大震災における金融特例措置**
>
> 東日本大震災の発生に当たり、同日、内閣特命大臣（金融）と日銀総裁の連名により金融機関等に対して被災者に向けた金融特例措置の要請がなされた。
>
> ・預金通帳、証書を紛失した場合でも、預金者であることを確認して払戻しに応ずること
> ・届出の印鑑のない場合には、拇印にて応ずること
> ・事情によっては、定期預金、定期積金等の期限前払戻しに応ずること。また、これを担保とする貸付にも応ずること
> ・今回の災害による障害のため、支払期日を経過した手形については関係金融機関と適宜話し合いのうえ、取立てができることとすること

- 災害時における手形の不渡処分について配慮すること
- 汚れた紙幣の引換えに応ずること
- 国債を紛失した場合の相談に応ずること
- 災害の状況、応急資金の需要等を勘案して、融資相談所の開設、審査手続きの簡便化、貸出の迅速化、貸出の返済猶予等災害被災者の便宜を考慮した適時的確な措置を講ずること
- 休日営業又は平常時間外の営業について適宜配慮すること。また、窓口における営業ができない場合であっても、顧客及び従業員の安全に十分配慮した上で現金自動預払機等において預金の払戻しを行う等、災害被災者の便宜を考慮した措置を講ずること
- 上記の措置について実施店舗にて店頭掲示を行うこと
- 営業停止等措置を講じた営業店舗名等、及び継続して現金自動預払機等を稼動させる営業店舗名等を、速やかにポスターの店頭掲示等の手段を用いて告示するとともに、その旨を新聞やインターネットのホームページに掲載し、取引者に周知徹底すること

なお、金融機関は、上記要請に速やかに対応するとともに、被害の状況に応じて、休業手形交換所の手形交換の集約、被災地の預金者が避難先の銀行で預金払出しを行なえる預金代理払い、預金者の死亡や行方不明時の親族等への払出し、等の特例措置を順次発動した。

（出所）金融庁ホームページ

C.「自然災害による被災者の債務整理に関するガイドライン」

東日本大震災における経験等を踏まえて、被災した個人債務者の自助努力による生活や事業の再建を支援する目的により、破産等の法定倒産手続によらず特定調停手続を活用した債務整理を行う場合の指針として、「自然災害による被災者の債務整理に関するガイドライン」が業界団体の自主的自律的な準則として公表され、2016年（平成28年）4月から適用が

開始された。金融機関は、被災者から相談を受けた場合には、当該手続きやその利用による効果の説明等に適切に対応することが求められ、制度全般について正しく理解しておきたい。

a．制度概要

災害救助法の適用を受けた自然災害により住宅ローンや事業性ローン等の弁済ができなくなった個人の債務者が、中立かつ公正な立場の登録支援専門家（弁護士、公認会計士、税理士、不動産鑑定士）の支援を受けながら債務免除・減額等を含む債務整理の調停条項案を作成し、債権者（金融機関等）の同意の下で、簡易裁判所に特定調停を申し立てるもの。債務者においては、登録支援専門家の支援を無償で受けられること、財産の一部を弁済に充てずに手元に残すことができること、債務整理したことが個人信用情報として登録されないこと、等のメリットがある。

b．手続きの流れ

① 手続着手の申出

債務者は、主たる債権者（元金総額が最大の金融機関）にガイドラインの手続着手の希望を申し出る。金融機関は、申出を受け付けてから10営業日以内に、着手することへの同意又は不同意の意思表示を書面により行う。

② 「登録支援専門家」による手続支援の依頼

債務者は、前記の同意を得た後に、地元弁護士会等を通じて、自然災害被災者債務整理ガイドライン運営機関に対し、「登録支援専門家」による手続支援を依頼する。

③ 債務整理（開始）の申出

債務者は、全ての債権者（金融機関等）に債務整理を申し出て、申出書のほか財産目録等の必要書類を提出する。申出後は、債務の返済や督促は債務整理の終了まで一時停止となる。

④ 「調停条項案」の作成

> 債務者は、「登録支援専門家」の支援を受け、債権者（金融機関等）との協議を通じて、債務整理の内容を盛り込んだ書類（「調停条項案」）を作成する。
> ⑤ 「調停条項案」の提出・説明
> 債務者は、「登録支援専門家」を経由して、全ての債権者（金融機関等）へ「ガイドライン」に適合する「調停条項案」を提出・説明する。債権者は、1ヵ月以内に同意するか否かを書面により回答する。
> ⑥ 特定調停の申立
> 全ての債権者（金融機関等）から同意が得られた場合、債務者は、簡易裁判所へ特定調停を申し立てる。
> ⑦ 調停条項の確定
> 特定調停手続により調停条項が確定すれば債務整理が成立する。

D．日頃からの災害への備え

台風・洪水・大火・震災等の災害をあらかじめ予測することは不可能であるが、常に被災のリスクにさらされていることを念頭に置き、その備えを欠かさぬことが肝要である。

a．連絡態勢の整備

緊急時の行職員の連絡ルール・連絡先一覧の整備ならびに連絡訓練を実施する。また、警備・建築・設備・保守等の関係業者についても、緊急時連絡先一覧（夜間・休日を含む）の整備を要する。

b．店内環境の整備

事務機器やキャビネット等への転倒防止の措置を行う。また、通路・階段・非常口・防火扉等の付近に非常時に支障となる物品が置かれていないことを確認する。消火器の適正配備や火災報知器・排煙設備等の定期保守点検を実施する。

####　ｃ．非常用備品等の整備

　ヘルメット（顧客配付用を含む）、懐中電灯、携帯ラジオ、予備電池、医薬品、非常用飲食料、毛布、誘導灯、自家発電装置用燃料、防潮板・土嚢等を整備する。おのおの、常時使用可能であることの点検を含む。

####　ｄ．被災時態勢の整備

　被災時における役割（連絡、重要物格納、顧客誘導、救護、消火、等）や避難場所の店内周知と実効性を高めるための訓練を実施する。また、被災時に見込まれる特例措置の管理者・担当者への周知と当該手順の運用訓練を実施する。

3 業務改善と効率化

> 金融機関を取り巻く経済環境の低迷に伴い、より少ない資源の投入で、いかに安定的な業績をあげるかが最大の経営課題となっている。一方で、さまざまなリスクへの対応と顧客サービス向上の要請もあり、営業店の経営管理においては、これらを高い次元でバランスさせるべく、業務改善への不断の取組みが求められる。

I 業務効率化の着眼点

管理者は、自店の日々の業務内容と処理状況、要員1人ひとりの生産性に目を向け、問題点を把握して、的確な改善策を推進しなければならない。

❶ 非効率業務の削減

自店の業務効率化を進めるうえにおいて、業務効率を著しく損う業務の洗出しとその解消は、優先課題として扱うべきであろう。具体例としては、以下があげられる。

> ①大量、頻繁な集配金や両替
> ②給与や賞与の現金支給手配
> ③恒常的な異例扱い（便宜扱い）の許容
> ④恒常的な当座残高不足の対応　等

このような業務の多くは、既往実績から顧客と金融機関の双方で定例化してしまい、経済合理性に関わらず取扱いを継続しているものである。

したがって、その改善は顧客の理解と協力が前提となる。金融機関側の事情による一方的なサービス劣化と受け取られることのないよう、顧客への丁寧な説明と顧客都合を十分に配慮した対応案の提示が必要である。

顧客要望を満たす各種決済サービスの提供や現金処理機の活用など、対応案の策定にあたっては、関係本部への相談が有効である。また、顧客側の経理事務に影響を及ぼすことから、相応の期間を通じた段階的な改善や金融機関事務コストを踏まえた有料化も選択肢に加えられる。

なお、給与の現金支給や大量集配金等の非効率業務は、顧客のビジネスモデルや経営者の理念によるものであることも少なくない。解消に向けた調整においては、店内渉外部門との連携はもとより、営業店経営層・管理者自らが十分に関与することが求められる。

❷ 省力化・簡素化

かつて金融機関が独占的に扱ってきた公共料金等の店頭収納は、コンビニエンスストアのバーコード処理やクレジットカードによる収納等に大きくシフトした。法人取引でも決済電子化の流れの中で、手形・小切手の流通量は、年々減少する傾向にある。

金融機関の営業店においても、自社商品・サービスの機能や手数料設定を十分に理解のうえ顧客側のメリットを訴求することを通じて、業務の省力化・簡素化を推進しなければならない。具体例としては、以下の点があげられる。

① 入出金、振込振替等のＡＴＭ利用促進
② 振込振替等のモバイルバンキングの利用促進
③ 総合振込、給与振込、口座振替データの持込み・返却等のＥＢ化
④ 振込代り金の口座振替化
⑤ 残高証明等のシステム作成・センター発送化
⑥ 事務センター処理可能業務のセンター集中促進　等

来店顧客対応の効率化推進にあたっては、店頭とロビー案内係の連携やＡＴＭコーナーを含む店内広告により、円滑な顧客誘導フローを定着させなければならない。また、法人取引については渉外部門とも課題の共有を図る必要がある。

　業務の省力化・簡素化は、上述のＩＴ・システムやセンター処理の活用に限ったものではない。キャビネットやバインダーへの一貫表示による店内「見える化」促進による探す手間の排除や業務フローに合わせた店内レイアウトの変更など、日々の業務全般におけるムダ・ムリ・ムラの解消に意を持って取り組むことが肝要である。

　なお、近時は「ＲＰＡ※（ロボットによる業務自動化）」と呼ばれる生産性の向上手法も注目されている。金融機関全体のシステム改修を行うことなく導入可能な手法であり、自店の業務運営を踏まえて活用したい。

※ＲＰＡ（Robotic Process Automation）
　定型的な端末入力操作等をソフトウェアのロボットにより自動化するもの。各種の帳簿入力、伝票作成、顧客データの管理、定例報告の作成等、定型的な事務処理が多い金融業界では先行して導入され高い効果が確認されているほか、ＡＩやディープラーニング技術を取り込むことにより非定型業務への応用も期待されている。

❸ 業務の平準化

　金融機関においては、カレンダーや時間により業務ボリュームに偏りが発生する。法人マーケットでは、5日、10日や月末、そして3月、9月の事務量が増える。また、個人マーケットでは給料日や年金支給日の直後、新年度となる4月やゴールデンウィーク前後、年末には繁忙を極める。

　顧客行動に起因する繁閑をコントロールすることは困難であるが、自店の特性を踏まえてあらかじめ想定される業務処理ピーク日・時間帯への集中を前後に分散させることは、限られた要員で安定した業務運営を行ううえで重要な取組みである。具体例としては、以下のとおりである。

①税金、総合振込、給与振込等の事前持込みの促進

②預かり物件の前日処理
③ピーク日、ピーク時間帯の店頭掲示等による来店顧客への繁忙日告知
④融資返済期日等の月末日指定の回避
⑤月次計画策定や店内会議のスケジュール調整　等

❹ 行職員の能力向上と相互応援

　業務効率が行職員の業務遂行能力によるため、管理者は配下行職員1人ひとりの能力レベルを把握し、知識・スキルの向上に配意した教育指導を怠ることはできない。新入行職員やパート職員の早期戦力化はもちろんのこと、業務の効率運営の観点からは、特に多能化の促進が求められる。

　業務量や繁忙感のピークは、店頭担当者と後方担当者、また、預金担当者と為替担当者でも差異がある。おのおのの業務処理をこなせる担当者が固定化されていては、店内全体の要員の能力を100％発揮させることはできず、多能化を前提に忙しい業務への相互応援が自由にできる一人多役体制の構築が必要となる。体制構築に向けた具体例は、以下のとおりである。

①行職員1人ひとりの業務スキルの状況把握と習得計画の策定・共有
②応援業務に係る平易な業務マニュアルの整備と研修の実施
③計画的な業務ローテーションの実施
④円滑に応援を行うための店内ルールの設定
⑤コントローラーとしての実務リーダーの育成　等

Ⅱ ピーク日対応と時間外勤務の削減

　業務運営の効率化を推進するための諸施策は前項にて整理したが、ピーク日の円滑な対応や1人ひとりの時間外勤務の削減については、さらに要員配置や労務管理面での管理者の巧拙が問われることになる。

❶ ピーク日対応

　営業店の事務人員は、各店の業務量に応じて設定されているが、必ずしもピーク日の業務ボリュームに合わせたものではない。一方で、金融機関の業務は1日でも滞ることが許されないものであり、管理者においてはピーク業務量にも円滑に対応できる体制を整えることが求められる。

　　A．業務カレンダーの活用

　業務管理の基本的な管理ツールに、日次・月次の業務カレンダーの利用がある。店内業務は日々あるいは毎月、周期的に繰り返されるものが多いため、計画的な業務管理がミスを減らし、効率的な時間管理を可能とする。

　業務カレンダーは、標準的な月中の業務処理の動き、また1日の業務の流れと繁忙日においても最低限確保する業務処理の要件を全員に徹底する機能がある。日々の業務管理を円滑に遂行するとともに、特定日・特定時の業務処理の備忘管理としても有用である。

参考:業務カレンダー(平常日)の例

時　間	共通事項	窓口(テラー)/記帳方
8:15	金庫の開放	
8:30	ATM/端末の稼動	
8:45		現金準備
	使送便(一便)到着	伝票/出納印等の準備
9:00	開店	
10:00		前日の翌日勘定記帳の完了
11:30		昼食の交替時、現金・他手の中間回金
13:00	不渡り確定	
13:30		捗外集金の当日勘定店頭持込み時限
14:30	使送便(二便)到着	当日電信扱送金の店頭持込み終了
15:00	閉店	両替機の停止
15:20		他行向け仕向送金終了
		本支店勘定記帳の終了
15:30		現金・他手の回金
15:45		本支店向け仕向送金終了
15:50		収支集計表の回金
16:00		日締め終了
16:30	使送便(最終便)到着	
	金庫/貸金庫閉鎖	
17:00	ATM翌日勘定切換え	
	業務終了	
19:00	ATM業務終了	
19:15	全店業務完了	

B.要員の配置

営業店管理者は、ピーク時対応を踏まえた要員配置を手当てしなくては

ならない。かつては、ピーク時対応を店内渉外部門の応援等で補うことも妥当とされたが、近時は係る運用は限定的であり、あくまで非常時における緊急措置と理解しておきたい。

したがって、店内業務の管理者においては、配下行職員の休暇管理やパート職員の出勤管理を前出の業務カレンダーと見比べながら緻密に行うとともに、要員が不足する業務の課内応援体制についてもあらかじめ想定しておくことが求められる。そして、平素から、非効率業務の削減やピーク時事務の平準化と臨機応変な相互応援を可能とする業務多能化の推進に意を尽くすべきことはいうまでもない。

❷ 時間外勤務の削減

営業店の日常業務は、事故・トラブルなく清々と行われれば、通常17時前に終了することが十分に可能である。しかし、諸報告の作成や税務調査などのスポット的な業務を通常業務の後に積み残し、漫然と日々を過ごしていると、職場全体の時間外勤務が常態化してしまうことがある。また、特定担当者に時間外勤務が集中することも往々にして発生する。管理者には、業務運営状況を把握し、遅延要因を早期に解消する業務管理と適切な労務管理の徹底が求められる。

A．日々の業務管理からの着意

管理者は、日次・月次の業務カレンダーに基づく各業務の処理時限を課内に周知し、課全体での遂行課題として共有する体制を構築されたい。

また、処理時限に関わる店内各課との調整は管理者が担う課題であることにも留意したい。例えば、渉外部門の集金現金の持込みが遅延した場合には、日締め時間が遅くなり、結果として時間外の勤務にはね返ることとなるからである。

管理者は、常々店内全体の業務運営を掌握し、このような事態を招来しないよう配意するとともに、不測の事態を含めて特定の業務が滞った際には、迅速な応援体制の発動を指揮しなければならない。

B．労務管理と目標管理からの着意

　管理者は、休暇取得についても、同一業務従事者が重なったり、業務ピーク時に当たることがないよう配下行職員の自覚を醸成するとともに、業務に支障を及ぼさない計画的な取得が実践されるように配意しなくてはならない。パート職員の出勤計画についても同様である。

　また、時間管理がルーズとなる要因としては、配下行職員の熟練度・集中力・責任感などの基礎的能力に加え、時間外勤務の削減に対する認識の不足がある。特定の担当者に時間外勤務が偏るような場合には、業務配分や応援体制の見直しと合わせ、業務スケジュール管理の改善を本人の課題として目標設定するなどの対策が必要であろう。

4 法令の遵守と顧客保護

金融機関における法令順守の義務は、民法、会社法、銀行法など多岐にわたるが、本節では取引における「取引時確認」など、預為業務を始めとする日々の営業店業務に直結した法令と実務対応の要点を扱う。

I 取引時確認とマネー・ローンダリング対策等

マネー・ローンダリング（資金洗浄）とは、不法に得た資金を金融取引等を通じて不正な出所や帰属を隠ぺいし、合法的な資金に偽装する行為である。1980年代に主に麻薬対策として始まったマネー・ローンダリング対策は、重要犯罪の多様化・巧妙化や新たな脅威となったテロリズムの発生による国際社会の要請の高まり等を通じて、順次強化策が講じられている。

「取引時確認」や「疑わしい取引の届出制度」等は同対策の基盤となるものであり、営業店管理者には関係法規を含めた取扱方法の理解と適正な運営管理の徹底が求められる。

❶ 関係法規の変遷

A．「本人確認」の法制化

「顧客の本人確認」については、1990（平成2）年に大蔵省通達が出され、2003（平成15）年に「本人確認法」により法制化された。また、2004（平成16）年には他人名義・架空名義の預貯金口座が振り込め詐欺等に悪用されることを踏まえ、通帳の売買等を処罰対象とする法改正がなされた。

B．「疑わしい取引の届出制度」の創設

「疑わしい取引の届出制度」については、1992（平成4）年施行の「麻薬特例法」により創設され、2000（平成12）年施行の「組織的犯罪処罰法」により、薬物犯罪から一定の重大犯罪に届出対象が拡充された。また、2002（平成14）年には、テロリズムに対する資金供与の疑いがある取引を届出対象とする法改正がなされた。

C．「犯罪収益移転防止法」への集約と法制の強化

その後、マネー・ローンダリングの手口の巧妙化や国際社会の要請を踏まえて、2008（平成20）年に「犯罪収益移転防止法（犯罪による収益の移転防止に関する法律）」が施行された。同法では、「本人確認法」を母体に、「疑わしい取引の届出」等の「組織的犯罪処罰法」の一部を組み込むとともに、対象事業者を非金融業者（宝石・貴金属商、宅地建物取引業者、士業、等）まで拡大するなどの法制強化が行われた。なお、これに伴い、「本人確認法」および「組織的犯罪処罰法第5章（疑わしい取引の届出）」は廃止・削除された。

D．「犯罪収益移転防止法」の改正

2011（平成23）年に「犯罪収益移転防止法」が改正され、2013（平成25）年4月に関係する下位法令を含めた改正法が本格施行されたほか、以降も数次（2014年、2018年）の改正により段階的に法規制の強化が図られている。改正は、マネー・ローンダリング及びテロ資金供与対策に係る金融活動作業部会（FATF）の対日審査や社会情勢の変化と近時の犯罪動向等を踏まえたものである。

参考：関連法規の関係

法　律	趣　旨	内　容
犯罪収益移転防止法	防止	取引時確認、取引記録の作成・保存、疑わしい取引の届出
組織的犯罪処罰法	取締	マネー・ローンダリングの処罰、犯罪収益の剥奪
麻薬特例法		

❷ 取引時確認の取扱い

「犯罪収益移転防止法」は、金融機関等の特定事業者に、取引時確認の実施ならびに確認記録・取引記録の作成と保存を義務づけている（4条・6条・7条）。以下は、特定事業者が金融機関の場合の取扱いである。

A．取引時確認が必要となる取引（特定取引）

> ① 預金口座開設、融資、貸金庫、保護預りなどの継続的な取引を開始するとき
> ② 200万円を超える現金の受入れまたは払出しに係る取引、両替、外貨両替をするとき
> ③ 10万円を超える現金による振込み（外国送金を含む）をするとき等

> **参考：法改正による厳格化と簡素化**
> 　上記の敷居値以下の取引であっても、1回当たりの金額を減少させるために取引を分解していることが明らかなものは、一つの取引として取扱う。一方で、国・地方公共団体に対する納付のほか、公共料金や入学金等の支払などは、「簡素な顧客管理を行うことが許容される取引」として、確認不要となった。
> 　なお、以下については、敷居値や簡素な顧客管理の許容に関わらず、「特別の注意を要する取引」として「特定取引」に該当する可能性があることに留意が必要である。
> 　〇　マネー・ロンダリングの疑いがあると認められる取引
> 　〇　同種の取引の態様と著しく異なる態様で行われる取引。

B．取引時確認が必要となる取引（ハイリスク取引）

前項の「特定取引」の該当有無に関わらず、以下の「ハイリスク取引」（マネー・ローンダリングに用いられるおそれが特に高い取引）については、

取引時確認が必要であり、かつ確認内容が加重される。

> ① なりすましの疑いのある取引又は本人特定事項を偽っていた疑いがある顧客との取引
>   ・取引の相手方が、口座開設時等の取引時確認を行った顧客や代表者等になりすましている疑いがある場合
>   ・口座開設時等の取引時確認の際に、本人確認書類の偽造等により、本人特定事項を偽っていた疑いがある場合
> ② 政令で定めるマネー・ローンダリング防止制度の整備が不十分な国・地域（イラン・北朝鮮が該当）に居住する顧客等との取引。
> ③ 外国PEPs（重要な公的地位にある者（Politically Exposed Persons））との取引
>   ・外国の元首
>   ・日本における内閣総理大臣その他の国務大臣、副大臣に相当する職
>   ・日本における衆参議長、副議長に相当する職
>   ・日本における最高裁の裁判官に相当する職
>   ・日本における特命全権大使、公使、政府代表等に相当する職
>   ・日本における統合幕僚長、統合幕僚副長等に相当する職
>   ・中央銀行、国営企業等の役員
>   ・過去に上記の職にあった者
>   ・上記の家族
>   ・上記が実質的支配者である法人

C．取引時確認における確認事項

　特定取引を行う際には、「本人特定事項」と「顧客管理事項」の確認を要する。また、当該取引が一定のハイリスク取引に該当する場合には確認事項等が加重される。具体的には、（図表３－１）のとおりである。

　なお、法人顧客や代理人取引を行う個人顧客等、特定取引等の任に当たっ

(図表 3-1) 取引時確認における確認事項

	個人	法人
本人特定事項	・氏名 ・住居 ・生年月日	・名称 ・本店又は主たる事務所の所在地
顧客管理事項	・取引を行う目的 ・職業	・取引を行う目的 ・事業の内容 ・実質的支配者の有無およびその者の本人特定事項[※1]
ハイリスク取引[※2]	・上記「再確認」＋「資産・収入」の確認	

※1：実質的支配者
　株式会社等の資本多数決の原則を採る法人の場合には、25％超の議決権を有する者（全員）。ただし、50％超の議決権を有する者がいる場合は、その者のみ。
　それ以外の法人（一般社団・財団法人、学校法人、宗教法人、社会福祉法人、特定非営利活動法人、持分会社、等）については、当該法人を代表する権限を有している者（全員）。

※2：ハイリスク取引
　ハイリスク取引においては、本人特定事項と顧客管理事項の「再確認」が必要なほか、取引価額200万円超の場合には「資産・収入」の状況の確認が義務付けられる。

ている自然人（実際に取引を行っている者）が顧客と異なる場合には、顧客についての確認に加え、当該取引の任に当たっている自然人（代表者等）についても、その本人特定事項の確認を行うこととなる。

　代表者等の本人特定事項の確認に際しては、その前提として、代表者等が委任状を有していること、電話により代表者等が顧客等のために取引の任に当たっていることが確認ができる等、当該代表者等が顧客のために特定取引等の任に当たっていると認められる事由が必要である。法改正により、従来は許容されていた社員証による確認や役員登記だけでは認定事由を満たさない点に留意が必要である。

D．取引時確認における確認方法

　a．確認書類

　　取引時確認が可能な公的証明書については、「犯罪収益移転防止法施行規則」に定められている。実務的な代表例は、（図表3－2）のとおりである。

(図表 3-2) 取引時確認が可能な公的証明の代表例

確認事項			通常の取引	ハイリスク取引
本人特定事項	氏名 住居 生年月日	個人	① ・運転免許証 ・運転経歴証明書 ・マイナンバーカード ・パスポート ・在留カード ・特別永住者証明書等 ②（補完手続きが必要） ・健康保険証 ・国民年金手帳 ・母子健康手帳 ・取引に使用している印鑑に係る印鑑登録証明書 ③（補完手続きが必要） ・②以外の印鑑登録証明書 ・戸籍謄本、抄本 ・住民票の写し ・住民票記載事項証明書	通常の取引に際して 確認した書類 ＋ 上記以外の 本人確認書類
	名称 所在地	法人	・登記事項証明書 ・印鑑証明書等	
顧客管理事項	取引目的	個人 法人	（申告）	同左
	職業	個人	（申告）	同左
	事業内容	法人	・登記事項証明書 ・定款等	同左
	実質的支配者の有無	法人	（申告）	株主名簿 有価証券報告書等
	実質的支配者の特定事項	法人	（申告）	本人確認書類

ハイリスク取引※	資産収入	個人			源泉徴収票 確定申告書 預金通帳等
	資産収入	法人			貸借対照表 損益計算書等

※　200万円を超える財産の移転を伴う場合

　なお、「本邦に在留していない外国人」および「外国に本店又は主たる事務所を有する法人」の場合には、上記のほか、日本政府が承認した外国政府または国際機関の発行した書類等であって、本人特定事項の記載があるものにより確認する。

(図表3-3)　取引時確認における確認方法

		対面取引	非対面取引（ネット、郵送、等）
個人		図表3-2の①（運転免許証等）の提示	本人確認書類（図表3-2の①、②、③）またはその写しの送付を受ける ＋ 本人確認書類に記載の住居宛てに取引関係文書を書留郵便等により転送不要郵便等として送付する ※　2018年11月の改正により、上記のほかに専用ソフトウェアを使用して本人確認用画像情報の送信を受ける方法やＩＣチップ情報を活用した方法等も許容されており、今後の実用化が見込まれる。
		図表3-2の②（健康保険証等）の提示 ＋ 本人確認書類に記載の住居宛てに取引関係文書を書留郵便等により転送不要郵便等として送付する または 別の本人確認資料、補完書類（公共料金の領収書等）の提示・送付を受ける	
		図表3-2の③（戸籍謄本等）の提示 ＋ 本人確認書類に記載の住居宛てに取引関係文書を書留郵便等により転送不要郵便等として送付する	
法人		図表3-2（登記事項証明書等）の提示	本人確認書類（図表3-2）またはその写しの送付を受ける ＋ 確認書類に記載の本店等宛てに取引関係文書を書留郵便等により転送不要郵便等として送付する

法人	本人特定事項(名称、所在地)の申告 ＋ 登記情報提供サービス（民事法務協会）から登記情報の送信を受ける	本人特定事項(名称、所在地)の申告 ＋ 登記情報提供サービス（民事法務協会）から登記情報の送信を受ける
	本人特定事項(名称、所在地)の申告 ＋ 法人番号公表サイト（国税庁）に公表される本人特定事項を確認する	本人特定事項(名称、所在地)の申告 ＋ 法人番号公表サイト（国税庁）に公表される本人特定事項を確認する ＋ 確認書類に記載の本店等宛てに取引関係文書を書留郵便等により転送不要郵便等として送付する

b．確認方法

確認方法は、対面・非対面により異なる。顧客本人の確認に加え、法人取引における担当者や個人取引における代理人等の「代表者等（取引の任に当たる者）」の確認も必要となる。

> **参考：取引時確認における留意事項**
>
> 取引時確認にあたっては、以下に留意する。
>
> ①　対面取引における本人確認書類の提示は原本に限る。また、非対面取引において送付を受ける本人確認書類についても、2020年4月以降は、写しの場合には補完書類の添付等が必要になる。
>
> ②　顧客または取引担当者の住居が本人特定事項確認書類と異なる場合には、他の確認書類、納税証明書、社会保険料領収書、公共料金領収書等（領収日付の押収または発行年月日の記載のあるもので、提示または送付を受ける日の前6ヵ月以内のものに限る）の提示または送付を受け、現在の住居を確認する必要がある。
>
> ③　金融機関が一度「取引時確認」を行った顧客については、「確認済みの顧客」であることを確認できれば、再度の確認は不要である。なお、2013年4月施行の法改正以前に「本人特定事項」の確認を行っている顧客と新たに特定取引を行う際には、当該取

引が法改正以前の契約に基づくものを除き法改正で追加された「顧客管理事項」の確認を行う必要がある。

E．実質的支配者の確認

実質的支配者とは、「法人の事業経営を実質的に支配することが可能となる関係にある者」をいい、どのような者が該当するかについては、法人の形態により異なる。2016年施行の改正法により、「自然人※」まで遡って確認することとされた。

実質的支配者の確認は、以下により行う。

a．通常の特定取引

当該顧客の代表者等から、実質的支配者の本人特定事項（氏名・住所・

（図表3-4）実質的支配者の判定

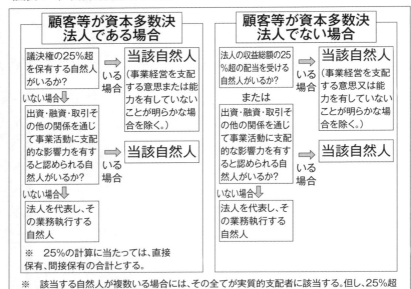

※ 該当する自然人が複数いる場合には、その全てが実質的支配者に該当する。但し、25％超の自然人がいても、他に50％超の自然人が存在する場合には、実質的支配者には該当せず、50％超の自然人が実質的支配者に該当する。

（出所）警察庁「犯罪収益移転防止法の概要」

生年月日）の申告を受ける。

　　b．ハイリスク取引

　　顧客の株主名簿、登記事項証明書等の書類を確認し、かつ、実質的支配者の本人特定事項について当該顧客から申告を受ける。

※　国、地方公共団体、上場会社およびその子会社等は、自然人と見なされる。

F．金融機関の免責

　金融機関が顧客との取引に際して取引時確認を行うことは法律上の義務であり、顧客等が取引時確認に応じない場合には、銀行は当該特定取引に係る義務の履行を顧客等が取引時確認に応じるまでの間、拒むことができるという免責規定を定めている（犯罪収益移転防止法5条）。

G．確認記録・取引記録等の作成と保存

　金融機関は、取引時確認を行った場合には、直ちに確認記録を作成するとともに、その取引が行われた（契約が終了した）日から7年間保存しなければならない。また、取引記録等についても、作成のうえ7年間保存しなければならない（犯罪収益移転防止法6条、7条）。

❸ 疑わしい取引の届出の取扱い

　「犯罪収益移転防止法」は、金融機関等の特定事業者に、疑わしい取引の届出を義務付けている（犯罪収益移転防止法8条）。

A．制度概要

　金融機関等の犯罪収益移転防止法の特定事業者は、犯罪との関係が疑われる取引（テロ資金を含む）と判断した場合、所管の行政庁に届け出ることが義務付けられている。届出は、各行政庁から国家公安委員会・警察庁

（図表3-5）疑わしい取引の届出と捜査機関への提供

特定事業者		各官庁		FIU		捜査機関	
疑わしい取引発見	届出→	届出受理	通知→	整理分析	提供→	警察・検察等および外国FIU	→取締に活用

（ＦＩＵ：資金情報機関）へ集約され、整理・分析のうえ都道府県警察・検察庁・海上保安庁・麻薬取締部・税関・証券取引等監視委員会・国税庁等の捜査機関に提供される。

B．疑わしい取引の判断

疑いがあるかどうかの判断については、取引時確認の結果、取引の態様その他の事情および国家公安委員会が年次で公表する「犯罪収益移転危険度調査書」の内容を勘案し、かつ既存顧客の場合には当該顧客に係る確認記録や取引記録等を精査したうえで行う。

またハイリスク取引、特別な注意を要する取引、高リスク国に居住・所在する顧客との取引等、「犯罪収益移転危険度調査書」の内容を勘案してマネー・ローンダリングに利用されるおそれの高い取引については追加情報の収集と統括管理者等による確認が加重される。

金融庁は、疑わしい取引に該当する可能性のある取引として、金融機関等が特に注意を払うべき取引の類型を例示している。ただし、個別具体的な取引が疑わしい取引に該当するか否かについては、顧客の属性、取引時の状況その他金融機関の保有している当該取引に係る具体的な情報を総合的に勘案して、金融機関において判断する必要がある。

これらの事例は、金融機関が日常の取引の過程で疑わしい取引を発見する際の参考となるものであるが、形式的に合致するものがすべて疑わしい取引に該当するものではない。一方で、該当しない取引であっても、金融機関が疑わしい取引に該当すると判断したものは、届出の対象となる。

> **参考：金融庁「疑わしい取引の参考事例」より抜粋**
> ・多額の現金または小切手により、入出金を行う取引。特に、顧客の収入、資産等に見合わない高額な取引、送金や自己宛小切手によるのが相当と認められる場合にもかかわらず敢えて現金による入出金を行う取引
> ・短期間のうちに頻繁に行われる取引で、現金または小切手による入出金の総額が多額である場合。敷居値を若干下回る取引が認め

られる場合も同様とする
- 大量の小額通貨（外貨を含む。）により入金または両替を行う取引
- 夜間金庫への多額の現金の預入れまたは急激な利用額の増加に係る取引
- 架空名義口座又は借名口座であるとの疑いが生じた口座を使用した入出金
- 口座名義人である法人の実体がないとの疑いが生じた口座を使用した入出金
- 住所と異なる連絡先にキャッシュカード等の送付を希望する顧客又は通知を不要とする顧客に係る口座を使用した入出金
- 多数の口座を保有していることが判明した顧客に係る口座を使用した入出金。屋号付名義等を利用して異なる名義で多数の口座を保有している顧客の場合を含む
- 当該支店で取引をすることについて明らかな理由がない顧客に係る口座を使用した入出金
- 多額の入出金が頻繁に行われる口座に係る取引
- 多数の者に頻繁に送金を行う口座に係る取引。特に、送金を行う直前に多額の入金が行われる場合
- 匿名または架空名義と思われる名義での送金を受ける口座に係る取引
- 口座開設時に確認した取引を行う目的、職業又は事業の内容に照らし、不自然な態様・頻度で行われる取引
- 頻繁な貸金庫の利用
- 他国（本邦内非居住者を含む）への送金にあたり、虚偽の疑いがある情報又は不明瞭な情報を提供する顧客に係る取引。特に、送金先、送金目的、送金原資等について合理的な理由があると認められない顧客に係る取引
- 経済合理性のない目的のために他国に多額の送金を行う取引
- 経済合理性のない多額の送金を他国から受ける取引
- 資金洗浄対策に非協力的な国・地域または不正薬物の仕出国・地域に拠点を置く顧客が行う取引。特に、金融庁が監視を強化すべ

- き国・地域に指定した国・地域に係る場合
- 公務員や会社員がその収入に見合わない高額取引を行う場合
- 取引時確認が完了する前に行われたにもかかわらず、顧客が非協力的で取引時確認が完了できない取引。例えば、後日提出されることになっていた取引時確認に係る書類が提出されない場合、代理人が非協力的な場合も同様とする
- 顧客が自己のために活動しているか否かにつき疑いがあるため、実質的支配者その他の真の受益者の確認を求めたにもかかわらず、その説明や資料提出を拒む顧客に係る取引。代理人によって行われる取引であって、本人以外の者が利益を受けている疑いが生じた場合も同様とする
- 法人である顧客の実質的支配者その他の真の受益者が犯罪収益に関係している可能性がある取引。例えば、実質的支配者である法人の実態がないとの疑いが生じた場合
- 暴力団員、暴力団関係者等に係る取引
- 職員の知識、経験等から見て、不自然な態様の取引または不自然な態度、動向等が認められる顧客に係る取引
- その他（公的機関など外部から、犯罪収益に関係している可能性があるとして照会や通報があった取引等）

（出所）金融庁ホームページ

❹ 外為法令による資産凍結等経済制裁

「外為法（外国為替及び外国貿易法）」は、国際協調やわが国の平和および安全の維持を目的とした貿易や金融面での制裁措置の発動を規定している。取引の受付にあたっては、金融機関は同法に基づく確認義務についても留意を要する。

A．経済制裁措置

「外為法」は、国際連合安全保障理事会決議等に基づく国際協調や、わが国の平和および安全の維持を要件として、取引規制による経済制裁措置

の発動を規定している（10条・16条）。具体的には、国家やその幹部、テロリスト等の個人を対象として、輸出入の制限、資産凍結、出入国の制限等が実施される。

資産凍結等の対象は、リストにより指定される。指定された個人・団体向けの支払いと資本取引（預金契約、信託契約および金銭の貸付契約）等は許可制となり、それらの取引を不許可処分とすることで資産凍結等の実効が生じる。

> **参考：制裁措置の対象＜ 2018（平成30）年12月28日時点＞**
> - ミロシェビッチ前ユーゴスラビア大統領および関係者
> - タリバーン関係者等
> - テロリスト等
> - イラク前政権の機関等・イラク前政権高官またはその関係者等
> - コンゴ民主共和国に対する武器禁輸措置等に違反した者等
> - スーダンにおけるダルフール和平阻害関与者等
> - 北朝鮮のミサイルまたは大量破壊兵器計画に関連する者
> - 北朝鮮に関連する国際連合安全保障理事会決議に基づく資産凍結等の措置の対象となる者
> - 国際平和のための国際的な努力に我が国として寄与するために講ずる資産凍結等の措置の対象となる北朝鮮の核その他の大量破壊兵器及び弾道ミサイル関連計画その他の北朝鮮に関連する国際連合安全保障理事会決議により禁止された活動等に関与する者
> - 北朝鮮の核関連、弾道ミサイル関連またはその他の大量破壊兵器関連の計画または活動に貢献し得る活動
> - 北朝鮮に住所を有する個人等に対する支払
> - ソマリアに対する武器禁輸措置等に違反した者等
> - リビアのカダフィ革命指導者およびその関係者
> - シリアのアル・アサド大統領及びその関係者等
> - クリミア「併合」又はウクライナ東部の不安定化に直接関与していると判断される者
> - ロシア連邦の特定銀行等による証券の発行等

- 中央アフリカ共和国における平和等を損なう行為等に関与した者等
- イエメン共和国における平和等を脅かす活動に関与した者等
- 南スーダンにおける平和等を脅かす行為等に関与した者等
- イランの核活動等に関与する者
- イランの核活動又は核兵器運搬手段の開発に関連する活動
- イランへの大型通常兵器等の供給に関連する活動
- 核技術等に関連するイランによる投資を禁止する業種

（出所）財務省ホームページ。

B．金融機関の確認義務

金融機関は、「犯罪収益移転防止法」による本人確認義務に加え、特定為替取引（本邦から外国に向けた支払いまたは非居住者との間でする支払い等に係る為替取引）については、「外為法」による本人確認義務を負っている（18条）。

さらに、制裁措置等の規制取引については、当該取引の適法性の確認義務も負っており、義務違反は、業務停止や是正措置等の対象となる（17条）。

経済措置ならびに規制取引は、随時、追加や改廃が行われており、金融機関管理者においては、リストのアップ・デートとともに、確認義務の履行状況への十分な配意が求められる。

❺ 米国・外国口座税務コンプライアンス法の対応

2013年（平成25年）1月1日、米国において外国口座税務コンプライアンス法（FATCA：the Foreign Account Tax Compliance Act）が施行された。本法は、米国人（米国市民・米国居住者・米国法人）による米国外金融機関を使った租税回避を防止するための米国法であり、邦銀を含む各国の金融機関は米国の内国歳入庁（IRS）と外国金融機関（FFI：Foreign Financial Institution）契約を締結し米国人に係る金融情報の提供等の義務※を負うこととなる。

※ 日本国外に事業所がなくウェブサイトでも非居住者向けの口座提供を表示しない等の諸条件を満たす小規模金融機関は、IRS にローカル FFI として登録することにより、義務の一部が免除される。

A．米国口座の年次報告

金融機関（FFI）は、暦年の年度末残高の基準にしたがい、翌年の3月末日までに米国口座に係る以下の金融情報等の報告を行うことが求められる。

> ①口座保有者名
> ②住所
> ③米国納税者番号（TIN）
> ④年度末残高
> ⑤支配者の氏名、住所、米国納税者番号（米国人支配者のいる法人の場合）　等

B．新規口座開設時の確認等

新規口座の開設にあたっては、顧客に対し（米国税法上の）「米国人[※]」該当の有無を確認するとともに、該当の場合には米国納税者番号やIRSへの口座情報開示の同意を得る必要がある。具体的には、該当有無等に係る顧客の自己宣誓を取得する方法と本人特定事項確認書類等に米国示唆情報（国籍、出生地等）が含まれていないことを確認する方法がある。

※ 米国市民に限られず米国永住権所有者や米国駐在員等の居住者（183日以上）、米国人が所有者である本邦法人等も含まれることに留意。

❻ CRS と実特法の対応

前項の FATCA への対応を契機として、2014年（平成26年）2月、外国の金融機関等を利用した国際的な脱税および租税回避に対処するため、OECD（経済開発協力機構）において、非居住者に係る金融口座情報を税務当局間で交換する国際基準として「共通報告基準（CRS：Common

Reporting Standard）」が公表され、日本を含む主要国が参加を表明した。また、この「共通報告基準」に従った情報交換を実施する観点から、我が国では「租税条約等の実施に伴う所得税法、法人税法及び地方税法の特例等に関する法律（実特法）」が改正され、2017年（平成29年）1月から施行された。

A．「共通報告基準（CRS）」の概要

各国の税務当局は、それぞれ自国に所在する金融機関[※]から非居住者（個人、法人等）に係る金融口座情報の報告を受け、これを租税条約等の情報交換規定に基づき各国税務当局と自動的に交換するもの。報告の対象となる情報は、口座保有者の氏名・住所（名称・所在地）、居住地国、外国の納税者番号、口座残高、利子・配当等の年間受取総額等である。

※　銀行等の預金機関、生命保険会社等の特定保険会社、証券会社等の保管機関、信託等の投資事業体

B．「実特法」に基づく居住地国の届出

2017年（平成29年）1月以降、預貯金、定期積金の預入れ契約等（特定取引）を行う者（特定対象者[※1]）は、金融機関へ氏名・住所、居住地国等を記載した届出書の提出が必要になった。また、届出者の居住地国に異動が生じた場合には、一定期間内[※2]に異動届出書を提出することが求められる。

※1　上場法人及びその子会社等、国・地方公共団体、公共法人・公益法人、金融機関等に該当しない法人（特定法人）については、当該法人の実質的支配者も特定対象者となる。

※2　個人の場合には、異動日から3月経過日。法人等の場合には、異動日の属する年の12月31日と異動日から3月経過日のいずれか遅い日。

C．金融機関における取扱い

金融機関には、前記の届出書の提出を受けた場合、犯罪収益移転防止法上の取引時確認の際に受入れた本人確認書類等と当該届出書の内容が合致していることの確認と記録の作成・保存が求められる。

また、金融機関は、毎年12月31日時点で居住地国が報告対象国[※]であ

る特定対象者との契約等を抽出し、翌年 4 月 30 日までに所定の報告対象データを所轄税務署長に提出する。

※ 租税条約等の相手国等のうち、我が国が「共通報告基準」に従って非居住者に係る金融口座情報を提供する国または地域であり、2018 年 12 月時点で 88 か国・地域。なお、米国は FATCA の適用により、当該情報交換の枠組みには参加していない。。

振り込め詐欺救済法

「振り込め詐欺」とは、いわゆるオレオレ詐欺や架空請求詐欺等の総称である。預金口座への振込み誘導を主な手口とする犯罪であり、金融機関においては、被害の防止と被害者への救済措置を通じ、適時・適切な対応が求められる。

❶ 被害防止への取組み

A．振り込め詐欺の類型

詐欺の主な類型、手口は、以下のとおりである（警察庁・金融庁ホームページ）。

> オレオレ詐欺……電話を利用して、子息や孫を装い、会社でのトラブル・横領等の補填金の名目で現金を預金口座に振り込ませる詐欺。また、警察官や弁護士等を名乗り、交通事故示談金等の名目で振り込ませる詐欺。被害者は大むね老齢層
> 架空請求詐欺……郵便・インターネット等を利用して不特定多数の者に対し、有料サイト利用料金や訴訟関係費用など架空の事実を口実とした料金を請求する文書・メール等を送付し、現金を振り込ませる等の方法で詐取するもの

> 融資保証金詐欺…ダイレクトメール・FAX・電話等を利用して、「借金の一本化」等を訴求して融資を誘い、融資を申し込んできた者に対し、保証金等を名目に現金を預金口座に振り込ませる等の方法で詐取するもの
> 還付金等詐欺……社会保険事務所や自治体の職員等を名乗り、年金の還付金手続きや医療費・税金の還付手続きを装って、ATMまで誘導し、ATMを操作させて、自己の口座から現金を振り込ませる詐欺。被害者は大むね老齢層
> 義援金詐欺……東日本大震災の被災地復興に向けた義援金の募集が活発となる中で義援金の募集を装った卑劣な詐欺。公的機関や有名なボランティア団体を名乗り、電話やFAXを用いて当該機関・団体の募集口座と異なる口座に義援金を振り込ませる等の方法で詐取するもの

　なお、近時では、警察官や銀行協会職員等を名乗って暗証番号を聞きだしキャッシュカードを騙し取る手口、現金の振込みを要求せずに「バイク便業者を向かわせる」などと偽って直接現金を詐取する手口、電子マネーを購入させてID（カード番号）を教えるよう要求する手口、コンビニ収納代行サービスの「支払番号」を告げられてコンビニエンスストアでの支払いを指示される手口等、「振り込まない詐欺」も増加している。

> **参考：ヤミ金融による被害**
> 　ヤミ金融※による被害が、振込め詐欺と同様に大きな社会問題となっている。ヤミ金融においても犯罪収益である返済金の振込口座として不正に取得した預金口座を利用する手口があり、「振り込め詐欺救済法」による救済の対象となる。
> ※　貸金業の登録をせず、法律に違反する高金利で貸付けを行う業者および悪質な取立てを行う業者。

B．営業店における被害防止対応

手口は多様化しているが、高齢者層をターゲットにした詐欺を中心に、未だ収束には至っていない。

営業店においては、振込みをされる方への振り込め詐欺被害防止の注意喚起ポスターを掲示するとともに、メモや携帯電話を手にしてひどく慌てているなど、店頭・ロビー・ATMコーナーでの顧客の様子が不自然な場合には、お声掛けして警察への相談を誘導するなどの被害未然防止への取組みが求められる。

また、被害の拡大を防ぐ観点から、被害者や警察からの被害の届出・連絡を受けた場合には、迅速に当該口座の取引停止措置等の対応をとる必要である。

そして、振り込め詐欺やヤミ金融等の金融犯罪のツールとなる犯罪利用口座を排除すべく、口座開設時の本人確認や妥当性の検証を徹底するとともに、不自然な様態の取引について「疑わしい取引の届出」を速やかに行う等の地道な取組みも大切なことである。

❷ 被害救済の取扱い

A．振り込め詐欺救済法の施行

振り込め詐欺被害の拡大を踏まえ、被害者の救済手続きを迅速化・簡便化する趣旨により、2008（平成20）年「振り込め詐欺救済法（犯罪利用預金口座等に係る資金による被害回復分配金の支払等に関する法律）」が施行された。

この法律は、詐欺その他の人の財産を侵害する罪の犯罪行為であって、財産を得る方法として振込みが利用されたものによる被害者に対し、被害回復分配金の支払手続等を定めたものである。

B．被害回復分配金支払手続の流れ

手続きは、被害の届出を受けて凍結した犯罪利用預金口座の「失権手続（名義人の預金等債権を消滅させる手続き）」と「支払手続（被害者の支払

請求権を確定させる手続き)」の2段階となる。概要は、以下のとおりである。

a．失権手続

①金融機関は、当該口座につき、捜査関係機関等からの情報、被害状況の調査結果、名義人の住所への連絡等による名義人の状況調査結果、取引状況等から「犯罪利用預金口座等」と認定した場合、預金保険機構に「預金等債権の消滅手続開始に係る公告」を求める。

↓

②預金保険機構は、「債権消滅手続開始」の公告を、機構のホームページ上で(以下同じ)行う。

↓

③名義人等による権利行使の届出に係る期間(60日以上)内に権利行使の届出または強制執行等がない場合には、当該預金等債権は消滅する。預金保険機構は、「債権消滅」の公告を行う。

一方で、同期間内に名義人の権利行使の届出や名義人または被害者の訴訟提起等がなされた場合には、失権手続は無効(終了)となり、訴訟等の既存の法制度による解決を図ることとなる。

b．支払手続

①失権手続が成立した場合、金融機関には、消滅預金等債権を原資として、被害者に対して被害回復分配金を支払う義務が生じる。ただし、消滅預金等債権が1,000円未満の場合には、被害者への分配は行われず、預金保険機構に納付されることとなる。

↓

②金融機関は、預金保険機構に「被害回復分配金の支払手続の開始に係る公告」を求める。

↓

③預金保険機構は、「被害回復分配金の支払手続の開始」の公告を行う。

↓

④被害回復分配金の支払いを受けようとする者は、支払申請期間（法定30日以上、運用上60日余）内に所定の申請書および本人確認資料・被害疎明資料により金融機関に申請する（金融機関は、被害を疑われる者に対し被害回復分配金の支払手続の実施等について周知するため、必要な情報の提供等の措置を講じる）。

↓

⑤金融機関は、支払申請を受けた被害者の支払請求権（分配額）を確定する。なお、申請された被害者の総額が預金等の残高を超える場合には、残高を各人の被害額で按分した額となる。また、申請のない被害者は本法による支払（救済）の対象とはならない。

↓

⑥金融機関は、被害回復分配金の支払いを振込みにより実施し、残余金があれば、預金保険機構に納付する。また、預金保険機構に「被害回復分配金の支払手続の終了に係る公告」の求めを行う。

↓

⑦預金保険機構は、「被害回復分配金の支払手続終了」の公告を行う。

参考：凍結口座名義人情報（不正送金先等口座名義人情報）

　振り込め詐欺やインターネットの偽サイト等を助長する犯行ツールとして、犯罪利用預金口座（不正に取得された通帳・キャッシュカード）の問題がある。全国の警察が金融機関に行った口座凍結依頼を警察庁が集約し、2009（平成21）年より「凍結口座名義人情報」として金融機関に提供している。取引に係る本人確認にあたり同一人が疑われる場合には、前項で扱った経済制裁における資産凍結者リスト同様に、慎重な対応（取引の回避、口座凍結、警察等関係当局への通報等）を要することに留意したい。

III 顧客情報の管理

　金融機関の業務は、すべて信用が基礎となって運営されている。近時マスコミに大きく報じられる顧客情報流出事故の例をあげるまでもなく、顧客情報の取扱い疎漏は金融機関の信用失墜を招き、事後の対応に多大な労力とコストを要する。本項では、顧客情報の保護に係る関係法令の基本事項と、営業店における管理の要点を整理する。

❶ 金融機関の守秘義務

　金融機関は、業務上知りえた顧客の非公開情報を他に漏らしてはならない守秘義務を負っている。また、守秘義務に基づき係る情報の開示を拒む権利を有している。

A．守秘義務の根拠

　金融機関の守秘義務について、法令上の明示はないが、以下の説がある。

> ①金融取引に付随する黙示の契約がある
> ②金融取引に伴う信義則上の義務（民法１条）である
> ③金融取引において当然に守られる商慣習である　等

　いずれにしても法律上の義務とみなすことが一般的であり、義務違反に対しては、顧客への損害賠償責任が問われる可能性に留意する必要がある。

B．免責要件

　金融機関の守秘義務の免責については、開示に係る顧客本人の同意がある場合のほか、以下の法令等に基づく場合などに限定される。

> ①民事訴訟法による文書提出命令
> ②刑事訴訟法による差押え、捜索、検証
> ③各種税法による税務調査
> ④犯罪収益移転防止法による疑わしい取引の届出

⑤金融商品取引法による証券取引等監視委員会の犯罪事件調査
⑥弁護士法による弁護士会の照会への回答　等

❷ 個人情報の保護

　欧米諸国では1970年代から個人情報保護に関する法制の整備が進んでおり、1980年代には経済協力開発機構（OECD）理事会の勧告として「プライバシー保護と個人データの国際流通についてのガイドライン」が示された。

　OECDのガイドラインでは、「収集制限の原則」、「データ内容の原則」、「目的明確化の原則」、「利用制限の原則」、「安全保護の原則」、「公開の原則」、「個人参加の原則」、「責任の原則」の8原則が規定され、個人情報保護のスタンダードとなるとともに、各国において法制の整備が急速に進展した。

A．個人情報保護法および改正法の施行

　経済・企業活動のグローバル化の進展、IT技術の飛躍的な進歩により高度情報化社会が実現するにいたり、わが国でも個人情報保護の基本理念、および民間事業者の遵守すべき義務等を定める「個人情報保護法（個人情報の保護に関する法律）」が2005年（平成17年）に施行された。また、公的部門についても「行政機関の保有する個人情報の保護に関する法律」、「独立行政法人等の保有する個人情報の保護に関する法律」などが定められた。

　また、その後のマイナンバー制度の導入、スマートフォンの普及やビッグデータを活用した新たなサービスの創出などの社会環境の変化を背景として、2017年（平成29年）には改正法が施行された。

B．金融分野における個人情報保護

　金融機関は、「個人情報保護法」における個人情報取扱事業者に該当する。本法に明示されない具体的な対応については、個人情報保護委員会の「個人情報保護に関するガイドライン（通則編・外国第三者提供編・確認記録

義務編・匿名加工情報編）」および「金融分野における個人情報保護に関するガイドライン」、ならびに「安全管理措置等に関する実務指針」によることとなる。

> **参考：個人情報の定義等（「ガイドライン」より概略を抜粋）**
>
> ●個人情報
>
> 　生存する個人に関する情報であって、「当該情報に含まれる氏名、生年月日その他の記述等により特定の個人を識別することができるもの（他の情報と容易に照合することができ、それにより特定の個人を識別することができることとなるものを含む）」、または「個人識別符号が含まれるもの」。
>
> ※　防犯カメラに記録された情報など本人が判別できる映像情報や特定の個人が識別できるメールアドレス等についても個人情報に該当する。
>
> ●個人識別符号
>
> 　「特定の個人の身体の一部の特徴を電子計算機の用に供するために変換した文字、番号、記号その他の符号であって、当該特定個人を識別できるもの」、または「個人に提供される役務の利用等に関し割り当てられた文字、番号、記号その他の符号であって、特定の利用者等を識別できるもの」。
>
> ●個人情報データベース等
>
> 　個人情報を含む情報の集合物であって、特定の個人情報をコンピュータを用いて検索できるように体系的に構成したもの。また、コンピュータを用いていない場合であっても、五十音順に索引を付して並べられた顧客カード等、個人情報を一定の規則に従って整理することにより特定の個人情報を容易に検索できるよう体系的に構成したもの
>
> ●個人データ
>
> 　個人情報データベース等を構成する個人情報をいう。なお、個人情報データベース等から記録媒体にダウンロードされたものおよび紙面に出力されたもの（そのコピーを含む。）も含まれる
>
> ●保有個人データ
>
> 　個人情報取扱事業者が、本人またはその代理人から求められる開

示、内容の訂正、追加または削除、利用の停止、消去および第三者への提供の停止のすべてに応じることのできる権限を有する個人データ（反社会的勢力情報等の特定情報および6ヵ月以内に消去するものは除外）

※ 「個人情報」、「個人データ」、「保有個人データ」の別により、法令上の義務規定に差異があることには注意を要する。「利用目的の特定」や「取得に際しての利用目的の通知」等についてはすべてに適用されるが、「安全管理措置」や「委託先の監督」等の対象は「個人データ」および「保有個人データ」に限られる。また、「保有個人データ」については、「開示に係る義務」等が更に付加される。

●匿名加工情報

特定の個人を識別できないように個人情報を加工し、当該個人情報を復元できないようにした情報。

※ いわゆるビッグデータの利活用を目的に、一定のルールの下で本人の同意を得ることなく事業者間のデータ取引やデータ連携が可能となるよう法改正により導入された。法に準拠した適切な加工が求められるほか、匿名加工情報に係る安全管理措置や公表義務等が事業者に求められる。個人データを単にマスキングしただけでは、匿名加工情報とみなすことはできない。

●要配慮個人情報

本人の人種、信条、社会的身分、病歴、犯罪の経歴、犯罪により害を被った事実、身体障害・知的障害・精神障害等の心身の障害など、本人に対する不当な差別、偏見その他の不利益が生じないようにその取扱いに特に配慮を要するもの。

※ 法改正により新たに定義されたものであり、オプトアウトによる情報の第三者提供が認められないなどの管理強化が図られている。従来の「機微（センシティブ）情報」に含まれていた労働組合への加盟、門地、本籍地、性生活は、「要配慮情報」には該当しないが、金融機関については「金融分野ガイドライン」の規定によりこれらも包含して「機微（センシティブ）情報」としての管理を行うことが求められる。

●特定個人情報
　個人番号をその内容に含む個人情報をいう。（詳細は④「特定個人情報の取扱い」を参照。）
（出所）個人情報保護委員会ホームページ

C.「ガイドライン」による個人情報保護の要点

a．利用目的による取扱制限

　個人情報の取扱いにあたっては、個人情報がどのような事業の用に供され、どのような目的で利用されるかを本人が合理的に予想できるよう、できる限り特定しなければならない。利用目的は、提供する金融商品またはサービスを示したうえで特定することが望ましい。

　また、特定した利用目的の達成に必要な範囲を超えて、個人情報を取り扱うことはできない。あらかじめ特定した利用目的からはずれた個人情報の利用や第三者への提供については、法令に基づく場合等を除き、原則として書面により本人の同意を得る必要がある。

> 参考：与信業務についての同意取得の規定（「金融分野ガイドライン」2条抜粋）
> ・金融分野における個人情報取扱事業者が、与信事業に際して、個人情報を取得する場合においては、利用目的について本人の同意を得ることとし、契約書等における利用目的は他の契約条項等と明確に分離して記載する。この場合、事業者は取引上の優越的地位を不当に利用し、与信の条件として、与信事業において取得した個人情報を金融商品のダイレクトメールの発送等に利用することを利用目的として同意させる行為を行うべきではなく、本人は当該ダイレクトメールの利用目的を拒否することができる。
> ・金融分野における個人情報取扱事業者が、与信事業に際して、個人情報を個人信用情報機関に提供する場合には、その旨を利用目的に明示しなければならない。さらに、明示した利用目的について本人の同意を得る。

（出所）金融庁ホームページ

b．機微（センシティブ）情報の取扱い

「要配慮情報」（前項を参照）および労働組合への加盟、門地、本籍地、性生活等に関する情報は、「機微（センシティブ）情報」として、法令等に基づく場合や本人の同意に基づき業務上必要な範囲で取り扱う場合等を除き、取得、利用または第三者提供を行うことができない。

また、上記の例外規定に基づいて「機微（センシティブ）情報」を取り扱う場合には、取扱者を必要最小限に限定するとともにアクセス権限の設定および制御を実施するなど、一層厳正な管理が求められる。

なお、公知なものや外形から明らかなもの（本人を目視し、もしくは撮影することにより取得する外形上明らかなもの）は、「機微（センシティブ）情報」から除外される。

c．開示請求等の対応

金融機関は、個人顧客本人から、本人が識別される保有個人データの開示を求められた場合には、原則として、本人に対し遅滞なく保有個人データを開示しなければならない。また、本人から保有個人データの訂正等（内容の訂正、追加または削除）および利用停止等（利用の停止または消去）を求められた場合には、速やかに対応しなければならない。

なお、以下に該当する場合には、その全部または一部を開示しないことができるが、遅滞なくその旨を本人に通知しなければならない。

①本人または第三者の生命、身体、財産その他の権利利益を害するおそれがある場合。
②個人情報取扱事業者の業務の適正な実施に著しい支障を及ぼすおそれがある場合。
（例）
・与信審査内容等の事業者が付加した情報の開示請求を受けた場合。

- 同一の本人から複雑な対応を要する同一内容について繰り返し開示の請求があり事実上問合せ窓口が占拠される等、業務上著しい支障を及ぼすおそれがある場合。

③他の法令に違反することとなる場合。

d．安全管理措置

　金融機関は、個人データの漏えい、損失または棄損の防止その他の個人データの安全管理のため、安全管理に係る基本方針・取扱規程等の整備および安全管理措置に係る実施体制の整備等の措置を講じる必要がある。措置は、個人データの取得・利用・保管の各段階に応じた「組織的安全管理措置」、「人的安全管理措置」、「技術的安全管理措置」を含むものでなければならない。

参考：個人データの安全管理に係る実施体制の整備の内容

（組織的安全管理措置）
- 個人データの管理責任者等の設置
- 就業規則等における安全管理措置の整備
- 個人データの安全管理に係る取扱規程に従った運用
- 個人データの取扱状況を確認できる手段の整備
- 個人データの取扱状況の点検および監査体制の整備と実施
- 漏えい事案等に対応する体制の整備

（人的安全管理措置）
- 従業者との個人データの非開示契約等の締結
- 従業者の役割、責任等の明確化
- 従業者への安全管理措置の周知徹底、教育および訓練
- 従業者による個人データ管理手続きの遵守状況の確認

（技術的安全管理措置）
- 個人データの利用者の識別および認証
- 個人データの管理区分の設定およびアクセス制御
- 個人データへのアクセス権限の管理
- 個人データの漏えい、棄損等防止策

・個人データへのアクセスの記録および分析
・個人データを取り扱う情報システムの稼働状況の記録および分析
・個人データを取り扱う情報システムの監視および監査

　e．委託先の管理

　金融機関では、金融業務に係る事務・郵便・保管等の各種業務をグループ企業および外部企業へ委託する場合があるが、個人情報保護法およびガイドラインは、委託先においても個人データの安全管理が図られるよう、金融機関に監督義務を課している。

　具体的には、安全管理を確保する要件を委託契約に盛り込むとともに、適時に委託先の遵守状況を確認する等の対応が必要である。また、委託先において再委託がなされた場合には、委託先における再委託先への監督状況についても、監督を行わなければならない。

❸ 漏えい事案への対応

　金融機関において個人情報の漏えい事案等が発生した場合には、「ガイドライン」および「実務指針」により、以下の対応を行うことが求められる。

① 監督当局に直ちに報告すること
② 二次被害の防止、類似事案の発生回避等の観点から、漏えい事案等の事実関係および再発防止策等を早急に公表すること
③ 漏えい事案等の対象となった本人に速やかに漏えい事案等の事実関係等の通知を行うこと

　金融機関の業務は、個人データを含む膨大な顧客情報の取扱いを前提に運営される。厳正な管理の徹底は当然のことであるが、実務のうえでは漏えい（懸念）事案発生の可能性は払拭し得ないであろう。不幸にも係る事案が発生した場合には、営業店管理者は、上述の基本対応を念頭において

❹ 特定個人情報の取扱い

　2015年（平成27年）に、「番号法」（マイナンバー法：「行政手続における特定の個人を識別するための番号の利用等に関する法律」）が施行され、社会保障、税、災害対策の分野における行政の効率化、国民の利便性の向上（行政手続きの簡素化等）、公平・公正な社会の実現（不正な給付の防止等）などを目的として、マイナンバー制度が導入された。番号法は、マイナンバー制度に使用される特定個人情報（個人番号をその内容に含む個人情報）の取扱いに関し、一般法である「個人情報保護法」に定める措置の特例として、利用範囲の限定等のより厳格な保護措置を定めている。

A．マイナンバー制度と金融機関

　2015年（平成27年）10月に日本に住民票を有する全ての者（外国人を含む）を対象として個人番号（マイナンバー）を通知する「通知カード」が配付され、2016年（平成28年）1月から「個人番号（マイナンバー）カード」の交付と特定業務における個人番号の使用が開始された。

　金融機関は、顧客から個人番号の提供を受け配当金等の支払調書に記載して税務署長に提出する等の「個人番号関係事務」の実施者として「特定個人情報」を取扱う。顧客に個人番号提供義務がある証券・投資信託・非課税制度（マル優、ＮＩＳＡ等）などに加え、2018年（平成30年）1月から預貯金口座の任意付番も開始されており、役職員には適正な取扱いの周知徹底が求められる。

> **参考：法人番号の取扱い**
> 　法人（設立登記法人、国の機関、地方公共団体、その他の法人や団体）についても、「番号法」に基づき、法人番号（13桁）が指定されている。法人番号を指定した法人等の①名称、②所在地、③法人番号は、インターネット（国税庁法人番号公表サイト）を通じて公表される。法人番号は、個人番号と異なり、利用範囲の制約がなく、自由に利用することができる。

B．特定個人情報に関する保護措置

個人番号は個人情報を複数の機関の間で紐付けるものであり、悪用されたり漏えいした場合には不正な追跡や突合が行われて個人の権利利益の侵害を招きかねないことから、「番号法」は特定個人情報について「個人情報保護法」よりも厳格な保護措置を設けている。

金融機関における個人番号関係事務に関わる主要な措置は、以下のとおりである。

　a．利用制限

　特定個人情報は、番号法があらかじめ限定的に定めた事務の範囲の中から利用目的を特定したうえで利用することが原則であり、金融機関における利用は個人番号関係事務として定められた内容に限られる。個人情報とは異なり、本人の同意があったとしても、例外として認められる場合[※]を除き当該事務以外で利用することはできない。

※　金融機関が激甚災害時等に金銭の支払いを行う場合および人の生命・身体・財産の保護のために必要がある場合であって、本人の同意があり、または本人の同意を得ることが困難である場合。

　b．提供制限等

　個人番号関係事務実施者である金融機関は、番号法で限定的に明記された個人番号関係事務を処理するために必要がある場合に限って、個人番号の提供を求めることができる。それ以外の場合には、個人番号の提供を求めてはならない。また、「何人も番号法で限定的に明記された場合を除き、特定個人情報を提供してはならない。」とされており、顧客においても必要のない個人番号等の提供は行えないこととなる。

　c．収集・保管制限

　特定個人情報は、あらかじめ定められた個人番号関係事務以外の目的で収集または保管してはならない。また、所管法令による保存期間を経過した場合には、速やかに廃棄または削除しなければならない。なお、その個人番号部分を復元できない程度にマスキングまたは削除をしたうえで保管を継続することは可能である。

d．本人確認

　顧客から個人番号の提供を受けるときは、個人番号の確認を行うほか、当該提供をする者から書類の提示を受ける等の方法で本人確認を行う。なお、「個人番号カード」の提示を受ける場合には、番号の確認と本人確認の何れも満たすが、「通知カード」や「住民票の写し等（個人番号の記載のあるもの）」の提示を受ける場合には、番号の確認しか満たせないこととなり運転免許証その他の確認書類の提示を受ける等の対応が必要である。

※　番号法（16条）に基づくものであり、犯罪収益移転防止法上の取引時確認を行っていてもあらためて本人確認が必要である。

c．行政機関等による報告の求めの対応

　行政機関等は、金融機関に対し、①預金保険法の規定に基づく名寄せ、②税務調査、③社会保障における資力調査、等において個人番号を提供して報告を求めることができる。

　金融機関は、かかる求めについて、住所、氏名、生年月日に加えて個人番号をもとに取引の有無等を調査し回答することが必要である。

❺ ＥＵ一般データ保護規則（GDPR）

　2018年（平成30年）5月、「ＥＵ一般データ保護規則（GDPR：General Data Protection Regulation）の適用が開始された。GDPRは、個人データの処理および個人データを欧州経済領域（EEA：ＥＵ加盟国およびアイスランドとリヒテンシュタイン、ノルウェー）から第三国に移転するために満たすべき法的要件を規定しており、違反に対して厳しい行政罰※を定めている。

　EEA域内に現地法人・支店・駐在員事務所を置く企業等はもとより、インターネット取引などでEEA所在者の個人情報を取得・移転する場合なども適用対象となり得ることから、正しい理解が求められる。

※　GDPR違反に対する監督機関の執行には、調査、順守命令、処理の禁止、デー

タ主体に周知させる命令、認証の撤回、警告、制裁金の賦課等がある。制裁金の上限額は、以下の2類型である。
軽微な違反：1,000万ユーロ以下または、前年売上高の2％以下のいずれか高い方
重大な違反：2,000万ユーロ以下または、前年売上高の4％以下のいずれか高い方

A．GDPRにおける個人データ等の考え方

GDPRは、ＥＥＡ域内で取得した「個人データ」を「処理」し、ＥＥＡ域外の第三国に「移転」するために満たすべき法的要件を規定している。各々の具体的な定義やガイドラインは明示されていないが、概念については以下の通り。

a．個人データ

識別された、または識別され得る自然人（データ主体）に関する全ての情報である。EEA領域所在者の氏名、住所、識別番号等のほかメールアドレスやオンライン識別子（IPアドレス、クッキー識別子）等も対象となる。

b．処理

個人データまたは個人データベースに対して行われるあらゆる作業。個人データの取得、加工、保存、廃棄等が該当する。

c．移転

EEA域外の第三国の第三者に対して個人データを閲覧可能にする行為。個人データを含んだファイルを電子メールでＥＥＡ域外に送付すること等も「移転」に該当すると考えられる。

B．取扱いに係る留意事項

2019年（平成31年）1月、EU（欧州委員会）と日本政府（個人情報保護委員会）が互いを「個人データの保護水準が十分」と認定することにより個別の契約締結等を行わずともデータの移転を行える枠組みが発効した。しかし、個人データを取得する際に本人（データ主体）に域外移転に係る分りやすい説明を行ったうえで「明確な同意」を得る必要があること

や当該データを十分性認定がない第三国に再移転する場合には従来通りの個別契約を要することなどから慎重な取扱いを要する点は変わらない。インターネット取引等を通じてＥＥＡ所在者の個人データに接する場合には、かかる制約を十分に留意する必要がある。

❻ インサイダー情報等の管理

Ａ．インサイダー取引の禁止

金融商品取引法は、上場会社等の役職員、大株主その他「会社関係者」やその者からの情報受領者が、同社の業務や財産等に関して、一般投資家が知ることのできない未公開の「重要事実」を知りつつ、その事実が公開される前に同社が発行している株式等の売買を行う、いわゆるインサイダー取引（内部者取引）を、刑事罰等をもって禁止している。銀行業務に関係の深い「重要事実」としては、以下等をあげることができる。

①株式等の発行等
②銀行取引停止、会社更生、民事再生等
③売上高、経常利益、純利益、配当もしくは配分等に係る公表された予想値の修正等

銀行取引を通じて取引先である上場企業等またはその子会社の未公開の「重要事実」を知った職員は、インサイダー取引規制の対象者となり、関係する有価証券等の売買の禁止はもとより社内規程に基づき当該情報を厳正に管理することが求められる。

なお、2013年（平成25年）の法改正により、新たに未公表の重要事実や公開買付け事実の情報伝達行為および取引推奨行為の禁止が新設され、未公表の重要事実等（インサイダー情報）に触れる者は自ら取引に関わらくとも、情報を漏洩したり、他者に取引を勧めることにより規制対象となりうることについても留意したい。

B．法人関係情報の管理

法令（金融商品取引業等に関する内閣府令）は、金融商品取引業者等に対し法人関係情報について厳格な取扱いが必要であるとしている。法人関係情報とは、以下の要件を満たす情報であり、インサイダー情報に近いが、より広範な概念であると捉えることができる。

①上場会社の情報
②未公表の情報
③投資判断に影響を与え得る情報

すなわち、決算情報、会社の運営や業務、人事、財産、等の未公表情報につき、投資判断に影響を与え得るものを取得した場合には、速やかに統括部署に報告するとともに他の部門から隔離して管理する等の措置を講じる必要がある。

また、現時点では法人関係情報ではないが将来法人関係情報になる蓋然性が高いと考えられる情報（高蓋然性情報）、法人関係情報を取得していることを示唆する情報（示唆情報）等についても法人関係情報に準じた取扱いが求められることに留意したい。

Ⅳ 預貯金者保護法

2006（平成18）年、「預貯金者保護法（偽造カード等及び盗難カード等を用いて行われる不正な機械式預貯金払戻し等からの預貯金者の保護等に関する法律）」が施行された。2003（平成15）年頃より、カード磁気ストライプ読取装置（スキマー）等を悪用して偽造キャッシュカードを作成し、不正に入手した暗証番号や生年月日等の情報からATMでの預貯金払戻しを行うといった手口の犯罪が急増したことが背景となっている。

本項では、本法に基づく預貯金者保護の要件と営業店における対応時の

留意事項等を考察する。

❶ 預貯金者保護の要件等

「預貯金者保護法」は、偽造キャッシュカードや盗難キャッシュカードにより預貯金が不正に引き出されても、預貯金者のカードや暗証番号の管理状況に問題がなければ、その損害を金融機関が補償することを規定している。ただし、不正払戻しの手口と預貯金者の過失の程度により、補償内容に差異があることに留意が必要である。

なお、本法および全銀協「自主ルール」による保護対象は、個人口座であり、法人口座は含まれない。

A．預貯金者の過失に応じた損害の負担区分

a．偽造キャッシュカード等の場合（4条）

偽造キャッシュカード等による払戻し等によって被った預貯金者の損害については、原則として金融機関が補償する。

ただし、預貯金者の故意による場合、または金融機関が善意・無過失でかつ預貯金者に重過失がある場合には、金融機関は責任を負わない。

b．盗難キャッシュカード等の場合（5条）

盗難キャッシュカード等による払戻し等によって被った預貯金者の損害については、原則として金融機関が補償する。なお、補償の求めにあたり、預貯金者には以下の3点が必要である。

①預貯金者が盗難に気づいた後、金融機関への速やかな通知[※1]
②盗難に関する状況等の金融機関への十分な説明
③捜査機関への盗難届の提出

ただし、預貯金者の故意による場合、または金融機関が善意・無過失でありかつ預貯金者に重過失がある場合、不正払出しが預貯金者の配偶者等[※2]によりなされた場合、金融機関への説明において重要事項に係る偽証がなされた場合には、金融機関は責任を負わない。

また、金融機関が善意・無過失でありかつ預貯金者に軽過失がある場合には、金融機関の補償義務は損害額の4分の3（75％）となる。

※1　補償対象は、原則として通知の30日前から後の不正払戻しとなる。また、通知が盗難から2年超の場合、本法による金融機関の補償義務は適用除外となる。
※2　配偶者、二親等内の親族、同居の親族その他の同居人または家事使用人が対象となる。

> 参考：預貯金者の過失の例
> ●重過失　暗証番号を他人に教えた。暗証番号をキャッシュカードに書いていた。
> ●軽過失　暗証番号を生年月日とし、生年月日のわかる書類とともにキャッシュカードを保管していた。
> （推測されやすい暗証番号を使用していただけでは過失とはみなされず、複数要件を踏まえた総合的な判断が必要）

B．金融機関の責務

本法は、預貯金者の保護を目的として施行されたものであり、サービスの提供者である金融機関には、預貯金者の損害救済ならびに損害の未然防止に向けてさまざまな責務が加重されている。

a．過失の立証責任

本法の施行前、偽造・盗難キャッシュカードによる不正払戻し事案に対し、金融機関は民法478条（債権の準占有者に対する弁済）および取引約款を根拠として原則的に補償に応じなかった。また、金融機関から賠償を得るには、預貯金者の側で金融機関の過失と当該払戻しの無効を立証しなくてはならず、それは実態的に困難であった。

本法の施行により、係る不正払戻しについては民法478条の適用除外となるとともに、金融機関は被害発生に関する自身の無過失および預貯金者の過失の程度について立証責任を負うこととなった。さらに、法の趣旨に照らし、いずれの立証も要件が高まったことが想定される。

特に、偽造キャッシュカードによる事案では、法施行以降は、大半のケースで金融機関全額補償の扱いが行われている。

b．防止措置等

不正払戻しの防止に向けて、金融機関には、以下の対応が求められる（9条）。

> ①認証技術の開発、情報の漏えい防止および異常取引の早期把握のための情報システムの整備
> ②預貯金者に対する防止措置に係る情報の提供、啓発および知識の普及
> ③容易に推測される暗証番号が使用されない措置
> ④ATMコーナーのビデオテープ等による記録と保存　等

なお、預貯金者にも「カード・暗証番号の適切な管理」が求められる。

❷ 全銀協「自主ルール」

2008（平成20）年、全国銀行協会は、「預貯金者保護法」の枠外にある盗難通帳およびインターネットバンキングによる不正払戻しによる損害についても、本法施行趣旨を踏まえた補償等の対応を行う取り決めを行った。

また、2014（平成26）年には、犯罪手口の高度化・巧妙化と被害の拡大を踏まえて、個人顧客に限定していたインターネットバンキングにおける不正払戻しの補償に関し、法人顧客についても個別行の経営判断として検討するものとしたことを公表した。

> 参考：補償区分一覧
>
> | | 媒体 | 預貯金者の過失の程度と補償区分 | | |
> |---|---|---|---|---|
> | 法対応 | 偽造カード | 無過失 | | 重過失 |
> | | | 100％補償 | | 0％補償 |
> | | 盗難カード | 無過失 | 軽過失 | 重過失 |
> | | | 100％補償 | 75％補償 | 0％補償 |
> | 自主ルール | 盗難通帳 | 無過失 | 軽過失 | 重過失 |
> | | | 100％補償 | 75％補償 | 0％補償 |
> | | インターネットバンキング | 無過失 | 軽過失 | 重過失 |
> | | | 100％補償 | 個別対応※ | |
>
> ※ 被害にあった預貯金者の状況等を加味して判断する。なお、以下については、預貯金者の過失の程度に関わらず、補償の前提である要件となる。
> ・金融機関への速やかな通知
> ・金融機関への十分な説明
> ・捜査当局への届出、被害事実等の事情説明（真摯な協力）
>
> （出所）全国銀行協会ホームページ

❸ 営業店における留意事項

　上記のとおり、金融機関には預貯金者保護の趣旨よりさまざまな責務が課されており、営業店においては以下の配意が求められる。

A．被害防止の取組み

　預貯金口座開設、キャッシュカード発行、インターネットバンキング申込み等の受付時には、容易に推測される暗証番号を使用しないようなご案内や通帳・カード等の保管に係る注意喚起を行う。

　また、ビデオテープの稼働状態（撮影アングル・画質等）や保管状態の定期的な点検を行うとともに、ATM周辺の不審者や不審物には常時注意を払う必要がある（背後からの覗き見のほか、小型カメラを設置し盗撮する手口もあり）。

B．被害発生時の対応

　不正払戻しによる被害発生に当たっては、預貯金者より捜査関係機関に被害届を提出※してもらったうえ、金融機関の補償額の減額が可能かどうか、つまり預貯金者に管理上の過失があったかを調査することになる。

　速やかな受付と十分な事実確認が必要であるが、ヒアリングにあたっては、預貯金者の立場に立ってよくその話を聞くことが肝要である。預貯金者は犯罪被害に遭い、大変気落ちしているところであり、誠意のある対応が望まれる。預貯金者に説明責任があるからといって、高圧的な態度や預貯金者を疑うような対応（盗難を装っているのではないか）は、事態を混乱させることとなる。

　なお、本法においても、「預貯金者への情報提供等の求めにあたっては預貯金者の年齢、心身の状態等に十分配慮すること（11条3項）」とされている点にも留意したい。

※　偽造カードの場合には、現金を引き出された金融機関が窃盗罪等による被害届を提出。

> **参考：インターネット・バンキングに係る不正な払戻しへの対応**
>
> 　インターネット・バンキングに関わる不正払戻しの犯罪は、高度化・巧妙化し2013（平成25）年より被害が急拡大した。犯罪事案の手口は、利用顧客のパソコンを不正プログラムに感染させて、①不正なポップアップ画面を表示して当該画面に入力させた乱数／乱数表の一部または全部を盗取する、②不正プログラムに感染したパソコンで閲覧したパスワード通知メールの内容を盗取する、③不正プログラムで盗取したID・パスワード等を使って利用顧客のWEBメールサービスに不正にログインし、当該メールサービスに送信されたパスワード通知メールの内容を盗取する、といったものがあげられる。
>
> 　このような犯罪事案の動向を踏まえ、全国銀行協会は、2013（平成25）年11月に「インターネット・バンキングのセキュリティ向上に関する申し合わせ」を行った。以下は、その概要である。

1．インターネット・バンキングにおけるセキュリティ対策の強化

　お客さまのパソコンがウィルスに感染した場合にも、不正な払戻しが行われることのないようセキュリティ対策の強化に努める。具体的には、次のような対策を1つまたは複数組み合わせるなどして、順次、対策を講じる。

【対策例】
　①ワンタイムパスワード（ハードウェアトークン、ソフトウェアトークン、携帯電話アドレスへの電子メール通知等）の採用
　②取引に利用しているブラウザとは別の、携帯電話等の機器を用いる取引認証の導入
　③パソコンのウィルス感染を検知し警告を発するソフトの導入と、取引を遮断する対処
　④お客さまに対するセキュリティ対策ソフトの無償配布　等

2．お客さまへの注意喚起

　インターネット・バンキングの利用者に対し、次のような事項を注意喚起する。

【注意喚起の事例】
　①セキュリティ対策ソフトを導入するとともに、最新の状態に更新しておくこと。
　②パソコンのOSや各種ソフトウェアを最新の状態に更新しておくこと。
　③ワンタイムパスワード（ハードウェアトークン、ソフトウェアトークン、携帯電話アドレスへの電子メール通知等）の利用が効果的であること。
　④各金融機関が導入し、推奨しているセキュリティ対策のサービスの積極的な利用。
　⑤払戻し等の限度額を必要な範囲内でできるだけ低く設定すること。

3. 業界内でのタイムリーな情報共有

不正な払戻し等が発生した際には、全銀協に対し被害内容や犯罪手口等に関する情報をタイムリーに報告する。情報を速やかに業界内で共有することにより、同種手口による被害の未然防止・拡大防止に努める。

預金保険法

2010（平成22）年9月、日本振興銀行が経営破綻し、日本における初めてのペイオフが発動された。当該事案では決済システムを保有しない銀行であったこともあり、大きな混乱なく2年間で破綻処理を完了（最終受け皿銀行への事業譲渡後に解散）したが、この経験も踏まえて預金者保護を強化する関係法令の改正も行われており、金融機関における平時からの破綻時対応に係る一層の態勢整備が求められることとなった。

❶ 預金保険制度の概要

A．預金保険制度の仕組み

預金保険制度とは、金融機関が預金保険料を預金保険機構に支払い、万が一、金融機関が破綻した場合には、預金保険機構が一定額の保険金を支払うことにより預金者を保護する制度で、多くの国において採用されている。

仕組みは、（図表3-6）のように、預金者が預金保険の対象金融機関に預金をすると、預金者、金融機関および預金保険機構の間で、預金保険法に基づき自動的に保険関係が成立するという形で成り立っている。このため、預金者自身が、預金保険加入の手続を行う必要はない。

わが国の預金保険制度について定める預金保険法は、金融機関が破綻した場合でも、預金者の保護と資金決済の確保を通じて、信用秩序の維持を

(図表 3-6) 預金保険制度の概要

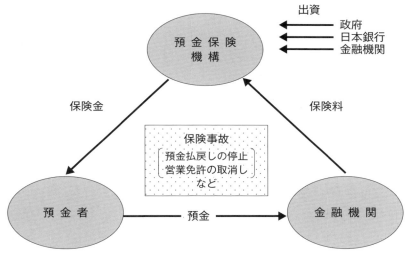

(出所) 預金保険機構ホームページ

図ることを目的としており、預金保険機構がその運営主体となっている。

B．対象となる金融機関

預金保険の対象金融機関は、日本国内に本店のある銀行、信用金庫、信用組合、労働金庫、信金中央金庫、全国信用協同組合連合会、労働金庫連合会、商工組合中央金庫であり、法律により加入が義務付けられている。

ただし、これらの金融機関でも、海外の支店は、預金保険の対象外である。また、政府系金融機関、外国銀行の在日支店も対象外となっている。

一方、日本国内に本店のある金融機関であれば、外国金融機関の子会社（外国金融機関の本邦法人）であっても、対象となる。

C．保護される預金等の範囲

a．保護される預金等の種類

預金保険による保護の対象となる預金等は、預金、定期積金、掛金、元本補てん契約のある金銭信託（ビッグなどの貸付信託を含む。）、金融債（保護預り専用商品に限る。）。

ただし、外貨預金、譲渡性預金、特別国際金融取引勘定において経理された預金（オフショア預金）、日本銀行からの預金等（国庫金を除く）、対象金融機関からの預金等（確定拠出年金の積立金の運用に係る預金等を除く）、募集債である金融債および保護預り契約が終了した金融債、受益権が社債、株式等振替法の対象である貸付信託または受益証券発行信託、無記名預金等は対象から除かれる。

また、他人（仮設人を含む）名義の預金等（いわゆる仮名・借名預金等）および導入預金等も、保護の対象外となる。

　ｂ．保護される預金等の額

預金保険で保護される預金等の額は、預金保険による保護の対象となる預金等のうち、決済用預金（無利息、要求払い、決済サービスを提供できること、という３要件を満たす預金）は全額、それ以外の預金等（以下「一般預金等」という）は１金融機関ごとに預金者１人当たり元本1,000万円までとその利息等となる（このように、あらかじめ決められた範囲内で実際に保護される預金等を「付保預金」という）。

一般預金等のうち元本1,000万円を超える部分および預金保険の対象外である預金等ならびにこれらの利息等は、破綻金融機関の財産の状況に応じて支払われるため、一部カットされることがある。

　Ｄ．破綻時における付保預金以外の預金等の取扱い

金融機関が破綻した場合、預金者は、付保預金の元本および利息に相当する金額を保険金の支払いまたは預金等の払戻しにより受け取るが、付保預金以外の預金等については、破綻金融機関の財産の状況に応じて、民事再生手続による弁済金の支払や破産手続による配当金を受け取ることになる。

ただし、預金者が破綻金融機関に対して借入金等を有している場合には、預金等の債権と借入金等の債務とを相殺することにより、預金の払戻しを受けるのと同等の効果が得られる場合がある。また、付保預金以外の預金等については、民事再生手続による弁済金の支払いや破産手続による配当

(図表3-7) 保護される預金等の種類・額

	預金等の種類		保護される預金等の額
預金保険による保護の対象となる預金等	決済用預金	当座預金、無利息型普通預金等	全額保護
	一般預金等	有利息型普通預金、定期預金、通知預金、貯蓄預金、納税準備預金、定期積金、掛金、元本補てん契約のある金銭信託（ビッグなどの貸付信託を含む）、金融債（保護預り専用商品に限る）等	合算して元本1,000万円までとその利息等を保護（1,000万円を超える部分は、破綻金融機関の財産の状況に応じて支払われる（一部カットされることがある））
預金保険の対象外の預金等		外貨預金、譲渡性預金、金融債（募集債および保護預り契約が終了したもの）等	保護対象外（破綻金融機関の財産の状況に応じて支払われる（一部カットされることがある））

より前に、預金保険機構が、破綻金融機関の破産配当見込額等を考慮のうえ決定する一定の率を乗じた金額で、預金者から買取り（概算払）を行うことがある。

❷ 名寄せによる付保預金の特定

A．名寄せに際しての預金者の扱い

金融機関に破綻等の保険事故が生じた場合、預金保険機構は、保護される預金等に係る保険金の支払いまたはその払戻しを円滑に行うための業務を行う。

その前提として、預金保険機構は、破綻した金融機関から提出を受けた預金者等に係るデータ（預金者の（カナ）氏名、生（設立）年月日、住所（所在地）、口座番号、預金の種類、預金等の元本および利息額等のデータ。

以下「預金者データ」という）に基づき、同一の預金者が破綻した金融機関に有する複数の預金口座等を集約、合算し、預金者ごとの付保預金の額を把握する。この作業を「名寄せ」という。

名寄せに際しての預金者の扱いは、以下のとおりである。

　　a．個人の扱い

　1個人を1預金者とする。夫婦や親子も別々の預金者となる。なお、家族の名義を借用している預金（借名預金）等は、保護の対象外である。個人事業主の場合、事業用の預金等と事業用以外の預金等は、同一人の預金等となる。

　　b．法人の扱い

　1法人を1預金者とする。

　　c．権利能力なき社団・財団の扱い

　1社団・財団を1預金者とする。法人でない団体が、「権利能力なき社団・財団」と認められるか、「任意団体」であるかについては、金融機関において、当該団体の規約等の内容およびその活動実態を確認し、「権利能力なき社団・財団」としての要件を満たしているか否かを判断することになる。

　　d．任意団体の扱い

　法人および「権利能力なき社団・財団」以外の団体を「任意団体」という。「任意団体」は、1預金者とはならず、その帰属主体は各持分権者（各構成員）となる。

　金融機関は、破綻後に、「任意団体」の代表者に、団体の構成員に関するデータ（カナ氏名、生年月日、持分等）を持分届出書により提出することを求め、これを預金保険機構に報告する。預金保険機構では、構成員が別の預金等を有している場合、その預金等に当該構成員の持分を追加名寄せする。

　　e．地方公共団体の扱い

　地方公共団体は、地方公共団体自体が1預金者となる。

B．付保預金特定の手順

a．特定に当たっての順位

名寄せの結果、同一の預金者が一般預金等の口座を複数有しており、かつ、その元本が1,000万円を超える場合には、以下の順位※により、付保預金を特定する。

> ①担保権の目的となっていないもの
> ②弁済期（満期）の早いもの
> ③弁済期（満期）が同じ預金等が複数ある場合は、金利の低いもの
> ④金利が同じ預金等が複数ある場合は、預金保険機構が指定するもの
> ⑤担保権の目的となっているものが複数ある場合は、預金保険機構が指定するもの

※ 確定拠出年金の積立金の運用に係る預金等は、確定拠出年金の加入者等ごとの預金等とみなして保護の対象となるが、付保預金の特定に当たっての順位については、加入者個人の預金等を優先する。

b．担保預金の扱い

預金保険による保護の対象となる預金等で担保預金（保険事故時に存在する借入金等の債務のために質権・根質権等の担保権が設定されている預金等）となっているものは、付保預金額の算定の対象に含まれる。ただし、付保預金の特定における順位は、担保預金でない預金等よりも後順位となる。

また、付保預金である担保預金に係る保険金の支払いまたは預金の払戻しは、当該担保預金に係る被担保債権が消滅するまで保留されることがある。保険金の支払いまたは預金の払戻しを保留する範囲は、担保契約の内容により異なる。

c．総合口座における付保預金の特定

普通預金や定期預金など種類の異なる預金等と自動当座貸越が一組に

なっている総合口座については、口座を構成する預金等ごとに預金保険による保護の対象となる預金等であるか否かを判別したうえで名寄せを行い、付保預金を特定する。自動当座貸越が総合口座に組み合わされている場合には、定期預金等は前記bの担保預金となる。

❸ 金融機関による破綻時対応態勢の整備

A．預金者データの整備

金融機関が破綻した場合、預金保険機構は、破綻金融機関から提出される預金者データを基に、名寄せや預金者ごとの付保預金の算定などを迅速に行う必要がある。このために、金融機関は、破綻時に預金保険機構の求めに応じて速やかに預金者データを提出できるよう平時から預金者データおよびシステムを整備することを預金保険法で義務付けられている。

B．円滑な業務再開に向けた態勢整備

2012（平成24）年5月に「預金保険法第58条の3及び同条第1項に規定する措置に関する内閣府令」が改正施行され、金融機関の破綻後に円滑な業務再開ができるよう平時からの対応態勢を強化することが求められた。強化のポイントは、以下のとおりである。

a．付保預金と非付保預金の区分管理

改正前は、一部払戻不可口座（「付保預金」と「非付保預金」が混在する口座）について、払戻しの禁止措置までが求められていたが、「付保預金」の速やかな払戻しを損なうおそれがあることを踏まえ、迅速な区分管理を行ったうえで「付保預金」については払戻しや新たな預金の受取りを可能とする措置が求められた。

具体的には、一部払戻不可口座を速やかに「付保預金口座」と「非付保預金口座」に口座分割し、後者について払戻し禁止用のフラグを設定するとともに、前者についてはATMや口座振替を含めて利用を可能とする手順（またはシステム対応）を整備することとなる。

b．預金等の変動データ作成のためのシステム整備

定額保護による破綻処理においては、民事再生手続等の倒産手続が適用されるため、破綻時点の預金（再生債権）と営業再開後に入金された預金（共益債権）を区分して管理する必要がある。金融機関は、預金の入出金データを預金保険機構あてに指定フォーマットで日次伝送することとなり、そのためのシステム整備が求められた。

c．破綻時対応の手順書・マニュアル整備

前記「a」「b」のほか、「相殺」や「預金債権の買取り（概算払）」等の破綻時対応に必要な事務処理について、社内の手順書・マニュアルを整備することが求められた。

休眠預金等活用法

2018年（平成30年）1月、休眠預金等活用法（民間公益活動を促進するための休眠預金等に係る資金の活用に関する法律）が施行された。本法は、いわゆる休眠預金（預貯金者が名乗りを上げないまま10年間放置された預貯金）が毎年1000億円余り発生していることを踏まえ、預貯金者に払い戻す努力を尽くしたうえで、社会全体への波及効果の大きい民間公益活動の促進に活用することで、休眠預金等を広く国民一般に還元することを目的とする。

活用分野は、人口の減少、高齢化の進展等の経済社会情勢の急速な変化が見込まれる中で、国及び地方公共機関が対応することが困難な社会の諸課題の解決を図ることを目的として民間の団体が行う公益に資する活動であり、以下の3分野が規定されている（法第17条）。

・子どもおよび若者の支援に係る活動
・日常生活または社会生活を営む上での困難を有する者の支援に係る活動
・地域社会における活力の低下その他の社会的に困難な状況に直面してい

る地域の支援に係る活動

❶ 休眠預金活用の仕組み

2019年（平成31年）1月以降、金融機関において発生する休眠預金等は、預金保険機構等を介して、以下により民間公益活動に充てられる。

1. 金融機関は、休眠預金等を預金保険機構に納付する。
2. 預金保険機構は、事業計画の実施に必要な金額を指定活用団体（内閣総理大臣が指定する一般社団法人）に交付する。
3. 指定活用団体は、民間公益活動促進業務の実施について責任を負い、事業計画等に基づいて資金分配団体を公募により選定し、助成又は貸付けを行う。
4. 資金分配団体は、民間公益活動を行う団体を公募により選定し、助成等を行う。

❷ 金融機関における休眠預金等の移管の取扱い

金融機関は、休眠預金等を以下の流れで特定し、預金保険機構へ移管す

（図表3-8）休眠預金等活用法に基づくスキーム概要

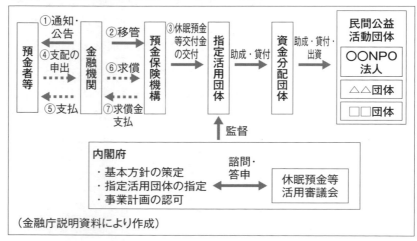

（金融庁説明資料により作成）

る。

A．休眠預金等の定義

本法により休眠預金等の対象となる預金等は、預金保険法上の付保対象となる預貯金（一般預貯金・決済性預貯金）であり、外貨預金、譲渡性預金等は対象とならない。また、財形貯蓄、仕組預貯金、マル優口座等は、施行規則（第3条）により除外される。

「休眠預金等」とは、最終異動日等から10年を経過した預金等と定義される。「異動」は、入出金や手形・小切手による支払い請求等であるが、金融機関が行政庁の認可を受けることにより、通帳や証書の発行・記帳・繰越、残高照会、変更届の受付等についても異動事由とすることができる。

B．金融機関による公告と通知

金融機関は、最終異動日から9年を経過する預金等があるときには、10年6月を経過する日までに、当該預金等が休眠預金等として預金保険機構へ移管され債権が消滅する旨を電子公告し、2ヵ月間継続する。

また、金融機関は、公告に先立ち、預金者等に対して休眠預金等に係る通知を行うことが求められる（残高1万円未満は不要）。通知が預金者等に到達した場合には、当該通知日が異動日として扱われる。

C．休眠預金等移管金の納付

金融機関は、公告開始から1年経過日までに休眠預金等に係る債権相当額（元利金）を休眠預金等移管金として、預金保険機構に納付する。納付日において、休眠預金等に係る債権は消滅する。

❸ 休眠預金等代替金の支払い

預貯金者は、休眠預金等の移管後であっても、休眠預金等代替金（休眠預金等の元本＋利子相当額）の支払いを金融機関に請求することができる（預金保険機構から当該業務の委託を受ける）。

Ⅶ 反社会的勢力への対応

　反社会的勢力を社会から排除していくことは、社会の秩序や安全を確保するうえで極めて重要な課題であり、反社会的勢力との関係を遮断するための取組みを推進していくことは、企業にとって社会的責任を果たす観点から必要かつ重要である。

　特に、公共性を有し、経済的に重要な機能を営む金融機関においては、金融機関自身や役職員のみならず、顧客等のさまざまなステークホルダーが被害を受けることを防止するため、反社会的勢力を金融取引から排除していくことが求められる。

　本項では、反社会的勢力への基本的な対応策と、営業店における留意事項等を考察する。

❶ 対応指針

　2007（平成19）年、政府は「企業が反社会的勢力による被害を防止するための指針（以下、「指針」という）」を取りまとめ、経済界における反社会的勢力との関係遮断の取組みを一層推進することを求めた。なお、「指針」は、あらゆる企業を対象として、反社会的勢力による被害を防止するための基本的な理念や具体的な対応を定めたものであり、法的な拘束力を持つものではない。

Ａ．基本原則に基づく対応

　「指針」は、反社会的勢力による被害を防止するための基本原則として、「組織としての対応」、「外部専門機関との連携」、「取引を含めた一切の関係遮断」、「有事における民事と刑事の法的対応」、「裏取引や資金提供の禁止」の５原則を掲げている。各原則に基づく対応の概要は、以下のとおりである。

a．組織としての対応

①反社会的勢力への対応については、企業の倫理規程、行動規範、社内規則等に明文の根拠を設け、担当者や担当部署だけに任せずに、経営トップ以下、組織全体として対応する
②反社会的勢力による不当要求に対応する従業員の安全を確保する
③反社会的勢力による不当要求がなされた場合には、当該情報を、速やかに反社会的勢力対応部署へ報告、相談し、さらに当該部署から担当取締役等に報告する
④反社会的勢力による不当要求がなされた場合には、担当者や担当部署だけに任せずに、不当要求防止責任者を関与させ、経営トップ以下、組織全体として対応する

b．外部専門機関との連携

①反社会的勢力の不当要求に備え、平素から、警察、暴力追放運動推進センター、弁護士等の外部専門機関と緊密な連携関係を構築する
②暴力追放運動推進センター、企業防衛協議会、各種の暴力団排除協議会等が行う地域や職域の暴力団排除活動に参加する
③反社会的勢力による不当要求がなされた場合には、積極的に、外部専門機関に相談するとともに、その対応にあたり、暴力追放運動推進センター等が示している不当要求対応要領等に従って対応する

c．取引を含めた一切の関係遮断

①反社会的勢力とは、取引関係を含めて、一切の関係を持たない。また、反社会的勢力による不当要求は拒絶する
②相手方が反社会的勢力あるかどうかにつき、常に、注意を払うとと

もに、反社会的勢力とは知らずに何らかの関係を有してしまった場合には、相手方が反社会的勢力であると判明した時点や反社会的勢力であるとの疑いが生じた時点で、速やかに関係を解消する
③反社会的勢力が取引先や株主となって、不当要求を行う場合の被害を防止するため、契約書や取引約款に暴力団排除条項を導入するとともに、可能な範囲内で自社株の取引状況を確認する
④取引先の審査や株主の属性判断等を行うことにより、反社会的勢力による被害を防止するため、反社会的勢力の情報を集約したデータベースを構築する。同データベースは、暴力追放運動推進センターや他企業等の情報を活用して逐次更新する

d．有事における民事と刑事の法的対応

①反社会的勢力による不当要求に対しては、民事と刑事の両面から法的対応を行う
②反社会的勢力による不当要求がなされた場合には、あらゆる民事上の法的対抗手段を講じ、刑事事件化も躊躇しない。特に、刑事事件化については、被害が生じた場合に、泣き寝入りすることなく不当要求に屈しない姿勢を反社会的勢力に対して鮮明にし、さらなる不当要求による被害を防止する意味からも、積極的に被害届を提出する

e．裏取引や資金提供の禁止

①反社会的勢力への資金提供は、絶対に行わない
②反社会的勢力による不当要求が、事業活動上の不祥事や従業員の不祥事に起因しても、事実を隠ぺいする裏取引を絶対に行わない
③反社会的勢力による不当要求が、事業活動上の不祥事や従業員の不祥事を理由とする場合には、反社会的勢力対応部署の要請を受

> けて、不祥事案を担当する部署が速やかに事実関係を調査する。調査の結果、反社会的勢力の指摘が虚偽であると判明した場合には、その旨を理由として不当要求を拒絶する。また、真実であると判明した場合でも、不当要求自体は拒絶し、不祥事案の問題については、別途、当該事実関係の適切な開示や再発防止策の徹底等により対応する
> ④反社会的勢力への資金提供は、反社会的勢力に資金提供したという弱みにつけ込まれて不当要求につながり、被害のさらなる拡大を招くとともに、暴力団の犯罪行為等を助長し、暴力団の存続や勢力拡大を下支えするものであるため、絶対に行わない

> **参考：「反社会的勢力」の捉え方**
> 暴力、威力と詐欺的手法を駆使して経済的利益を追求する集団または個人である「反社会的勢力」をとらえるに際しては、暴力団、暴力団関係企業、総会屋、社会運動標ぼうゴロ、政治活動標ぼうゴロ、特殊知能暴力集団等といった「属性要件」に着目するとともに、暴力的な要求行為、法的な責任を超えた不当な要求といった「行為要件」にも着目することが重要である。

❷ 暴力団排除条項の意義

　全国銀行協会は、政府における「指針」の策定を踏まえ、2007（平成19）年に反社会的勢力介入排除に向けた取組みを強化する旨の申合せを行った。また、2008（平成20）年には、取引約款等に盛り込むべき暴力団排除条項の参考例を取りまとめ、会員銀行宛に通知した。現在、多くの

金融機関において係る条項が導入されていると思われるが、活用にあたっては条項の意義の理解が必要であり、「指針」解説よりその概要を記載する。

暴力団を始めとする反社会的勢力が、その正体を隠して企業に接近し、取引関係に入った後で不当要求に及ぶ手口が見られる。また、不当要求を行わないとしても、暴力団の構成員や関係者と契約関係を持つことは、暴力団との密接な交際や暴力団への利益供与の危険を伴う。契約書や取引約款に暴力団排除条項を盛り込むことは、こうした事態の回避を狙いとする。

暴力団排除条項は、反社会的勢力との契約を「契約自由の原則」に基づき、企業の総合判断により拒絶するものである。

また、契約後に反社会的勢力であることが判明した場合には、「信頼関係破壊の法理」の考え方により契約解除を図ることとなるが、あらかじめ「自分は反社会的勢力ではない」という申告を求める条項を加えておくことにより、「不実の告知」を活用して排除の実効を高めることができる。

①相手方が反社会的勢力と表明した場合には、暴力団排除条項により契約を拒む
②相手方が反社会的勢力であることについて明確な回答をしない場合には、契約自由の原則により契約を拒む
③相手方が反社会的勢力であることについて明確に否定し、後に、その申告が虚偽であることが判明した場合には、暴力団排除条項及び虚偽の申告（不実の告知）を理由として契約を解除する

なお、係る暴力団排除条項等においては、反社会的勢力であることの属性要件のみならず、行為要件が組み合わされる。

参考：全国銀行協会「暴力団排除条項の参考例」
第〇条（反社会的勢力の排除）
① 私または保証人は、現在、暴力団、暴力団員、暴力団員でなくなった時から5年を経過しない者、暴力団準構成員、暴力団関係企業、総会屋等、社会運動等標ぼうゴロまたは特殊知能暴力集団

等、その他これらに準ずる者（以下これらを「暴力団員等」という。）に該当しないこと、および次の各号のいずれにも該当しないことを表明し、かつ将来にわたっても該当しないことを確約いたします。
1．暴力団員等が経営を支配していると認められる関係を有すること
2．暴力団員等が経営に実質的に関与していると認められる関係を有すること
3．自己、自社もしくは第三者の不正の利益を図る目的または第三者に損害を加える目的をもってするなど、不当に暴力団員等を利用していると認められる関係を有すること
4．暴力団員等に対して資金等を提供し、または便宜を供与するなどの関与をしていると認められる関係を有すること
5．役員または経営に実質的に関与している者が暴力団員等と社会的に非難されるべき関係を有すること

② 私または保証人は、自らまたは第三者を利用して次の各号の一にでも該当する行為を行わないことを確約いたします。
1．暴力的な要求行為
2．法的な責任を超えた不当な要求行為
3．取引に関して、脅迫的な言動をし、または暴力を用いる行為
4．風説を流布し、偽計を用いまたは威力を用いて貴行の信用を毀損し、または貴行の業務を妨害する行為
5．その他前各号に準ずる行為

③ 私または保証人が、暴力団員等もしくは第1項各号のいずれかに該当し、もしくは前項各号のいずれかに該当する行為をし、または第1項の規定にもとづく表明・確約に関して虚偽の申告をしたことが判明し、私との取引を継続することが不適切である場合には、私は貴行から請求があり次第、貴行に対するいっさいの債務の期限の利益を失い、直ちに債務を弁済します。

④ 手形の割引を受けた場合、私または保証人が暴力団員等もしくは第1項各号のいずれかに該当し、もしくは第2項各号のいずれ

かに該当する行為をし、または第1項の規定にもとづく表明・確約に関して虚偽の申告をしたことが判明し、私との取引を継続することが不適切である場合には、全部の手形について、貴行の請求によって手形面記載の金額の買戻債務を負い、直ちに弁済します。この債務を履行するまでは、貴行は手形所持人としていっさいの権利を行使することができます。

⑤ 前2項の規定の適用により、私または保証人に損害が生じた場合にも、貴行になんらの請求をしません。また、貴行に損害が生じたときは、私または保証人がその責任を負います。

⑥ 第3項または第4項の規定により、債務の弁済がなされたときに、本約定は失効するものとします。

(出所) 全国銀行協会ホームページ

❸ 営業店における留意事項

営業店の管理者においては、営業店が反社会的勢力排除の最前線にあることを十分に認識し、店内体制の整備を進めるとともに不当要求があった場合には基本原則に基づく適切な対応の徹底が求められる。

A．店内体制の整備

a．属性確認の徹底

口座開設等の取引開始時には、社内データベース等を活用して属性確認を行うとともに、手続きに則った約款類の整備を徹底させる。また、既往取引先においても、経営陣の交代や地元風評等に応じ、取引方針の見直しと適時データベース情報の更新を行う。なお、反社会的勢力排除の対象先は、金融取引の顧客はもとより清掃等の業務委託先や物品購入先も含まれることにも留意が必要である。

> **参考：警察庁の暴力団情報データベースの活用**
>
> 全国銀行協会は、反社会的勢力との関係遮断を徹底するための対応として、2018年（平成30年）1月から警察庁の暴力団情報データベースへの接続を開始したことを公表した。接続に関する枠組み

の概要は、以下のとおりである。
1．警察庁の暴力団情報データベースへの接続は、預金保険機構を介して実施する。
2．対象取引は、新規の個人向け融資等とする。
3．対象者は、個人の融資申込者等とする。

b．専門機関との連携

平素より地元警察や暴力追放運動推進センターの担当者と連携を保ち、情報共有を図るとともに有事の際に円滑な協力が得られる関係を構築する。

B．不当要求等への対応

反社会的勢力（懸念先を含む）との接触等については、以下を配意する。

a．組織としての対応

支店長の指揮の下、店内に対応を周知する。対応にあたっては、行職員の安全に配慮するとともに、特定の担当者に負担を集中させないようにする。また、迅速に本部所管部門に報告と対応協議を行い、組織としての対応を徹底する。

b．面談時の注意

やむを得ず反社会的勢力（懸念先を含む）と面談する際には、以下に留意する。

①先方事務所等に出向くことは避け、店内で対応する。やむを得ず先方に出向く場合には、状況に応じ警察に事前・事後連絡を行う
②複数の役職者で対応する。また、先方より多い人数とする。支店長等の権限者は、原則として面談を回避する
③「〇時までなら話を伺う」とあらかじめ告げる等により、できるだけ短時間で対応する。湯茶の接待は不要。長居するようであれば、「営業に支障があり退去いただきたい」旨を明確に伝え、応じない場合には警察に連絡をする

> ④面談内容を記録することをあらかじめ先方に告げたうえで、メモ・録音機・ビデオ等で記録する
> ⑤先方の要求に即答や約束はしない。また、「申し訳ありません」「検討します」「考えます」等の言葉も、言葉尻を捉えた糾弾や言質につながるおそれがあり、使わないようにする。詫び状・念書類の発行は行わない

Ⅷ 障害者差別解消法

　2013年（平成25年）、障害者基本法に定める「差別の禁止」の基本原則を具体化し、全ての国民が障がいの有無によって分け隔てられることなく相互に人格と個性を尊重し合いながら共生する社会の実現に向けて障がい者差別の解消を促進することを目的として障害者差別解消法（障害を理由とする差別の解消の推進に関する法律）が制定された。

　法は、障がい者に対する「不当な差別的取扱い」と「合理的配慮の不提供」を差別と規定し、行政機関および事業者に対して差別の解消に向けた具体的な取組みを求めるとともに、普及活動を通じて障がい者も含めた国民一人ひとりがそれぞれの立場において自発的に取り組むことを促すものである。

　金融機関は公共性の高い事業者であることに鑑み、営業店の役職員は法の考え方を十分に理解して障がいを持つ顧客の対応に取り組むことが求められる。

❶ 障がい者

　法に定める「障がい者」は、「身体障害、知的障害、精神障害（発達障害を含む）その他の心身機能の障害がある者であって、障害及び社会的障

壁により継続的に日常生活又は社会生活に相当な制限を受ける状態にあるもの」であり、いわゆる障がい者手帳の所持者に限られない。なお、脳卒中等による言語障がいや記憶障がいなど高次脳機能障がいは、精神障がいに含まれるものとされる。

❷ 不当な差別的取扱い

　法は、障がい者に対して、正当な理由なく、障がいを理由として、サービスや各種機会の提供を拒否したり、障がい者でない者には付さない条件を付けることなどにより、障がい者の権利利益を侵害することを禁止している。

> **参考：不当な差別的取扱いに当たりうる具体例**
> ・障がいを理由として、窓口対応や商品の提供を拒否する。
> ・障がいを理由として、入店時間や入店場所に条件を付ける。
> ・障がいを理由として、来店の際に付添い者の同行を求めるなどの条件を付ける。
> ・身体障がい者補助犬を連れていることや車いすを利用していることを理由として、入店を拒否する。

❸ 合理的配慮

　法は、サービスの提供などの個々の場面において、障がい者から社会的障壁の除去を必要としている旨の表明があった場合には、その実施に伴う負担が過重でない限り、障がい者の権利利益を侵害することとならないよう、社会的障壁の除去の実施について合理的配慮を行うことを求めている。

　障がい者からの意思の表明は、言語（手話を含む）のほか、筆談や身振りサインによる合図等、障がい者がコミュニケーションを図る際に必要な手段により行われる。また、知的障がいや精神障がい等により本人の意思表示が困難な場合には、障がい者の家族、介助者等、コミュニケーションを支援する者が本人を補佐して行う意思の表明も含まれる。

なお、「過重な負担」については、拡大解釈することなく、業務への影響の程度、物理的・技術的・人的制約、費用等を考慮のうえ、具体的な状況に応じて総合的・客観的に判断することが必要である。事業者において過重な負担と判断した場合は、障がい者にその理由を説明し、理解を得るように努めることが望まれる。

> **参考：合理的配慮の具体例**
> ・（視覚に障がいのある顧客に対しては、）窓口まで誘導し、商品内容を分りやすい言葉で丁寧に説明を行う。また、顧客の要請がある場合は、取引関係書類について代読して確認する。
> ・（聴覚に障がいのある顧客に対しては、）パンフレット等の資料を用いて説明し、筆談を交えて要望等の聞き取りや確認を行う。
> ・書類の内容や取引の性質等に照らして特段の問題がないと認められる場合に、自筆が困難な障がい者からの要望を受けて、本人の意思確認を適切に実施したうえで代筆対応する。
> ・商品資料や各種説明書について、点字、拡大文字、音声読み上げ機能、ルビ付与、手話、筆談など障がい特性に応じた多様なコミュニケーション手段を、可能な範囲で用意して対応する。
> ・段差がある場合に、車いす利用者にキャスター上げ等の補助をしたり、携帯スロープを渡す。
> ・車いす利用者にとってカウンターが高い場合に、カウンター越しの対応ではなく、テーブルに移る等して、適切にコミュニケーションを行う。
> ・立って列に並んで順番を待つ場合に、周囲の者の理解を得たうえで、当該障がい者の順番が来るまで別室や席を準備する。

第 **4** 章
営業推進

　社会状況・事業環境が大きく変化するなか、他業界からの参入を含め金融業の競争環境は熾烈なものとなっている。

　自店の立地情勢の動向を把握し適切な営業推進計画を策定するとともに、人材の配置や機械装備の活用、戦略分野への人的資源の先行投資判断など、管理者として多方面からの検討と取組みが求められることとなる。

　本章では、その中でも特に重要な「営業推進の基本」「市場調査と戦略の立案」「個人取引の推進」「法人取引の推進」「債権管理の強化」「利用者保護のルールと相談・苦情等への対応」に焦点をあてて解説する。

1 営業推進の基本

> 営業推進による自店の業績向上は、株主・経営陣はもとより、自店行職員に対してもコミットすべき営業店長、管理者の基本的使命である。
> 本節では、自店の営業推進に取り組むうえでの基本的な留意事項を管理者としての行動、営業推進体制の整備、コンプライアンスの問題も交えて考察したい。

Ⅰ 支店長・管理者に求められる行動

　業績向上を推進していく管理者像、リーダーの姿の考え方はさまざまあろうが、組織をまとめ、求心力をもって課題に取り組んでいくという観点からは以下のような行動があげられよう。

①ユニークな着眼を持ちつつも、正攻法に則った営業に徹し、持続的な店舗作りに取り組む
②業務上の成果に対する関心が高く、責任感が旺盛である
③自店のあるべき姿、進むべき方向を俯瞰的に把握し、考え方の軸がブレることなく定まっている
④自店のウイークポイントを把握し、その対策を躊躇なく実行する
⑤情報網やネットワーク作りに取り組み、自店立地エリアの変化を敏感に感じとり、機敏に対応する
⑥バランス感覚を持ち、戦略策定や戦力配分にあたっては、短期的視点からの取組みと長期的視点からの取組みとを上手く調和させる

> ⑦常に「顧客本位」の志向と社会的使命感に基づいて、情熱とロマンをもって支店経営に臨んでいる
> ⑧日常の言動や姿勢に行職員の共感を得ており、厳しい要求や管理に対しても、共通の認識の下で協力が得られる関係にある

　このようなイメージを努めて心に刻み、自らの行動指針として意識的に取り組むことが、業績向上を推進していく管理者像、リーダーの姿に近づくこととともなる。

　いかに有能な管理者であると人事的に評価されていても、店舗現場において日々の言動のブレが多く、短期業績に囚われた場当たり的な取組みや、人望の伴わない差配に終始していては、配下の行職員の信頼はもとより、顧客の支持も得られず、業績の向上や持続的な支店運営は成し得ない。

　管理者は、率先垂範して自主的に動くだけではなく、主体的に動く意識を強く持つことが大切である。自主性は「「何をすべきか」やるべきことは決まっていてそれを実行に移そうという判断を自ら行う態度」をいうが、主体性は「何をするか・しないかの判断を含めて、ある状況のなかで自らの意志・判断で責任を持って行動する態度」をいう。「やるべきことをやる」に留まらず、行動の結果について自らが責任を持つという姿勢がポイントである。

> **参考：マネジメントの2つの機能："management+risk-take"と"management+risk-hedge"**
> 　営業店を経営する立場である支店長や支店において組織を管理していく立場にある管理者には、いずれも果すべきマネジメント機能が期待されている。会社経営の場合において、マネジメントには2つの機能があるとされ、1つは"management+risk-take"、もう1つは"management+risk-hedge"である。会社経営と同様に、支店経営においてもこれらの2つのマネジメント機能を意識して役割を発揮していくことが重要である。"management+risk-hedge"は、

すでに決められた道・定まった方向性に基づいて、組織人員が道からそれることがないように、遅れることがないようにといった、取組みのブレや逸脱を防ぐ（hedge する）機能である。すべての管理者が基本姿勢として保有すべきマネジメントの機能といえる。

"management+risk-take" は、未来に向けて、事業環境の変化のなかで未知の世界に道を切り拓いていく「未来に向けての選択」をする機能である。右に分かれる道・真ん中の道、左に分かれる道などに対して、どの道を選ぶのかという選択と判断を行うことである。本部から示された方向性に則ることは当然のこととしても、任された拠点において、立地エリアの状況や変化を認識し、自店の特性等を踏まえて、自店としての進むべき道の選択を行なうことが求められる。社会環境や事業環境の変化が少ない状況下においては、management+risk-hedge で乗り切ることも可能であるが、多様な変化が生じる現在の状況下においては、本部から示された方向性に則りつつ、日々不断の management+risk-take が求められているといっても過言ではないだろう。営業店管理においては、これら2つのマネジメント機能を上手く果たしているかについて、自らの思考・言動を振り返りながら軌道修正を続けることが必要である。

II 営業推進体制の整備

❶ 調和のある体制の構築

A．渉外部門と店内部門

フルバンキングの店舗に加えて、個人営業専門店や法人営業専門部等の特化型店舗も珍しくなくなった現在の金融機関の店舗体制においては、従来以上に、渉外部門と店内部門に対してバランス感覚をもって経営管理にあたらなくてはならない。

支店経営に携わる者としては、競争環境の下「打って出る」という攻めの意識に立って渉外部門への傾注に駆られることも理解できるが、渉外部門と店内部門は支店経営における車の両輪である。

　渉外部門と店内部門に対する支店経営に携わる者の意識は、ストレートに顧客に接する行職員に伝わり、また、そのサービスを介して顧客へも伝わるものである。ともに重要なサービス機能であるとの認識に立って、渉外部門と店内部門の双方に対するバランス感覚をもって自店の店内体制を構築していくことが求められる。

　関心の度合い、気配り、心の持ち方など、渉外部門、店内部門の双方に半々のウエイトで臨み、支店経営の両輪となる両部門をどのようにまとめあげ、顧客本位の視点からの取組み、顧客ニーズの掘り起こしを推進し得るかを考えることが大切である。

B．営業推進の基盤となる事務管理体制

　金融機関の業務においては、「事務の正確性」が第1に求められる。顧客からの信頼も顧客にとっての利便性やサービスの向上等も、すべて事務の正確性という基盤のうえに実現する。

　地域における競合店舗との競争のなかで、業績を向上させていくためにも、事務の正確性確保に向けた日々の地道な取組みは欠かせない。支店経営に携わる者が安定した事務運営への取組みへの関心・配慮を示すことは、担当者の意識を高め、いっそうの努力を導くことを改めて認識したい。

　なお、こうした事務の正確性や安定した業務運営は正規行職員だけではなく、顧客接点が最も多いロビーのパート職員等との連携によって成り立っていることも忘れてはならない。渉外、店内、そしてロビー周りの戦力等に対するバランス感覚のある関心や配慮を自らが率先して心がけたいものである。その際に、たんに目標やあるべき論をふりかざすのではなく自店舗の立地特性や自店の果たす地域への貢献などの仕事のやりがいにつながるビジョンの策定と所属員全員に対するわかりやすい説明と認識共有が欠かせない。

参考:「店舗の知的資産の認識共有が組織力の向上につながる」

競争店舗との差別化や"自店らしさ"を考えるうえで、自店の"らしさ"を生み出している源泉である、「ひと」(人的資産:行職員、含むパート職員等)、「しくみ」(構造資産:自店の業務運営の仕組みや工夫、コミュニケーションの状況・風通し、教育・研修等の仕組み等)、「つながり」(関係資産:取引先や地域社会とのつながり)といった自店組織がもつ知的資産の視点から捉えることが有益である。日頃当たり前と思っている取組みや関わりのなかにも、様々な工夫や取引先や地域社会との関わりがあることに気付く。

自店組織の知的資産	見るべき視点
ひと(行職員・パート職員等)	イキイキ
しくみ(自店組織)	ワクワク
つながり(取引先・地域社会)	ニコニコ

自店らしさを生み出す強みや特徴とあわせて、課題について自店の行職員・パート職員等との認識の共有が大切である。認識の共有により、何に取組み、改善し、補っていけば、よい部分を伸ばすことができ、足らない部分をよくすることができるかということを知ろうとする姿勢にもつながる。また、一人ひとりの自店の行職員・パート職員等が自店の存在意義(自金融機関内での存在意義や自店の取引先や地域社会等に対しての貢献~「何故お客様に選んでいただいているのか」「私たちの取組みによってどのようなお客様や地域社会等に対して価値を提供しているのだろうか」~についての明確な「現状認識」ができれば、自店組織はやりがいのある場(ワクワクの意識が生まれる場)になり、その組織における各自(行職員)はイキイキと業務に取り組み、ワクワクの意識が生まれる場で、イキイキとした気持ちで業務に取り組む行職員等と接する取引先や地域社会は喜んで(ニコニコした気持ちで)この店舗と取引をしようという循環が生まれる。翻って、自店を振り返った時に、「ワクワク」→「イキイキ」→「ニコニコ」の循環が見られない・感じられない状況である場合には、そのままではいかに緻密な戦略・推進計画を策定しても、営業推進は効果的には進まないものと心得よう。

❷ 渉外活動の効率化

　有効な外訪活動ができていない渉外部門には、往々にして以下のような非効率要因が見受けられる。非効率要因を排除できれば、これまで埋もれていた戦力の創出余地ができる。

> ①情報や期日管理が不十分、折衝相手が不在で目的が果たせないなど、無駄な訪問が多い。
> ②訪問に長い時間を要する遠隔地取引が多く、面談時間に対して往復の所要時間が長い。
> ③取引先に来店習慣がなく、うまく来店誘導ができていない。
> ④集金届け金等の非効率事務がうまく改善できていない。
> ⑤唐突な来社要請や予定外の事務への対応により、訪問活動が計画どおり進めることができていない。
> ⑥渉外担当者の関心が、訪問の質よりも訪問件数にある。
> ⑦会議、報告、記録や調査等の内部事務負担が大きく、外訪体力が削がれている。

　どれも、身近に見受けられる問題点であるが、支店長や管理者が「もっと、効率的に活動するように」という指示のみに留まっていては、解決への道のりは開かれない。こうした渉外部門あるいは渉外担当者の状況を把握して的確に問題点を抽出し、個々の課題、部門の課題として整理し、解決を図るための取組みを具体的に示していくことが必要である。課題の整理と対応の検討にあたっては、以下を考慮したい。

　＜検討事項１：間接業務の省力化＞

　業務の効率化とは、現状業務における「無駄な業務の廃止・削減」であり、こうした業務時間を削減することである。営業店業務の何がムダで何がムダではないかは、支店長・管理者に規定される。

　例えば、会議や報告は業務に欠かせないものではあるが、慣例による

だけの形式的なもの、目的が上席者の満足に留まるもの等は運営を改めるべきである。

また、「訪問の質より件数を重視すること」等は、実は担当者ではなく上席者の価値観によることが少なくない。業務の効率化は、部下を指揮・命令する支店長や管理者自身の考え方・価値観（＝マネジメント）の見直しを求めるものであることに留意したい。

なお、融資案件の対応記録等の法定対応は、自店判断による廃止・削除の対象にはなりえない。着実な履行を前提として、定例フォーマットの活用やデータベース化など運営の工夫による「無駄・無理の排除」に取り組むことが肝要であろう。

また、取引先との対話を通じた事業性評価（理解）の取組みにおける記録は取引先と共通価値を創造していくうえでの現在および将来に向けた欠かせないものであり、活動の希薄化は避けるべきである。

＜検討事項２：業務管理と教育指導の徹底＞

有効な訪問を行うには、顧客ニーズの分析や提案資料の準備、実権者の事前アポイント等の周到な段取りが必要であり、このような渉外活動を定着化させるには、相応の経験を通じた鍛錬が前提となる。スキルは一朝一夕で身につくものではなく、上席者には力量に応じた業務管理と、同行訪問等による業務支援・教育指導が求められる。係る責務は、管理者の本来業務である。

＜検討事項３：顧客セグメント＞

集配金等の非効率業務を含め、渉外活動が取引先の個社別採算とリンクした状況となっているかの検証が必要である。採算に応じた標準的な月間訪問頻度を設定するなど、渉外活動の狙いと目標を「見える化」することにより業務の効率化を図る工夫が必要である。顧客の理解と協力を得ることが求められるほか、将来性という要素を含めた見極めも必要であり、上席者の関わりは欠かせない。

上記の検討を含め、効率的な渉外体制を構築していくためには、営業店

の担当エリアの状況、渉外戦力の体制等を俯瞰的にとらえ、できるだけ多面的な切り口から現状の分析を行い、課題を抽出・整理したうえで、その課題の現実的な解決策を企画し、実行していかなければばらない。配下担当者との十分なコミュニケーションを通じて課題を共有化したうえで、一丸となって対応すべきテーマであろう。

Ⅲ 営業推進上のコンプライアンス留意点

　金融機関が遵守すべき法令は多岐にわたるが、融資取引を業務の軸とする渉外部門において特に留意すべきものとして、独占禁止法19条の「不公正な取引方法の禁止」があげられる。

　「不公正な取引方法」は、同法について定義されるほか、公正取引委員会がその類型を示しているが、融資条件として行う強制的な営業・販売方法は、「抱き合わせ販売」、「拘束条件付取引」、「優越的地位の濫用」等に該当する場合がある。

　例えば、ある営業店において目標に掲げられている投資信託販売が伸び悩んでいる状況を挽回するために、「住宅ローンの申込顧客に対して投資信託を100万円以上購入してもらう条件を付ける」等の取組みを行うことについて考えてみよう。

　このケースの場合、貸金業務における「優越的地位」を利用して、住宅ローン申込顧客に対する融資条件としているものであるが、住宅ローン申込顧客に希望しない投資信託を強制的に購入させること、また、資金の運用とはいえ、新たな資金負担をかけることにもなり、「抱合せ販売」、「拘束条件付取引」にも該当し、不公正な取引方法として独占禁止法違反になるおそれがある。

　金融機関と顧客とでは情報や当事者間の影響力に格差があり、一般的に優越的地位にあるとみなされる。このため、銀行法、金融商品取引法等の

各種法令においても「説明責任」や「適合性の原則」等が設けられ、「優越的地位の濫用」が厳しく禁じられている点を今一度確認しておきたい。

なお、融資取引においては、以下の点についても考慮を要する。

①融資取組み面……「反社会的勢力との取引排除」、「違法営業の疑いがある融資申込みへの対応」、「節税スキームへの融資」、「会社法と意思決定機関の確認」、「融資先からの接待・贈呈」、「融資先企業の経営への不当介入」等

②融資条件面……「見合い預金」、「他金融機関からの借入れ禁止」、「導入預金」等

③融資契約面……「融資契約内容等についての説明・意思確認」、「保証人の意思確認」、「融資契約書類の代筆行為」、「基本取引約定書についての説明責任」、「融資謝絶時の対応」等

④担保・保証面……「経営者保証ガイドラインに抵触する経営者個人保証の徴求」、「不動産担保の取得における合理性・担保提供意思確認」等

その他、「金融機関の秘密保持義務」等々、融資取引を巡るコンプライアンス問題は多岐にわたり、管理者においては日頃よりその周知と厳正な業務管理の徹底が求められる。

2 市場調査と戦略の立案

近年、「店質別営業店運営」が広く行われるようになっている。多く行われている。マーケティング（特にエリア・マーケティング）を志向するもので、金融機関のマーケティングの意識が高まったことを示している。

本節では、基本的な市場調査と分析の手法を紹介し、その結果を踏まえた戦略策定の考え方を考察したい。

市場調査と自店のポジショニング

❶ 内外の情報の取得

戦略策定の前提として、自店のポジショニングを理解するためには、内外における現状の調査が必要となる。

A．外部環境情報

外部環境情報は、主に店舗の環境を定量的に示すものである。代表的なものに、人口（世帯数）や事業所数があり、町別の諸計数等は市役所などで手に入れることができる。また、東商信用録（東京商工リサーチ）、会社年鑑（帝国データバンク）等の調査会社のデータ・ベースを活用すれば、効率的に店勢圏の顧客資源情報を収集できる。ただし、これらの情報はタイムラグを伴う実績値の集積であり、地域における開発計画等の近時および今後の動向にも十分に配意し、情報取得に努める必要がある。

また、競合店舗に係る情報等（競争環境情報）も積極的に収集することが求められる。マーケットの成長が鈍化してくると競争は激化し、ゼロ・

サムゲームに近づいていく。組織内の評価基準から僚店との比較に目が行くのはやむを得ないが、マーケットにおいて実際に競う相手は他金融機関の競合店舗であり、その動向を自店戦略に織り込まなくてはならない。

近年においては、地域創生を推進する仕組みの1つとしてRESAS（地域経済分析システム）の提供が行われており、立地する地域の動向をつかむ材料として活用が期待される。

B．内部環境情報

支店長・管理者は、自店の取引世帯数、来店客数、エリアごと・担当者ごと・顧客層ごとの預貸金量、為替取扱量、収益構造、等の顧客資源の現状および趨勢を常に正確に把握する必要がある。また、戦略を踏まえた人的資源や設備の状況にも関心を払うことが求められる。

❷ 情報の分析

得られた情報を加工し、自店の戦略策定に活かすためには、マーケティングの手法を活用した分析により、マーケットと自店の状況を正しくつかむことが肝要である。

A．マーケット・事業領域の評価

マーケット・事業領域の評価においてよく用いられる手法にBCG（ボストン・コンサルティング・グループ）のPPM（プロダクト・ポートフォリオ・マネジメント）分析がある（図表4-1参照）。

成長性と競争力から事業構成等を戦略的に決定する手法であり、以下の原則が前提とされている。

> ①どのような物も、時とともに成長性が鈍化する
> ②成長性の高い事業は、多くの資金を要する
> ③マーケットシェアの高い企業は、低い企業よりも高収益をあげて資金を生み出せる

横軸に「市場における自社の相対シェア（シェア：大⇒資金の流入）」を、

(図表4-1) PPM分析によるポートフォリオ・マトリクス

縦軸に「市場の成長率(成長率:大⇒資金の流出)」をとる。この中に自社の事業や商品・サービスをプロットして、現状の利益の柱や今後利益の中心とすべき領域が何かを分析し、事業ごとの方向性と資源配分におけるウエイト付け等に活かそうとするものである。

　a.「金のなる木」

　成熟事業であり、今後の拡大・成長は見込めない。シェアが高いために、資金がかからず、収益率は高い。過度な投資を控えて収益を他の事業へ回す重要な資金源となる。FCF(フリー・キャッシュ・フロー)はプラスが継続する。

　b.「花形」

　マーケットシェアを維持するために資金はかかるが、収益率は高い。シェアを維持できれば市場成長率の鈍化に連れて「金のなる木」になるが、失敗すれば「問題児」に転落する。

　c.「問題児」

　成長率は高いが、マーケットシェアが低いため資金の流出が多い。将来の成長が見込める事業なので「花形」にするための戦略が必要で、資金投入を継続する必要がある。ただし、「花形」への成長可能性の見極

めが難しい。FCF は当面マイナス。

    d．「**負け犬**」

マーケットシェアが低く、今後の成長も見込めない事業。投入する資金以上の収益が見込めなければ、撤退・売却・縮小のいずれかをとるべき衰退事業。

PPM 分析は、もともと製品ライフサイクル等に基づき製品構成を検討するための管理理論であるが、例えば、縦軸を預金や取引世帯数の増加率、横軸を自店シェアとしてエリアごとに実績をプロットすれば、自店のポジショニングや自店にとっての当該エリアの価値を把握するうえで有用である。

  B．**競争環境における自店の評価**

さまざまな情報ソースや、日々の業務運営を通じて接する情報を踏まえて自店の戦力を把握し、対応の方向感をつかむには、「強み（Strengths）」、「弱み（Weaknesses）」、「機会（Opportunities）」、「脅威（Threats）」の4つの観点から検証する SWOT 分析の活用が有効である。

SWOT 分析は、自店をとりまく外部環境と内部環境から、自店の力と市場の魅力度を把握する手法であり、自店のポジショニングや経営資源を集中すべきポイント等を導きやすい。また、今後の成長性を内外の環境を踏まえて検証することができるといった特徴がある。

例えば、以下のA銀行B支店の場合、自店の状況は表のように整理される。

（図表4-2）自店の状況の整理

＜A銀行B支店＞ 　駅前商店街の中心に立地し、永い営業歴により店周を中心に高いシェアを持つエリアのトップ店である。歴代支店長は地元振興会の幹事を務め、商工会のメンバーとも密接な関係ができあがっている。 　しかし、近隣住民の高齢化が進んで商店街の活気は失われつつあり、B支店の預金量等もやや頭打ちの傾向にある。 　一方で、周辺郊外エリアに商業施設を伴うニュータウンが開発された。入居

者の口座開設やローンの取扱いは増加しつつあり、今後の成長が期待される。当該商業施設には、競合するC銀行が新店舗を出店する見込みである。

店頭や内部事務の担当者はベテランが多く、顧客からも親しまれていて安心だが、渉外部門は、新任若年行職員の割合が増えており、難しい案件は、管理者層に依存する戦力不足の状況にある。

内部環境		外部環境	
強み（S）	弱み（W）	機会（O）	脅威（T）
・好立地 ・業歴、知名度 ・シェア ・店頭、内部事務戦力の充実	・業績の停滞 ・渉外部門の戦力不足	・ニュータウン開発による新市場	・駅前商店街の衰退 ・エリアの高齢化 ・競合店の新設

Ⅱ 戦略の策定

❶ ポジショニングに応じた戦略

戦略は、自店のポジショニングによって変わる。ポジショニングとはマーケットにおける自店の位置付けであり、前項のポートフォリオ・マトリクスやPPM分析の結果等から総合的に判断する。

マーケットにおける競争者の一般的な類型と戦略面での特徴は、以下のとおりである。

（図表4-3）マーケットにおける競争者の一般的な類型と戦略面での特徴

類型	戦略面での特徴
リーダー	市場で最大シェアを有する存在。戦略の基本方針は、全方位型のフル・カバレッジである。

チャレンジャー	リーダーの地位を狙って挑戦していく存在。一般には、シェアで2,3番手に位置している。戦略の基本は、リーダーとの差別化である。
フォロワー	基本的にリーダーやチャレンジャーが遂行する戦略の優れた部分を模倣することで市場内にいる存在。戦略の基本は模倣で、シェアよりも利潤が目標となる。
ニッチャー	市場の適所を探り出し、隙間（ニッチ）とも呼ぶべき特殊市場に特化し、圧倒的な地位を築こうとする存在。戦略の基本は、特化・集中である。

　自店がマーケットにおけるチャレンジャーでありながら、戦略パターンがフォロワーの「模倣」を選択していることはないであろうか。あるいは、フォロワーの立場にありながら、リーダーの戦略パターンである「フル・カバレッジ」を採用している例が多いかもしれない。

❷ エリア別の戦略パターン

　店勢圏における自店のポジショニングから戦略の基本（基本戦略）が決定されるが、店勢圏の各町丁すべてにその基本戦略を適用するわけではない。基本戦略をコンセプトとして尊守しながら、各町丁の状況に応じて戦略を組み合わせることが肝要である。

a．「拡大・深耕」の戦略

　マーケットの成長性が高く、しかも十分なシェアを確保している場合には、「拡大（取引先数の増強）」、「深耕（取引内容の増強）」の戦略が選択される。両者は必ずしも併せて採用されるわけではなく、「拡大」のみ、「深耕」のみの戦略もありえる。預貸金のみならず関連金融サービスも含めて、エリア内の顧客すべてを対象として「拡大・深耕」することを「フル・カバレッジ」という。

b．「特化・集中・差別化」の戦略

　「特化・集中・差別化」とは、経営資源を特定の領域に集中することにより、競争者との差別化を図る戦略をいう。

c．「見直し・部分化・限定化」の戦略

　「見直し・部分化・限定化」は、「特化」と似たニュアンスであるが、撤退等を含めた後退的な姿勢の戦略である。

　　d．「維持・浸透」の戦略

　「維持・浸透」は、既存の市場地位を守ることを優先する（しかし、後退的ではない）戦略である。

　本部の方針もあり「フル・カバレッジ」志向の営業店が多いと思われるが、現実的には「拡大・深耕」や「フル・カバレッジ」を実践することは多くの場合に困難である。店舗立地や設備、担当者の資質と数、競合店舗の勢力などから、どうしても食い込めない領域や顧客層は必ず存在するからである。

　こうしたエリアの特性と投入資源のミスマッチを発見して、マーケットに最適な戦略と資源配分を目指すところにマーケティングの目的はある。

❸ マーケットに応じた資源配分

　マーケットと自店の経営資源の状況に応じ、採り得る戦略パターンはさまざまであるが、厳しい競争環境の下での戦略の基本は「選択と集中」であり、戦略的に重要度の高いエリアに最強の戦力を集中して投入することが肝要である。

　重要度よりも難易度を重視して、法人市場に優秀な担当者を配置したり、店周エリアをベテランで固め、周辺郊外エリアに新任者を配置する等の固定的な運用は、必ずしも戦略的な姿勢とはいえない。戦略的な観点から最も重要度が高いエリアに、最強あるいは最適な人材を配置すべきである。

　（図表4-4）は、マーケットの成長性とシェアにより店勢圏を細分化（ポートフォリオ・マトリクス）し、エリアごとの基本戦略と人材配置のイメージを示したものである。

　（図表4-2）のA銀行B支店の例で見れば、成長が期待されるものの強力な競合店舗が存在する開発ニュータウン地域が「問題児エリア」、シェ

(図表 4-4) エリア別人材配置のイメージ

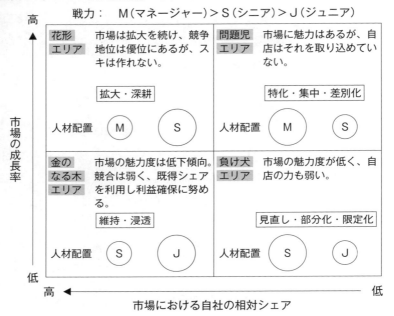

アは高いがマーケット自体が衰退する店周地域が「金のなる木エリア」に
あたり、投入する渉外戦力も例示の配置が基本となろう。

3 個人取引の推進

近年、人生設計は多様化する時代となり、一昔前とは個々に考え方の違いが明確になってきている。当然に金融機関の対応も時代に即したものでなければならない。
本節では、店頭営業を強化するための手法ならびにコンサルティング営業を推進するための手法に主眼を置き、自店の個人取引に取り組むうえでの基本的な留意事項を考察したい。

I 店頭営業の強化

❶ CSの向上

CSとはCustomer Satisfactionの略であり、顧客満足（お客さま満足）と訳されている。数十年前の大量生産大量消費の時代であれば、一般的な消費財としてのモノは作れば売れたことから、消費者が必要とするものを、可能な限り安く早く供給することに主眼が置かれていた。モノが一定の飽和状態になり社会が成熟すると、生産者である企業は、消費者である顧客をいかにつなぎとめてリピーターにするかということに取り組むようになった。数ある選択肢のなかからお取引をしてくださる顧客に対して、どれだけの満足感を感じていただけるかが、取引の継続性に大きな影響を及ぼすことになる。

CS（顧客満足）の対象は、個人取引に限らず金融機関の事業活動のすべてであるが、顧客接点の最も多い「店頭営業」では特段の配意を要する

ことから、本項にてその要点を考察する。

A．金融機関におけるCSの在り方

製品やサービスに対価を支払う顧客に満足していただくことが、すべての「商い」の基本である。金融自由化以降、業態を越えて金融機関同士の競争が激しくなっており、金融機関においてもCSが注目されるようになった。

預金や貸出、為替等の金融機関が提供する商品の商品性そのものには、各金融機関の間で大きな差異を見出すことは難しい。新しい携帯端末やハイブリッド車のように、これまでの常識を打ち破るような画期的な商品が開発されることは稀である。それゆえ、競合店舗との差別化を図るためには、営業方針、店舗設備、接客姿勢はもとより業務運営の全般において顧客満足への配意が求められる。

CSにおける「満足」とは、顧客の評価が期待以上の状態にあることである。期待を大きく上回れば「満足」は高まり、「感動」へと変化していく。顧客の「満足」を「感動」に近づけてこそ差別化が図られ、競合店に対する優位性が実現すること、また、期待はずれであれば自店の大切な顧客資産を失うことを全職員に徹底したい。

B．日常的なCSの意識付け

営業店におけるCSへの取組みに欠かせないもののひとつとして、接遇応対の向上がある。接遇応対は顧客への感謝の気持ちの表現のひとつであり、自店の印象を一瞬で決めてしまうものでもあることを十分に留意したい。

店内と店周は美化を心がけ、職員は姿勢を正し、顧客の動きに注意して、目を合わせてから親しみやすい笑顔で明るくご挨拶する。

多くの顧客は、そのような支店の状況と職員の行動を期待して来店される。個性重視の時代ではあるが、過度の個性的な髪型やアクセサリー、香水等は往々にして顧客の期待に反し、自店の評価を引き下げることを管理者は配下行職員に理解させなくてはいけない。プライベートとは異なり、

職場における価値の評価は、顧客が基準となる。

また、営業現場における接遇応対改善の取組みについて、窓口係や電話応対をする係に任せきりにすることは、大きな間違いである。

CSの徹底で知られるディズニー・リゾートでは、すべての従業員は「キャスト」として、パークというステージのうえでおのおのの配役を演じ、「ゲスト」として顧客をお迎えすることが求められる。そして、関係者専用区域であるバックステージ（舞台裏）でもその価値観は共有される。

営業店の事務スペースは来店客から丸見えであり、営業店の現場の全員が来店客からの目線をロビーの案内係やテラー同様に意識していなければならない。管理者が、来店客から見える場で尊大な態度で部下を叱責するような行為は、来店客を無視した行為であり、CSの観点からは大きなマイナスとなることにも留意したい。

店内フロアの整理整頓やポスターやチラシの管理を含めて、来店客に気持ちよく来店していただく心遣いを徹底しなければならない。管理者の積極的なリーダーシップのもとで、営業店のメンバー全員が真摯に接遇応対の向上に取り組むことが重要である。

> **参考：ES（従業員満足）**
>
> ES（Employee Satisfaction：従業員満足）とは、「顧客を満足させるためには、商品・サービスを提供する主体である従業員が自らの職務や職場に満足していなければならない。組織に忠誠心を持ち、その組織で長期間働きたいと思えないようでは、利用する顧客に満足を求めることは難しい。」という考え方である。支店長・管理者においては、CS向上の基盤として自店行職員の仕事における満足やモラルの向上への配意が求められる。

C．苦情・クレームへの対応

顧客から苦情・クレームがあった場合には、その内容を十分に検証して、組織全体で情報を管理する必要がある。営業店に寄せられる苦情・クレームの対象や要因は、接客態度等の個々の従業員の行動に関するもの、店舗

設備に関するもの、提供する商品・サービスに関するもの等、多岐にわたる。対応方法やその範囲も多様であることから、本部の統括セクションで苦情等を体系的に蓄積し改善に役立てることが必要である。

　顧客からの苦情・クレームは改善の宝庫であり、わざわざ声を出して苦情をいってくださる顧客に対しては、貴重なご意見に耳を傾ける真摯な姿勢が求められる。苦情はあくまでも期待の裏返しであり、黙って何もいわずに他の金融機関に取引を変えられる顧客（サイレント・クレーマー）とは、雲泥の差があることを強く認識したい。

　管理者においては、このような苦情・クレームへの真摯な対応と、速やかに報告を受けて粗漏のない対応を徹底するサイクルを定着させなくてはならない。

　また、苦情・クレームに含まれる「不当申し出」の見極めと、毅然かつ丁寧な対処についても管理者の役割である。

❷ 店頭セールス強化の要点

A．店頭セールスの優位性

　営業店の顧客接点は、主として店頭に来店される場合と訪問による場合がある。訪問による1日当たり顧客接点は、どれだけ効率的に活動しても移動の時間もあることから、1人当たり20～30件が限度と考えられる。それに比べて店頭における顧客接点は、多い日には1人当たり100件を超えることもあり得る。顧客接点が多い方がビジネスチャンスも多いと考えられることから、効果的な店頭セールス態勢を構築することは、支店経営における重要なファクターである。

　営業店に来店される顧客は、何らかの目的があって来店される場合がほとんどである。税金の支払いであることもあれば、定期預金の継続であるかもしれない。新しく取引を始めようと来店されているのかもしれない。また、ロビー展を行っている場合には、ロビー展をお目当てに来店される場合もある。目的は何であれ、来店してくださることは本当にありがたいことである。

こちらからアポイントを取って出向かなくても、雨の日でも雪の日でも一定人数のお客さまは必ず来店されるのである。

　営業店の管理者としては、まずは気持ちよく来店していただける環境作りに尽力する必要がある。ロビーの整理整頓は当然のこととして、おのおのの来店客との良好な人間関係を、時間をかけてでも構築していかなくてはならない。定期的に来店される顧客を固有名詞でお迎えできれば、その顧客の満足度は一層高まることになる。顧客との会話の中で前回ご来店時の話題に触れることができれば、自分のことを覚えてくれていた担当者に対する信頼感は増すことになる。顧客との接点を大事にして、感度を研ぎ澄まして応対できるように営業店の各担当者を指導することは、営業店管理者の重要な責務である。

　顧客接点はビジネスの出発点であり、良好な接点を数多く持てることが、さまざまな営業推進項目を達成させるための第一歩ともなる。まったく時間に余裕がない顧客は別として、来店される顧客に金融機関の立場から何らかのセールスをすることが重要である。

　普通預金口座に多額の残高がある方に、資産運用のセールスをすることは、店頭営業の王道である。税金の支払いに来られた方に自動振り替えのセールスを行うことは、預金口座の活用頻度を高めさせて預金平残を上昇させる効果が期待できる。外貨の両替に来られた方に、海外でも使えるクレジットカードをセールスすることも同様の効果が期待できる。定期的な引落し等があるケースでは、各種ローンのセールスチャンスかもしれない。

　来店される顧客に対して、CS（顧客満足）向上のための施策を複合的に展開しながら、リレーションシップを盤石なものにしていくことは、自店の営業力を高めるうえでも極めて重要な取組みである。

B．店頭体制の整備

　来店客の人数や業務の繁閑を予想して、その日の店頭の営業体制を考えるのは、営業店管理者として重要な仕事である。税金の支払いで混雑する日、年金の受取で午前中の来店客が増加する日、給与振込等で事務が輻輳

する日等、その日の来店客動向や混雑具合を予想して、どのような布陣で対処するかを考えることは、営業店管理者の腕の見せ所である。

コンビニエンスストアの店員が臨機応変にレジを増やすように、店頭の事務がスムーズに流れる体制を整備することで、来店客のニーズが高い「待ち時間の短縮」が図られ、また、業務運営に余裕を持たせ、セールスに対する時間を創造することにもなる。

そのため必要なことは、常日頃から各メンバーとのコミュニケーションを良好にして、円滑に連携できる関係を築くことである。また、営業店各メンバーの能力を十分に把握して、得手不得手を認識したうえで、各人の育成面での課題を考慮しながら、その日の最善の体制を設定することが必要である。

常によりよい体制を目指すことは、各メンバーへの高い関心が求められ、それは管理者と各メンバーの信頼関係を強固にすることともなる。

営業店全体が連携して、常に来店客の行動を意識して対処することが、店頭セールスを本質的に強化する。セールスは窓口任せというのでは、強いセールス体制は構築できない。来店客の属性を十分に理解している担当者が、その来店者のニーズに合った商品のセールスを継続的に行い、それらの活動を担当者が変わっても着実に積み重ねることで自ずと成果は上がるものである。営業店の店頭はビジネスチャンスにあふれているが、そのチャンスをつかめるかどうかは、管理者による担当者のモチベーションの醸成と、セールス機会の演出にかかっていることに留意したい。

Ⅱ　コンサルティング営業の推進

個人の顧客への営業推進にあたっては、顧客の世代（ライフステージ）ごとに見込まれるライフイベントを踏まえたコンサルティング型の営業が有効である。

例えば、新社会人には、給与振込口座の開設から不測の出費に備えたカードローンのご案内や結婚に向けた積立てなど、ヤングファミリーには、マイホーム購入のための住宅ローンや子供の教育資金の準備など、そして、退職間近の50代には、シニアライフに備えた資産運用などのご提案が顧客のニーズにかなうことが多い。

　もっとも、人生設計も多様化する時代であり、結婚やマイホーム、シニアライフ等についても一昔前とは個々に考え方の違いがある。顧客に喜んでいただき、納得してサービスをご利用いただくためには、お一人おひとりのライフプランをしっかりと伺い、ニーズに合致する商品をご案内する必要がある。日頃からのリレーション作りと顧客情報の蓄積、タイミングのよいセールスが肝心であることは、いうまでもない。

　なお、金融の自由化に伴い、運用商品およびローン商品等は仕組みが多様化・複雑化している。管理者においては、顧客属性に基づくニーズの見極め、リスクの所在を中心に顧客に十分理解いただける説明、自己責任の下で申し込んでいただく手順等を担当者に徹底させなくてはならない。

参考：ライフステージに応じたサービス

ライフステージ	ライフイベント	主なサービス
20代 30代	・就職 ・結婚 ・出産 ・マイホーム購入	・給与振込口座 ・家計口座（公共料金引落） ・カードローン ・住宅ローン
40代	・子供進学	・教育ローン
50代	・子供独立 ・住宅リフォーム ・退職	・リフォームローン ・資産運用
60代	・年金受給 ・シニアライフ ・医療	・年金受給口座
70代〜	・介護 ・葬儀 ・相続	・相続対策

❶ 預金・リスク性商品の取扱い

　個人の金融資産は、「貯蓄から投資へ」の流れに乗り、リスク性金融商品での運用が一般的になりつつある。預金保険制度で一定金額が保護される預金商品と、市場動向等により元本が変動する投資信託等のリスク性商品の違いを正確に理解して営業しなければならない。顧客のニーズを十分に把握して適切な商品をセールスすることが、顧客との信頼関係の強化につながることになる。

A．リスク性の高い商品のセールス

　投資信託等や保険等の元本が保証されない金融商品を、預金を取り扱う金融機関の店頭で販売できるようになって相当の年月が経過している。一昔前までは、証券会社や保険会社でしか取引できなかった金融商品が、預金や貸金を取り扱う窓口のすぐそばで取り扱われている。金融機関の立場では、幅広い金融商品をワンストップで提供できることはセールスポイントであるが、元本が保証されていない商品も取り扱っていることを顧客が十分に理解していない場合があることに注意が必要である。

　預金は基本的に元本が保証されており、数年来、金利は歴史的に低いものの運用の確実性から国内の金融資産の大半は預貯金になっている。元本保証が前提の預金を目的に来店される顧客に投資信託等の金融商品をセールスするときには、後述する説明義務等を十分に果たさないといけない。

　大口の定期預金の継続に来店された顧客に投資信託をセールスし、その時点では顧客が十分に理解され納得して購入したとしても、後日相場が低迷して含み損が拡大すると、トラブルになることも多い。特に顧客が高齢者の場合には、後日家族からクレームが寄せられることがある。高齢者の場合には、申込み時に即日の約定を避けたり、家族の同意を得たりする等の十分な配慮が必要である。

B．リスク性商品の説明義務と行為規制

　リスク性商品は、一般的な預金とは異なり、それぞれの商品が運用対象

資産によって個別の特徴を持っている。商品の特性を十分に説明し、どのようなケースで元本が毀損するおそれがあるかとか、配当が減額される要件等について、細かく説明しなければならない。

どの資料を使って、いつ、どこで、誰が説明したかを記録に残しておかなければならない。加えて、顧客がどのように理解したかについて、できるだけ詳しく記録しておくことが望まれる。高齢者にリスク商品を販売した事例で、資産価値が大きく目減りしたような場合には、親族から訴訟を起こされるケースもあり、販売時の記録が重要な証拠となるのである。

なお、金融商品取引法では、投資家を特定投資家（プロ）と一般投資家（アマ）に区分している。プロと取引をする場合には、取引規制を緩やかにすることができる。一定の知識を有する投資家に対しては、取引手続を簡素化しようとするルールである。個人は原則として一般投資家であり、証券会社等で頻繁に株式の売買をしているような取引先であっても、ルールどおりの説明義務を果たす必要がある。

また、金融商品取引法は、リスク性商品の販売・勧誘ルールとして、以下のような行為規制を設けている。

・適合性の原則（40条）
・断定的判断の提供禁止（38条2号）
・虚偽告知の禁止（38条1号）
・損失補てんの禁止（39条）
・取引実態の事前明示義務（37条の2）
・契約締結前の書面交付義務（37条3）
・契約締結時の書面交付義務（37条4）

適合性の原則とは、顧客の知識、経験、財産の状況、商品購入の目的に照らして不適切な勧誘をしてはならないというルールである。株式投資などの経験がまったくない顧客が、日経平均に連動して激しく値動きするような投資信託に金融資産の大半を投入するようなケースでは、適合性の原

則に合致しているとはいえない。また、定期預金の継続に来店した顧客に、十分に情報開示しないままリスク性商品を販売することには大きな問題があり、将来に禍根を残すことになる。

　過去の配当実績を必要以上に強調することや、断定的な表現で相場観を語ることは禁止されている。リスク性商品の特徴から元本は保証されておらず、価格変動により顧客が損をするケースがあり、預金利息以上に収益を得られることもあれば元本そのものが毀損することもあることがリスク性商品の最大の特徴である。事前に損失が発生した場合の補てんを約束することや、実際に損失が発生した場合に損失を補てんすることは禁止されている。

　契約締結前と契約締結後に交付する書面は細かく定められており、その行為を怠るようなことは禁止行為とされている。リスク性商品の広告等にも厳しい規制があり、文字の大きさや断定的な表現の有無などが細かく定められている。

　営業店の管理者は、個々のセールス場面に同席するわけにはいかず、販売成立後の報告等を通じて適正な取引がなされたかどうかを厳正にチェックしなければならない。販売担当者に顧客の反応を再確認する等により、適切性の十分な検証が求められる。リスク性金融商品の販売担当者と日頃からコミュニケーションを密にし、マーケット動向の捉え方や個々の商品知識等の教育指導を徹底するとともに、何かあれば気軽に相談できる体制を構築しておく必要がある。

　また、リスク性金融商品の販売担当者に過度な収益目標を課すことにも問題がある。収益を上げることに邁進するあまり、不適切な勧誘行為に走ることがないように、適正な目標設定と日々の目標管理が重要である。

C．金融マーケット知識の必要性

　リスク性商品は、為替や金利等の変動によって価格が変動している。日本のみならず、世界各国の金融マーケットの動向が個々の金融商品の価格形成に影響している。金融商品を取り扱う担当者は、金融マーケットの動

向に常に関心を持っていなければならない。

　週末に米国の雇用統計が発表された後に、世界各国の金融マーケットがどのように反応するかを、高い関心を持って注視するようになるべきである。金融マーケットの変化が、各リスク商品にどのような影響を与えるかを知るようになると、各商品の特性を十分に理解することができるようになる。日々の金融マーケットの変動に関心を持つことで、適切な販売活動につながるはずである。

D．高齢顧客への販売

　これまでも高齢顧客に対しては、証券取引法および金融商品取引法等で、「適合性の原則」という観点から、十分配慮した取引を行う取扱いがなされてきた。高齢世帯が多くの家計資産を保有していることもあり、あっせん事例の増加が進み、それにともない苦情も増加してきた。特に、多額の含み損を抱えた高齢顧客の家族から、苦情を申し立てられるケースが多いことには注意が必要である。

　金融機関側も高齢顧客に対する対応や取組みについて、金融機関ごとにバラツキがみられて、金融機関全体で目線を合わせた勧誘による販売を行うことが求められた。これを受け、日本証券業協会は、「協会員の投資勧誘、顧客管理等に関する規則」および「金融商品仲介業者に関する規則」の一部改正を行い、高齢顧客への勧誘による販売に係るガイドライン（以下、日証協ガイドライン）の制定を行った（2013（平成25）年12月16日施行）。

　金融庁も「金融商品取引業者等向けの総合的な監督指針」を2013（平成25）年12月16日付けで改正し、上記の日証協ガイドラインを踏まえた態勢整備等を登録金融機関に対する監督上の評価項目等としている。

　日証協ガイドラインの概要は、以下のとおりである。

a．高齢顧客の定義

　高齢顧客を以下のとおり定義した。

　①社内規則に高齢顧客の定義を規定（慎重な勧誘による販売を行う）

② 75歳以上を目安として高齢顧客を定義
③ 80歳以上を目安としてより慎重な勧誘による販売を行う必要がある顧客を定義

※　会社経営者、役員等である高齢顧客について、支店長等の役席者が頻繁に接し、顧客属性や投資意向を十分に把握している場合においては、担当役員等の承認を得て、本ガイドラインの対象外とすることも可能

b．勧誘留意商品の選定

高齢顧客への勧誘について、役席者による事前承認なしに勧誘可能な商品である「勧誘可能な商品」とそれ以外の「勧誘留意商品」の範囲を選定することとした。さらに「勧誘留意商品」の勧誘による販売には、役席者による事前承認が必要であることを社内規則で規定することを求めている。

c．役席者による事前承認

75歳以上（目安）の高齢顧客への勧誘留意商品の勧誘にあたっては、面談によって、健康状態に問題はないか、会話がかみ合うかなどの確認を行い、役席者による事前承認が必要である。

d．翌日以降の受注

家族の理解が得られている等の事由がない限り、80歳以上（目安）の高齢顧客へ勧誘留意商品を勧誘する場合、原則として勧誘の翌日以降の受注とすることとする。

e．役席者による受注

80歳以上（目安）の高齢顧客からの受注は、担当営業員とは別の役席者が行うこととする。

f．約定後の連絡

80歳以上（目安）の高齢顧客には、担当営業員とは別の者が約定後に約定結果を連絡することとする。

g．モニタリングの実施

担当営業員は、上記a～fまでの状況について会話内容を録音・記録・

（図表4-5）高齢顧客への勧誘に係るガイドラインの概要

（出所）日本証券業協会

保存を行い、75歳以上（目安）の高齢顧客に対する社内規則の遵守状況についてモニタリングを行うこととした。平成28年9月20日にインターネット取引についても、この日証協ガイドラインの適用対象を明確化するため、一部改正が行われた。

この日証協ガイドラインは、高齢者に対する取引を全面的に規制するものではない。たとえば、高齢顧客に対しての勧誘留意商品の勧誘についても、十分な投資経験と投資資金を保有し、それらの商品への投資を希望している場合には、投資意向等を十分に確認のうえ、必要な投資情報の提供等を行うことはありえる。重要であるのは、高齢者は健康状態に変化が生じて理解力等に影響が出ることがあることを想定し、その変化を見逃さないよう記録等をとることでモニタリングを実施し、家族の意見も確認するなどして、慎重に取引を行うことである。従前より、金融商品取引法等で「適合性の原則」にそって十分配慮した取引を行うよう求められていたにもかかわらず、なおも日証協ガイドラインが制定された経緯は、金融機関の行職員として肝に銘ずる必要があろう。

❷ ローン商品の取扱い

就職時の給与振込口座の作成から年金の受取りまで、生涯の取引としていただくためには、家計のメインとして取引を維持継続してもらう必要が

ある。家計のメインとするための有効な手段のひとつは、ローン取引である。ローンの取引があれば、返済用の重要な口座として管理するのが一般的で、給与振込や自動振替の指定口座にもなりやすくなる。

A．住宅ローン

a．住宅ローンの特徴

住宅は、個人の最大の買い物である場合が多く、住宅取得控除等の税制面での優遇もあることから、住宅取得時には住宅ローンがよく利用される。住宅ローンは長期にわたる取引であり、顧客との長期良好な関係を構築するために効果的な商品である。

住宅ローンは、保証会社の保証付きであることもあるが、保証会社がローンの対象となる住宅を担保取得することを考えると、住宅ローンは担保付融資である。保険料の安い団体信用生命保険に加入するのが一般的で、ローンの返済中に万が一債務者が死亡または高度障害になった場合には、保険金で弁済されるようになっている。住宅ローンは、担保で保全されて保険の手当てもあることから、一般の融資に比べて安全な貸出資産と考えられている。自己資本比率規制（バーゼルⅡ、Ⅲ）においても、個人向け住宅ローンのリスクウエイトが低く設定されているのはこの現れである。

なお、住宅ローンの取上げについては、対象物件である土地建物の概要や、債務者の資産負債や収入の状況等を勘案して可否を判断することになる。長期の取引になることが前提であり、返済原資は債務者の収入であるため、債務者の収入源の確認や確実性については、慎重な判断が求められる。

b．住宅ローン取引の推進

住宅ローンを推進するためには、店周の不動産動向について情報収集を行うことが重要である。廃業した倉庫等を取り壊し、マンション用地として集合住宅が建てられることもあれば、ミニ開発等の分譲用地として戸建てが建てられることもあるので、周辺地域の動向には常に目を光

らせておかなければならない。また、不動産業者や建設業者との関係を密にしておくことも重要な営業活動である。

　住宅ローンの金利は頻繁に変わり、細かい商品性の見直しもつど行われることから、営業店の担当者が、住宅ローンの商品性を十分に理解していなければならない。そのための勉強会や事例研究には積極的に取り組むべきである。

　業者から紹介を受けた案件をスムーズに成約させることができると、業者との信頼関係は一層強固になり、同一業者からの持込みの増加が期待できる。仮に審査の結果、取上げが不可能であった場合でも、速やかに要点を整理して回答しておけば、迅速で明確な対応が評価され、その後も継続して、持ち込んでくれる可能性が高くなる。重要なことは、迅速に対応することであり、方向性も示さないまま断るようなことになると、その業者からの今後の持込みは期待できなくなる。

　住宅ローンの受付けから取上げには一定の時間がかかることから、営業店管理者として注意すべきことは、担当者が案件を速やかに処理できるような体制を構築することである。不動産登記事項証明書（不動産登記簿謄本）の取得や担保確認に時間をかけているようでは、顧客の信頼は得られない。また、用意していただく書類も多岐にわたることから、正確に手際よく依頼して、書類が不足することにより事務が滞ることがないようにしなければならない。

　営業店管理者が、手続きの進捗状況を把握できるような進捗管理票を整備して、おのおのの案件がどの程度進んでいるか、また、何が原因で進んでいないかなどを的確に把握できる管理体制が必要である。住宅ローンの担当者が、案件の処理に手こずり右往左往することがないように、日々の進捗管理に配意しなければならない。

ｃ．住宅ローン契約時の顧客説明

　住宅ローンの契約にあたっては、顧客に商品内容等に関する適切な情報提供とリスクについて説明することが求められる。具体的には、顧客

の知識・経験に対応して図面や例示等を用いて平易に説明し、書面を交付する。特に金利変動型や一定期間固定金利型の住宅ローンについては、金利変動リスクを十分に説明する必要がある。

B．その他個人ローン

ライフサイクルに合わせて、各金融機関でさまざまな個人ローンの商品が用意されている。車を買う場合の「マイカーローン」、子供の教育にかかる「教育ローン」、家のリフォームに使う「リフォームローン」などは一般的で、その他にも使途自由のローンやカードローンがある。

ライフサイクルに合わせて、適切な商品を提供できるか否かは、日頃の顧客とのリレーション作りにかかっている。預金口座の取引があっても、ローンの申込みは別の金融機関というケースもあることから、通常の取引の過程で何かあったときには、気軽に相談してもらえる良好な関係を維持しておかなければならない。

なお、ローンの申込者から、申込用紙の記入をしてもらう場合には、個人情報取扱いの同意書が必要になる。収入や資産状況等の情報が含まれており、情報の管理には万全を期すことが求められている。

また、ローンは必ずしも取引が確約された商品ではなく、決められた審査が必要であるため、実行を確約するような言動は慎まなければならない。

❸ 金融機関と高齢化

少子高齢化が急速に進んでいる現代において、金融機関の顧客の高齢化も確実に進んでおり相続や遺言に関する知識の必要性は高まっている。高齢化の進展に伴って、金融機関では必然的に相続手続の事務が増加の一途をたどる。そのため相続事務の取扱いを慎重かつ正確・スピーディーに行うことが求められるのはもちろんであるが、生前のアドバイスや相続手続などでお客様の満足度を高めることにより、相続による他金融機関への預貯金流出を防ぎ、次世代の方たちとの取引機会にするなど、より一歩進んだ対応が必要となってきている。そのため営業店においては相続事務手続

で必要とされる基本的な知識や、現場での声かけのタイミング、相続相談の対応方法などを整理、確認し日常的に学習しておく必要があることは言うまでもない。

A　相続法の改正

前記のとおり、相続に関する相談件数が増加する現状において、相続をめぐる税制や法制度環境も刻々と変化している。そのため金融機関においては法改正等をよく理解したうえでの的確な対応が求められている。最近においては2018年7月6日に相続に関する民法等の規定（いわゆる相続法）を改正する法律として、「民法及び家事事件手続法の一部を改正する法律」および「法務局における遺言書の保管等に関する法律」（以下、「改正法」という）が成立し、同13日に公布された。今回の相続法の改正は約40年ぶりの大きな見直しといえる。見直しにいたった理由としては、高齢化の進展等の社会経済情勢の変化であり、高齢化社会の進展により老々相続が増加し、とくに高齢となりがちな残された配偶者の生活に配慮する必要性が高まったことが挙げられている。改正法では多岐にわたる見直しが盛り込まれた。具体的な内容としては、①配偶者短期居住権、配偶者居住権（長期居住権）の創設、②配偶者保護のための方策、預貯金仮払い制度の創設、一部分割、遺産分割前に処分された財産の扱いなどの遺産分割に関する見直し、③自筆証書遺言の方式緩和、保管制度の創設、遺贈の担保責任等、遺言執行者の権限の明確化等の遺言制度に関する見直し、④遺留分減殺請求の効果等の見直し、遺留分算定方法の見直し、遺留分侵害額の算定における債務の取扱いに関する見直しといった遺留分制度に関する見直し⑤権利の承継に関する見直し、義務の承継に関する見直し、遺言執行者がある場合における相続人の行為の効果等の相続の効果等に関する見直し、そして⑥相続人以外の親族が被相続人の介護等をした場合「特別寄与料」を請求できる規定も設けられた。原則として、2019年7月1日に施行され、配偶者居住権については2020年4月1日自筆証書遺言保管制度については、2020年7月10日に施行される。

B　対応に際して注意すべきこと

　金融機関としては、こうした最新の法制度改正を理解しながら、必然的に増加する相続手続の事務の取扱いを慎重かつスピーディーに行うことが求められる傾向がますます強くなっている。一方お客様の立場で考えると、2015年1月に施行された相続税および贈与税の税制改正により、今まで税金を払う必要のなかった人も課税される可能性があることなど、より多くの人が生前から相続に向き合う人ように迫られている。とくに相続税の基礎控除額が引き下げられ相続税の申告の必要がある世帯が拡大し、それまで「相続税の申告など無関係」と思っていた人たちも、事前の相続対策に関心をもつきっかけとなったといえる。金融機関にとって相続や遺言についての相談を受けることは、顧客の財産や相続人などの情報を得ることができる貴重なビジネスチャンスであるが、相続や遺言についてのアドバイスはその顧客だけではなく背後にいる相続人全体に対する配慮が必要である。例えば遺言により多くの資産を得ることができる人がいる反面、少ない配分しか得られない人も出てくる。相続に関する法律などを十分に確認しないで対応すると大きなトラブルに巻き込まれる危険すらある。日頃から相続に関する税制や法制度をよく確認、理解して顧客からの相談に真摯に応対することで、次世代の顧客への資産の引き継ぎに際してイニシアティブを取ることができる重要な機会を逃すことのないようにしていきたい。

4 法人取引の推進

　2003（平成15）年に公表された「リレーションシップバンキングの機能強化計画に関するアクションプログラム」において、法人の融資取引推進について、「担保や保証に過度に依存しない」融資や「目利き」の育成が要求された。以来、地域金融におけるキーワードは「地域密着型金融」を経て、2014年の金融庁の「金融モニタリング基本方針」における「事業性評価」と推移してきたが、いずれも本質的には「リレバン」の進化形といえるものである。

　また、金融商品取引法の施行により、利用者保護のルールの徹底と利用者利便の向上が金融機関に求められることになった。信用保証協会の保証制度にも責任共有制度が導入されて、いわゆる保証協会付の融資においても、金融機関は与信リスクを一部負担することになった。資産査定の厳密化やリスク管理の概念も依然よりも大幅に拡張され高度化している。

　本節では、このような環境化における法人営業推進の考え方、留意点について解説していく。

 ## 総合的な取引の充実

　本項では法人を対象とした営業推進について述べるが、個人取引と同様に法人取引の推進も以前と比べるとかなり多様化・複雑化している。営業担当者の仕事も「預金集め」に注力していた時代は過ぎ去り、金融自由化の進展とともに「融資取引の強化」に重点が置かれるようになった。バブル崩壊後は、役務取引による手数料収入などを含めて取引の収益性を十分

に勘案するとともに、資産査定・リスク管理に対する目配りも欠かせなくなっている。

加えて、2003（平成15）年3月に公表された金融庁の「リレーションシップバンキングの機能強化に関するアクションプログラム」において、「担保や保証に過度に依存しない」融資や「企業の将来性や技術力を評価できる」目利きの育成が求められた。これらの要素は、「地域密着型金融」を経て、2014年の金融庁の「金融モニタリング基本方針」の経営者との対話を重視する「事業性評価」と推移してきたが、いずれも本質的には「リレバン」の進化形といえるものである。

このように、法人取引の推進はかなり難易度が高まっており、営業担当者には幅広く高度な知識・能力が求められているのである。こうした背景には経済環境、業界環境の変化があることはもちろんであるが、同時に顧客ニーズの多様化という要因もある。中小企業においては、戦後に若くして創業した経営者が高齢化し、事業承継が切実な問題となっており、このような問題への対応力も営業担当者には求められている。営業活動における基本的な知識、つまり、預貸金業務を中心とする金融業務に関する知識は必要条件であり、さらに、従来はあまり必要性が意識されていなかったコンサルティング能力などが、現在では必須のものとなっているのである。

以下において、主に融資取引を前提として、法人取引の推進における基本的な要素・留意点について述べる。

❶ 法人取引の推進に必要な業務知識

法人取引の推進に必要な業務知識は、以下のように大きく3つに分類できる。

A．金融機関内部における業務知識

各種の契約書式についての知識や作成上の注意事項に始まり、徴求書類（添付書類）とする商業登記事項証明書（商業登記簿謄本）・印鑑証明書の点検ポイントなどである。不動産担保や信用保証協会を利用する際の実務

的な知識も、ここに含まれる。もちろん、財務分析能力なども、必須の要素である。

B．金融環境に関する知識

金利や為替レートなどの動向、新しい金融商品（手法）などについて、基本的な知識は身に付けておく必要がある。

C．取引先に関する知識

取引先が属する業界の状態や取引先自体の業況、問題点、課題などについて知ることが、取引推進における前提条件である。これは未取引先についても同様で、当然既取引先よりも情報量は少なくなるが、取引推進にあたって事前に可能な範囲で調べておくことは必須の作業であり、相手先に対する礼儀でもある。

❷ 適切なターゲティングと取引メイン化の推進

A．ターゲティングにおける留意点

効率的な渉外体制の構築を踏まえて、貸出金の増強を図る場合、対象先として業績に不安のない取引先を選定する必要がある。マーケティングでいうセグメンテーションとターゲティングであるが、この場合、信用リスクと収益性のバランスにおいて、以下の点に留意する必要がある。

> ①取引先ごとの与信リスクに見合った適正なリターン（金利や非金利収入）が確保されているか
> ②個々の貸出金ごとに、担保や期間等の貸出条件に見合った適正な金利設定がされているか
> ③貸出金の増加が特定の企業や特定の企業や業種に集中していないか（適度な分散が図られているか）

B．取引メイン化推進

a．取引メイン化の意義

貸出金の増強は、取引のメイン化と密接な関連がある。その取引メイ

ン化の意義としては、以下のような点があげられる。

> ①高い融資シェアを長期安定的に確保することにより、強固な収益基盤を確保できる
> ②企業の成長とともに金融機関も成長できる
> ③企業本体取引に加え、役員・従業員やグループ企業も含めた関連取引メリットを期待できる
> ④取引ロットの大口化により、効率性（生産性）を高めることができる

b．取引メイン化推進上の留意点

　取引メイン化推進は、金融機関にメリットをもたらす反面、取引が集中するというリスクも大きいので、推進にあたっては対象企業の選定に留意しなければならない。そのためには、優良企業の選定基準を明確にするとともに、潜在的成長能力を有する企業を発掘できるように企業の選別能力の向上を図る必要がある。

　推進手法としては、事前審査による与信目処額の算定、与信における長短比率や販売商品などを具体的に準備したうえで、相手企業の反応にタイミングよく対処できる態勢を整えることが必要である。この際、採算性についても十分考慮すべきであることはいうまでもない。

　また、直接的な働きかけとともに、情報提供の活発化やコンサルティング機能を駆使することも有効性が高い。情報提供には、経済情報・市場情報・事業情報・販売仕入先照会・Ｍ＆Ａ情報・海外情報などがある。一方、コンサルティング機能には、相続対策・財務対策・企業診断・人材斡旋等がある。これらの分野については、本部各部の機能を適宜利用するなど、営業店・本部が一体となった態勢を構築することが必要である。

❸ 中小企業取引の推進

　周知のように、日本国内の法人組織企業のうち、99％以上が中小企業である。そのため、金融機関にとって中小企業との取引は、必須でかつ重要性が高いものである。

A．中小企業との貸出取引のメリット

　中小企業との貸出取引のメリットとして、以下のようなことがあげられる。

①貸出金のロットが小さいため、与信集中に伴うリスクが少ない
②相対的に金利が高い
③オーナー預金等の個人取引の獲得が見込める
④成長性のある企業を早期に発掘できる
⑤地域経済に密着した営業基盤を築ける
⑥保証協会等の利用により信用補完ができる
⑦担保・保証人が比較的取りやすい

B．中小企業マーケットの実態把握

a．既取引先の中小企業マーケットの実態把握

　個々のエリアにおける、既取引先の中小企業の実態を把握するポイントとしては、以下のような点があげられる。

①信用格付けや業種・取引ランク等、取引先の状況の把握
②競合金融機関の動向調査
③貸出金減少先へのセールスや諸提案状況の確認
④顧客の自金融機関への満足の度合い（不満の内容）のヒアリング
⑤法人取引推進にかかる担当者の力量の見極め
⑥店内の融資管理体制（連携状況等）の確認
⑦店内での個社別取引推進計画の立案状況の確認

⑧店内での報告・相談体制の確認
⑨本部専門部署の活用状況の確認

b．実態把握に基づく推進策

「ａ．」に述べた実態把握を踏まえたうえで、以下のように推進を図る。

①個社ごとに、業績・取引状況等のデータや担当者ヒアリングなどを通じ、大きな取引方針として「積極方針先」、「現状維持先」、「消極方針先」などを明確化する
②「積極方針先」に対して、「ニーズを想定した提案→顧客面談→結果検証」のサイクルを繰り返し、真のニーズを見極める
③代表者や経理部門だけでなく、人事や生産・販売ラインなどに幅広く情報収集のアンテナを広げ、顧客ニーズに即して多面的な提案を行う
④個社ごとに「金融機関取引における目指すべき姿」を明確化し、支店長から担当者までが個社別取引の目標像を共有する
⑤担当者の力量に応じて担当先を見直すなど、店内の推進体制の整備を進める
⑥本部専門部署の活用や審査部への事前相談なども含め、誰が何をどのように進めるのかといった５Ｗ・１Ｈをつど明確にし、店内および本部が一体となった推進を行う

また、各ステップを円滑に推進させるために管理者が留意すべきポイントは、以下の３点である。

①個社ごとの取引方針を明確化する
②取引先のニーズを十分に踏まえた提案活動を実施する
③本部との連携も含めて店内推進体制の整備を行う

Ⅱ 融資取引の強化

❶ 取引先の実態把握（定量分析）

　金融機関にとって、取引先の実態把握において最大の情報源となるのが財務諸表である。財務諸表の分析を財務諸表分析、あるいは財務分析というが、分析の手法は実数法と比率法に大別される。実数法は、財務諸表の数値をそのまま使って分析する手法で、ある項目の数値の期間的な変化を実数によってとらえ、増減額から一定の事実や傾向を判断する方法である。後述する資金移動表や損益分岐点分析などが実数法にあたる。

　比率法は、流動比率（＝流動資産÷流動負債×100）や売上高利益率（＝利益÷売上高×100）など、実数を比率に変換して分析する手法である。比率法と実数法には、それぞれ一長一短があり、実務では両者が併用される。一般的に、安全性、資金繰り分析では実数法が中心となり、収益性分析では比率法が多用される傾向にある。

A．安全性分析

　安全性分析とは、企業の支払能力の状態を分析するもので、収益性分析とは企業が利益をあげる（獲得する）性質の水準を測るものである。企業経営の目的が利益の追求にある以上、収益性の分析が財務分析の中心的なポイントとなるのは当然であるが、企業は高い収益性を追求する一方で、支払能力の状態も健全に維持していなければならない。支払能力の低下は倒産につながるからである。その意味で融資審査の立場からすれば、安全性の分析は重要な視点である。

　支払能力に問題がある企業は融資先として適切ではないので、融資審査における財務分析においては、まず企業の支払能力を検討する必要がある。そこで、ここではまず、実数法による支払能力の検討を優先して論じることとする。

支払能力を検討するということは、キャッシュフロー分析を行うことと異ならない。金融機関におけるキャッシュフロー分析の代表的なツールが資金移動表である。

a．資金移動表

資金移動表は、発生基準によって計上された損益計算書の収益と費用の金額に、売上債権や買入債務の増減額を加減調整して資金収支に変換し、経常収支、固定収支（または基礎収支）、財務収支の3つの観点から収支の状態を分析するものである。

b．経常収支

経常収支は、企業の本来の事業活動によるキャッシュフローを示したもので、営業損益と営業外損益を資金収支に置き換えたものである。したがって、基本的には経常収支は、プラスの値であることが望まれる。経常収入は、損益計算書の売上高と営業外収益を収入ベースで表したもので、経常支出は売上原価と販売費及び一般管理費と営業外費用を支出ベースで表したものである。経常収支は〈経常収入－経常支出〉で求められ、キャッシュフロー計算書における営業キャッシュフローにほぼ該当する。そして、〈経常収入÷経常支出×100〉を経常収支比率という。経常収支は資金移動表の中心的な概念で、融資審査においても非常に重要性が高いものである。

固定収支は、決算・設備関係の収支、財務収支は借入金や割引手形など資金調達による収支を示す。資金移動表の算定式、は（図表4-6）のとおりである。

キャッシュフロー計算における基本的な原則は、以下のとおりである。

> 資産の増加……収益から控除する・費用に加算する。
> 負債の増加……収益に加算する・費用から控除する。

資産の増加分を「費用に加算する」というのは、棚卸資産の増加分を売上原価（および諸経費）に加算している部分が該当する。

(図表4-6) 資金移動表の算定式

残高増減の資金繰りへの影響↓

	項目名	計算式		増加	減少
		当期数値	前期数値		
1	売上	売上合計		○	×
2	売上債権増	受取手形+売掛金	−受取手形−売掛金	×	○
3	前受金増	前受金	−前受金	○	×
4	営業外収益	受取利息配当+その他収入		○	×
5	経常収入合計	1−2+3+4			
6	売上原価	売上原価合計		×	○
7	販売費・一般管理費	販売費・一般管理費合計		×	○
8	営業外費用	支払利息割引料+その他費用		×	○
9	棚卸資産増	商品+製品+仕掛品+原材料	−商品−製品−仕掛品−原材料	×	○
10	仕入債務増	支払手形+裏書譲渡手形+買掛金	−支払手形−裏書譲渡手形−買掛金	○	×
11	前渡金増	前渡金	−前渡金	×	○
12	減価償却費	販売費の減価償却費+製造費用の減価償却費		○	×
13	貸倒引当金増	貸倒引当金	−貸倒引当金	○	×
14	退職給与引当金増	退職給与引当金	−退職給与引当金	○	×
15	経常支出合計	6+7+8+9−10+11−12−13−14			
16	A 経常収支	5−15			
17	固定資産増	固定資産合計+12−長期貸付金	−固定資産合計−長期貸付金	×	○
18	繰延資産増	繰延資産	−繰延資産	×	○
19	未収金・仮払金増	未収金・仮払金	−未収金・仮払金	×	○
20	その他流動資産増	その他流動資産	−その他流動資産	×	○
21	その他流動負債増	その他流動負債	−その他流動負債	○	×
22	その他固定負債増	その他固定負債	−その他固定負債	○	×
23	特別利益	特別利益		○	×
24	特別損失	特別損失		×	○
25	設備等支出合計	17+18+19+20−21−22−23+24			
26	法人税等	法人税等−未払法人税等	+未払法人税等	×	○
27	配当金	配当金(中間)	+経常配当金+特別配当金	×	○
28	決算支出合計	26+27			
29	B 固定収支	25+28			
30	増資	資本金+資本準備金	−資本金−資本準備金−株式配当金	○	×
31	長期借入金	長期借入金	−長期借入金	○	×
32	短期借入金	短期借入金	−短期借入金	○	×
33	割引手形増	割引手形	−割引手形	○	×
34	財務収入合計	30+31+32+33			
35	有価証券増	有価証券	−有価証券	×	○
36	長期貸付金	長期貸付金	−長期貸付金	×	○
37	短期貸付金	短期貸付金	−短期貸付金	×	○
38	財務支出合計	35+36+37			
39	C 財務収支	34−38			
40	差引現金・預金増	A−B+C(16−29+39)			

※ この算定式は、受取手形割引高と裏書譲渡手形を流動負債に計上することを前提としている。したがって、2の売上債権増の受取手形には、両者の数値が含まれている。

(図表 4-7) 運転資金の構造

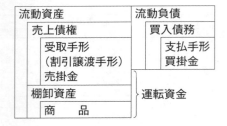

キャッシュフロー計算とは、前述の原則に加えて減価償却費のように現金の支出を伴わない項目を調整して、収益と費用をそれぞれ収入と支出に置き換える作業といえる。

c．経常収支と営業キャッシュフローを簡便に求める方法

経常収支は、経常利益に減価償却費を加えて、運転資金増加分を控除すると経常収支の近似値が求められる。

> 経常収支（近似値）＝経常利益＋減価償却費－運転資金増加分
> 運転資金増加分＝当期運転資金－前期運転資金
> 運転資金＝売上債権＋棚卸資産－買入債務

また、キャシュフロー計算書上の営業キャッシュフローの近似値は、営業利益に（1－実効税率）を乗じて税金分を控除し、さらに、減価償却費を加算して、運転資金増加分を差し引くことで求められる。実効税率は企業の利益に課税される税の実質的な負担率であり、国税である法人税に地方税である法人住民税と法人事業税を考慮して求める。この計算で求めたキャッシュフローをオペレーティング・キャッシュフロー（OCF）という。

> OCF＝営業利益×（1－税率）＋減価償却費－運転資金増加分

キャッシュフローには各種の概念があり、OCFから設備投資等の支出を差し引いたものを「フリーキャッシュフロー」といい、これは資金

移動表の経常収支と固定収支の差額にほぼ該当する。フリーキャッシュフローに財務活動によるキャッシュフローを加減したものが「ネットキャッシュフロー」である。ネットキャッシュフローは現金預金の増減額で、この段階でキャッシュフロー計算書と資金移動表との差異はなくなる。

d．損益分岐点

損益分岐点分析（Break-even analysis）は、CVP分析（cost-volume-profit analysis）とも呼ばれる。

「収益と費用が等しく、利益も損失も生じない売上高」のことを損益分岐点といい、企業の収益構造を検討したり、利益計画を立てるために使われる。損益分岐点においては、売上高（S）＝費用（C）となる。この分析手法では、費用を固定費と変動費に分解し、売上・費用・利益の関係を分析する。固定費は売上高に関係なく発生する一定額の費用で、変動費は売上に比例して増減する費用である。固定費には人件費、減価償却費、家賃・地代、保険料などが含まれ、変動費には材料費、外注加工費、販売手数料、商品配送費などが該当する。費用を固定費と変動費に分解することを固変分解といい、一般的な固変分解の方法として、中小企業庁方式と日本銀行方式がある（図表4-7）。

固定費をF（fixed cost）、変動費をV（variable cost）とすると、損益分岐点においては、

　　S＝F＋Vとなる。

この式を以下のように変形すると、損益分岐点売上高が求められる。

　　S－V＝F
　　S（1－V／S）＝F
　　S＝F／（1－V／S）

> 損益分岐点売上高＝固定費÷（1－変動費率）

(図表 4-8) 固変分解の方法

日本銀行『主要企業経営分析』	
固定費	（販売費及び一般管理費－荷造運搬費）＋労務費＋（経費－外注加工費－動力燃料費）＋営業外費用－営業外収益
変動費	売上原価－労務費－（経費－外注加工費－動力燃料費）＋荷造運搬費

中小企業庁『中小企業の原価指標』		
製造業	固定費	直接労務費、間接労務費、福利厚生費、減価償却費、賃借料、保険料、修繕料、水道光熱費、旅費・交通費、その他製造経費、通信費、支払運賃、荷造費、消耗品費、広告宣伝費、交際・接待費、その他販売費、役員給料手当、事務員・販売員給料手当、支払利息・割引料、従業員教育費、租税公課、研究開発費、その他管理費
	変動費	直接材料費、買入部品費、外注工賃、間接材料費、その他直接経費、重油等燃料費、当期製品仕入原価、期首製品棚卸高－期末製品棚卸高、酒税
販売業（卸・小売）	固定費	販売員給料手当、車両燃料費（卸売業の場合 50%）、車両修理費（卸売業の場合 50%）、販売員旅費・交通費、通信費、広告宣伝費、その他販売費、役員（店主）給料手当、事務員給料手当、福利厚生費、減価償却費、交際・接待費、土地建物賃借料、保険料（卸売業の場合 50%）、修繕費、光熱水道料、支払利息・割引料、租税公課、従業員教育費、その他管理費
	変動費	売上原価、支払運賃、支払荷造費、荷造材料費、支払保管料、車両燃料費（卸売業の場合のみ 50%）、車両修理費（卸売業の場合のみ 50%）、保険料（卸売業の場合のみ 50%）

※ 小売業の車両燃料費、車両修理費、保険料は、すべて固定費に入る。

B．収益性分析

前述のように、収益性分析においては、比率法が多用される。

a．比率法

比率法は、2項目間の数値の割合を比率として算出し、それによって一定の事実や傾向を判断する方法である。

（図表 4-9）は、『中小企業の財務指標』から、比率分析における主要な分析指標をあげたものである（一部修正）。

b．ROA（総資産経常利益率）

（図表 4-9）のような分析指標を利用して財務分析を行うわけだが、分析の目的によって使用する分析指標は異なる。大きく総合収益性分析、

(図表 4-9) 比率分析の指標

比率名および算定式（単位）	比率の意味
総合収益性分析	
総資産営業利益率 営業利益÷総資産×100（％）	企業が総資産を使って営業活動を行った結果、どの程度営業利益を上げたかを示す指標である。
総資産経常利益率 経常利益÷総資産×100（％）	企業が総資産を使って経営活動を行った結果、どれだけの経営利益を上げたかを示す指標である。
総資産当期純利益率 当期純利益÷総資産×100（％）	企業に投下された総資産が、利益獲得のためにどれだけ効率的に利用されたかを示す指標である。
経営資本営業利益率 営業利益÷（総資本－建設仮勘定－投資等－繰延資産）×100（％）	総資本のうち、企業が本来の目的である事業活動に使用している投下資本が、事業活動によってどれだけ効率活用され営業利益を上げたかを示す指標である。
自己資本当期純利益率（ROE） 当期純利益÷自己資本×100（％）	調達資本を自己資本に限定して、当期純利益と比較することによって、自己資本がどれだけ効果的に利益を獲得したかを示す指標である。自己資本とは純資産から新株予約権と少数株主持分を差し引いたものである。
売上高利益分析	
売上高総利益率 売上総利益÷売上高×100（％）	売上高に対する売上高総利益の割合を示す指標である。
売上高営業利益率 営業利益÷売上高×100（％）	当期の売上高に対して本業からの利益をどの程度生み出すことができたかを示す指標である。
売上高経常利益率 経常利益÷売上高×100（％）	財務活動なども含めた通常の企業活動における売上高に対する経常利益の割合を示し、金融収支なども含めた総合的な収益力を示す指標である。
売上高当期純利益率 当期純利益÷売上高×100（％）	売上高に対する当期純利益の割合を示し、企業活動が株主の配当原資や資本の増加にどの程度結びついたかを示す指標である。

比率名および算定式（単位）	比率の意味
回転率・回転期間分析	
総資産回転率 売上高÷総資産（回）	企業が経営活動に投下した総資本の回収速度を示し、総資産の運用効率を示す指標である。
固定資産回転率 売上高÷固定資産（回）	固定資産の回収速度を示し、固定資産の運用効率を示す指標である。
有形固定資産回転率 売上高÷有形固定資産（回）	建物、機械設備などの有形固定資産の回収速度を示し、有形固定資産の運用効率を示す指標である。
売上債権回転期間 （割引・裏書譲渡手形含まず） （売掛金＋受取手形）÷売上高×365（日）	未回収の売上債権の回収に何日かかるかを示している指標である。
売上債権回転期間 （割引・裏書譲渡手形含む） （売掛金＋受取手形＋割引手形＋裏書譲渡手形）÷売上高×365（日）	割引手形と裏書譲渡手形を含む未回収の売上債権の回収に何日かかるかを表している指標である。
受取手形回転期間 （割引・裏書譲渡手形含まず） 受取手形÷売上高×365（日）	未回収の受取手形の回収に何日かかるかを示す指標である。売上債権回転期間の良否の原因となり、期間が短いほど資金繰りが容易になる。
受取手形回転期間 （割引・裏書譲渡手形含む） （受取手形＋割引手形＋裏書譲渡手形）÷売上高×365（日）	割引手形と裏書譲渡手形を含んだ受取手形の回収に何日かかるかを示した指標である。
売掛金回転期間 売掛金÷売上高×365（日）	売掛金の回収に何日かかるかを示す指標である。売上債権回転期間の良否の原因となり、回転期間が短いほど資金繰りが容易になる。
棚卸資産回転期間 棚卸資産÷売上高×365（日）	製品、仕掛品、原材料などの棚卸資産の平均的な在庫期間を示し、棚卸資産に投下された資本の効率を示す指標である。
製品（商品）回転期間 製品（商品）÷売上高×365（日）	製品（商品）の平均的な在庫期間を示し、製品（商品）に投下された資本の効率を示す指標である。

比率名および算定式（単位）	比率の意味
原材料回転期間 原材料÷売上高× 365（日）	原材料の平均的な在庫期間を示し、原材料に投下された資本の効率を示す指標である。
仕掛品回転期間 仕掛品÷売上高× 365（日）	生産工程の途中にある仕掛品の平均的な滞留期間を示し、仕掛品に投下された資本の効率を示す指標である。
買入債務回転期間 （支払手形＋買掛金）÷売上高× 365（日）	仕入に伴う買入債務を支払うには何日分の売上高が必要であるかを示す指標である。
買掛金回転期間 買掛金÷売上高× 365（日）	仕入に伴う買掛金を支払うには何日分の売上高が必要であるかを示す指標である。
支払手形回転期間 支払手形÷売上高× 365（日）	仕入に伴う支払手形の金額を支払うには何日分の売上高が必要であるかを示す指標である。
短期支払能力分析	
流動比率 流動資産÷流動負債× 100（％）	短期的な負債を支払う資金がどれくらいあるかを示す指標である。
当座比率 当座資産（現金預金＋受取手形＋売掛金＋有価証券）÷流動負債× 100（％）	換金性の高い当座資産と1年以内に支払期限が到来する流動負債との比率で短期の支払能力を表し、流動比率を補完する指標である。
資本の安定性分析	
自己資本比率 自己資本÷総資本× 100（％）	企業が使用する総資本のうち、自己資本の占める割合がどの程度あるかを示し、資本構成から企業の安全性をみる指標である。
負債比率 負債÷自己資本× 100（％）	自己資本に対する負債の割合の程度を示し、負債の返済能力や負債の担保力をみる指標である。

比率名および算定式（単位）	比率の意味
調達と運用の適合性分析	
固定長期適合率 固定資産÷（自己資本＋固定負債） ×100（％）	自己資本と社債や長期借入金などの固定負債によって固定資産がどの程度賄われているかを示す指標である。
固定比率 固定資産÷自己資本×100（％）	固定資産に投下された資本がどの程度自己資本で賄われているかを示す指標である。

売上高利益分析等に分類されているが、分析対象の企業の状態によって、こうした分類に拘泥せずに分析指標を利用する必要がある。収益性分析ひとつとっても、これだけを読めばよいという唯一絶対という指標は、存在しないのである。

そうした前提を踏まえたうえで、ここでは収益性分析における代表的な分析指標であるROAについて解説する。

ROAは、総資産の運用効率を表す指標である。収益性に限らず企業経営全般の状態を測る代表的指標といえる。企業経営とは、負債と資本の形で調達した資金を、資産として運用する過程で損益計算上の利益を追求する行為だからである。分子の経常利益は、一定期間の中で獲得されるものであるから、分母の総資産も、本来は期中平均の数値を利用するべきである。しかし、資産の期中平均は入手が難しいので、現実的には期首・期末の平均を利用することが一般的である。期中に大きな変化がなければ、期末数値でもかまわない。

ROAは、売上高利益率と総資産回転率の積に分解できる。

$$\text{ROA} = \frac{利益}{総資産} = \underbrace{\frac{利益}{売上高}}_{（売上高利益率）} \times \underbrace{\frac{売上高}{総資産}}_{（総資産回転率）}$$

上記から、売上高利益率が高ければ、ROAも高くなるのが一般的で

ある。一方、総資産回転率が著しく低い場合はROAも低くなるが、それは収益性の問題というよりも、売上債権や棚卸資産の不良化など、資産の質の問題、設備や投資勘定への過大投資など資産構成の問題が内在していると考えるべきであろう。総資産回転率は、卸・小売業で2回転前後、製造業や建設業で1～1.5回程度で、個別の企業によって大きく異なることはあまりない。

また、ROAの比率の高低を左右する要因としては、以下のようなものがある。

- 売上高総利益率：製品コストまたは価格競争力
- 販売費および一般管理費のコスト（管理水準）：売上高営業利益率の水準
- 財務構造および財務政策の巧拙（営業外損益）

C．取引先の業況悪化の兆候の発見

渉外担当者は、財務諸表に現れる異常値から取引先の業況悪化の兆候を読みとらなければならない。そのためには以下のような心構えや取組姿勢が求められる。

①従来の取引経緯に捉われることなく、常に問題意識を持って取り組む
②疑問点が生じた場合には敏感に反応し、営業店全体で解明に取り組む
③業界や業種の常識に反した動向がないか、特に注意する
④提出された諸資料間の不整合を軽視せず、解明する
⑤時系列分析や業界平均・同業他社との比較分析を実施する
⑥実数・指数・回転期間・構成比の変化など、多角的な分析を実施する
⑦キャッシュフロー分析を実施する

D．経営改善計画点検時の留意事項

業況が悪化した場合に、金融機関の支援を得るために提出される改善計画には、延命を図るために希望的観測の要素が織り込まれていることが多い。そこで、改善計画の実現性については、結論が出るまで徹底的に調査する必要がある。

第1に、計画時の実態把握が確実に行われているかという問題がある。つまり、現状に至った原因と現在抱える問題点が明確に把握され、資産内容の評価が適切に実施されているかが重要である。計画時の計数の的確性は最も重要である。

第2に、経営者から提出された改善計画が、その業種、事業内容、事業規模からして合理的で、部門別あるいは商品別の売上計画や利益率が実績からみて、無理のないものであるかどうかを総合的にチェックする。

第3に、経営者の取組意欲が十分か、他の金融機関や仕入れ・販売先の支援が得られるかをみて、総合的に改善計画の実現性をチェックする必要がある。

❷ 取引先の実態把握（定性分析）

A．中小・零細企業の経営内容の把握

取引先、特に中小・零細企業の経営内容の把握については、金融庁の「金融検査マニュアル別冊（中小企業融資編）」において、以下のように述べられている。

> ①代表者等からの借入金等については、原則として、これらを当該企業の自己資本相当額に加味する
> ②例えば、企業が赤字で返済能力がないと認められる場合であっても、代表者等への報酬や家賃等の支払いから赤字となり、金融機関への返済資金を代表者等から調達している場合があるので、赤字の要因や返済状況、返済原資の状況を確認する

> ③代表者等の預金や有価証券等の流動資産および不動産（処分可能見込額）等の固定資産については、返済能力として加味する
> ④当該企業の技術力、販売力、経営者の資質やこれらを踏まえた成長性を踏まえて総合的に判断する

　なお、金融検査マニュアルは、2018（平成30）年度終了後を目途に廃止することとなっている。検査マニュアルの廃止は、「金融機関の現状の実務の否定でなく、より多様な創意工夫を可能とするために行う」（金融庁「金融検査・監督の基本的な考え方と進め方」（案））ものである。

B．目利き能力の向上

a．目利き能力が要求される背景

　目利き能力とは、広義の融資の審査能力であり、金融機関の職員には以前から要求されている基本的な能力である。しかし、かつては担保、保証を重視した融資が主流であり、その後、バブル経済の時期に、特に不動産担保に過度に依存した融資が中心となり、バブル崩壊後は不良債権処理に追われて、金融機関の審査能力が大幅に低下してしまった。

　この間、企業を取り巻く環境は、グローバル化の進展やIT技術の進歩などによって大きく変化した。加えて企業会計制度の改正、企業統治手法の高度化などによって、融資審査もさらに高度化が要求されるようになったのである。

　バブルの崩壊によって、不動産担保に頼った融資手法は有効性を失ったが、本来、担保と保証の存在は、取引先の倒産可能性の見極めに有効なわけではない。担保と保証の存在と倒産との間に因果関係はないからである。上記のように、企業（事業）の将来性や技術力などを評価して審査を行う必要が生じてきたのである。そうした能力を有する人材が「目利き」である。企業を財務面からだけでなく、マネジメントやマーケティングの観点から分析して評価する能力が要求されているのである。

b．外部からの信用調査の方法

目利きの前提として必要なのは、企業と経営者についての情報である。この情報を外部から入手するためには、以下のような方法がある。

> ①同業者間の風評
> ②地域近隣企業の評判
> ③業界団体、組合などから入手した資料・情報
> ④取引先、他取引金融機関等からの情報
> ⑤新聞・雑誌記事や日経ニューステレコン等の外部情報データベース
> ⑥商業登記簿証明書（商業登記簿謄本）上の記載履歴
> ⑦仕入先、販売先、所管官庁などへの問合せによる側面調査
> ⑧会社役員および従業員への面談

❸ 各種資金ニーズと検討

A．運転資金

a．経常運転資金・増加運転資金

法人の資金ニーズは、運転資金と設備資金に大別できる。運転資金の代表的な存在が経常運転資金である。その計算式については、すでに述べたように（売上債権＋棚卸資産－買入債務）で求められる。この式は以下のように変形できる。

> 経常運転資金所要額＝売上債権＋棚卸資産－買入債務
> 　　　　　　　　＝平均月商×（売上債権回転期間＋棚卸資産回転期間－買入債務回転期間）
> ※　売上債権のうちの受取手形には割引手形・裏書譲渡手形を加える。

この算式からわかるように、経常運転資金所要額は、平均月商と債権債務の各回転期間の差で構成されている。この回転期間の差を「収支ズ

レ」と呼ぶ。資金ニーズがどちらの要素によって発生しているのかを確認することが必要である。

　企業の売上高が増加になれば、必要とする資金も大きくなる。その際に必要となる資金ニーズを増加運転資金という。増加運転資金は、以下の式で求められる。

> 経常運転資金所要額＝
> 平均月商の増加額×（売上債権回転期間＋棚卸資産回転期間－買入債務回転期間）

　経常運転資金の式でも述べたように、資金ニーズが平均月商の要因と「収支ズレ」のどちらの要因によるものかを確認することが必要である（両者の複合要因ということもある）。

　b．季節資金

　売上が季節によって大きく左右される業種の場合、企業は需要のピークに備えて事前に在庫を増加させなければならない。このために発生する資金ニーズが季節資金である。衣料品（春夏物・秋冬物）、エアコン・ストーブなどの冷暖房器具を扱う企業は、季節資金を必要とするところが多い。

　c．決算・賞与資金

　企業が決算において利益を計上すると、税金の支払いが発生するが、企業内に利益額に相当する現金がない場合が多い。そこで発生する資金ニーズが、決算資金である。前年度の決算の結果として生ずる資金ニーズなので、長期ではなく、6ヵ月程度の短期で融資するのが原則である。納税時点では現金化していない利益が返済財源となる。

　賞与資金は、夏季と冬季の賞与支払いのために発生する資金ニーズである。賞与は、業績が悪化している場合でも、ある程度の金額を支給せざるをえない場合が多い。決算資金と異なり利益の裏付けがないので、総支給予定額、従業員数、支給月数などから1人当たり支給額を算出し

て、前年同期実績や世間一般の相場や同業他社と比較して、金額の妥当性を検討する必要がある。

B．設備資金

設備資金とは、企業経営において必要となる事業設備に投資することに伴って発生する資金ニーズである。設備とは「土地、建物、構築物、機械装置、車両運搬具」の総称で、貸借対照表の固定資産の部の有形固定資産に含まれるものである（研究開発投資の場合、繰延資産となることもある）。運転資金と比較して、設備資金ニーズは所要金額が大きいため、長期の貸出しとなることが大半である。それだけに与信のリスクも大きくなるので、キャッシュフローの予測など精緻な分析が要求される。

設備資金の種類と内容には、以下のようなものがある。

①新規投資資金：新分野への進出
②生産力増強資金：生産能力の向上
③近代化・省力化・合理化資金：能率向上・コストダウン
④研究・開発資金：新技術・新製品の開発
⑤公害防止資金：公害防止
⑥厚生施設資金：従業員の福利厚生

❹ 信用保証協会の活用

A．信用保証協会

信用保証協会とは、信用保証協会法に基づき、中小企業者の金融円滑化のために設立された公的機関である。中小企業が金融機関から事業資金を調達するときに、信用保証協会の信用保証制度を利用すると信用保証協会の債務保証を受けられるため、資金調達をスムーズに行うことができる（保証制度の利用に当たっては、信用保証協会の審査があり、信用保証を利用する場合には利用の対価として、事業者は信用保証料を支払う必要がある）。

(図表4-10) 信用保証制度を利用できる企業規模

資本金または常時使用する従業員数のいずれか一方が、次に該当する方が対象となる（個人事業主は、常時使用する従業員数が該当すれば対象となる）。

業　種		資本金	従業員数
製造業など（運送業・建設業を含む）		3億円以下	300人以下
	ゴム製品製造業（自動車または航空機用タイヤおよびチューブ製造業並びに工業用ベルト製造業を除く）	3億円以下	900人以下
卸売業		1億円以下	100人以下
小売業・飲食業		5千万円以下	50人以下
サービス業		5千万円以下	100人以下
	ソフトウェア業／情報処理サービス業	3億円以下	300人以下
	旅館業	5千万円以下	200人以下
医業を主たる事業とする法人		—	300人以下

信用保証制度を利用できる企業規模は、（図表4-10）のとおりである。

B．責任共有制度

従来は信用保証協会の保証付き融資は、一部の保証を除き借入金額に対して、信用保証協会の保証割合を100％としてきたが、2007（平成19）年10月1日から責任共有制度が導入され、一部の保証を除いて、80％を保証することになった。

この制度の導入は、信用保証協会と金融機関が責任の共有を図ることによって、両者が連携して融資実行、およびその後における経営支援や再生支援といった中小企業者に対する適切な支援を行うことを目的とするものである。

導入によって金融機関も与信のリスクを負担することになったが、リスク負担の方式には以下の2種類があり、いずれかの方式を金融機関が選択する。

①部分保証方式：個別貸付金の80％を信用保証協会が保証する方式
②負担金方式：一定期間の保証債務残高に金融機関の過去の保証利用

> 状況（代位弁済率等）、責任共有割合（20%）を乗じて算出される金額を負担金として金融機関が支払う方式

なお、以下の保証制度は責任共有制度の対象から除外されている。

> ①経営安定関連1～4、6号に係る保証（セーフティネット保証）
> ②災害関係保証
> ③創業関連保証および創業等関連保証（再挑戦支援保証等を含む）
> ④特別小口保険に係る保証
> ⑤事業再生保証
> ⑥小口零細企業保証
> ⑦求償権消滅保証
> ⑧中堅企業特別保証
> ⑨東日本大震災復興緊急保証　など

III　円滑な金融仲介機能の発揮

　前述のように、「法人取引の推進はかなり難易度が高まって」いる。そして、金融検査マニュアルの廃止によって、画一的な最低基準の検査に重点を置く検査・監督手法から解放される金融機関は、従来にも増して事業実態を正確に捉えた金融仲介機能の発揮が求められる。その際、中心的な概念となるのが事業性評価である。

　一方、2013（平成25）年3月末の金融円滑化法が終了（期限到来）したため同法によって延命が可能となっていた中小企業に対する救済措置として施行されたのが、「中小企業経営力強化支援法」である。施行時期は金融円滑化法の終了に先立つ2012（平成24）年8月30日であり、同法によって、中小企業に対して専門性の高い支援事業を行う経営革新等支援

機関を認定する制度が創設された。

　ここでは、上記のような中小企業に関する新たな制度などについて解説することで、法人取引の推進との接点について述べる。まず、上記の経営革新等支援機関について①で述べるが、これは②の「中小企業の会計に関する基本要領」と密接な関連があることに留意する必要がある。

❶ 経営革新等支援機関

　経営革新等支援機関の認定制度が設けられたのは、上記のように金融円滑化法終了後の中小企業をフォローするためであるが、この背景には中小企業の経営課題が多様化・複雑化しているという政府（中小企業庁）の認識がある。そして、この制度は「税務、金融及び企業財務に関する専門的知識」や「支援に係る実務経験」が一定レベル以上の個人、法人、中小企業支援機関等を「経営革新等支援機関」（以下、「認定支援機関」とする）として認定して、中小企業に対して専門性の高い支援を行うための体制を整備することを意図したものである。

　中小企業に対する支援事業の主体としては、従来からリレーションシップバンキングを推進する地域金融機関があった。この制度は金融機関のほかに税理士、税理士法人等を認定支援機関とすることで、中小企業支援事業の担い手の多様化・活性化の実現を目指すものである。

Ａ．認定支援機関の認定基準

　主な認定基準は、以下のようなものである[※]。

> ①税務、金融及び企業の財務に関する専門的な知識を有していること
> ②専門的見地から財務内容等の経営状況の分析等の指導及び助言に一定限度の実務経験を有すること
> ③長期かつ継続的に支援業務を実施するための実施体制を有すること
> ※　このほかに「欠格条項」として「破産者、暴力団員等」がある。

　これまでのところ、認定支援機関となっているのは、金融機関以外では、

上記の税理士、税理士法人のほかに弁護士、公認会計士、中小企業診断士などである。

B．基本的な支援内容

認定支援機関が行う基本的な支援内容は、以下のとおりである。

> ①中小会計要領の趣旨に則り、中小企業に適時・正確な記帳に基づく月次決算体制の構築を支援することにより、経営者の「迅速な業績把握」と「金融機関等の利害関係者に信頼される基礎財務資料のタイムリーな提供」を可能にすること
> ②月次の業績と経営計画・前期業績との比較分析を行い、改善課題を抽出し、その克服のための打ち手の検討を支援すること
> ③企業内外の経営環境を分析し、その分析結果に基づき、健全な企業には新たなる夢の実現のための中期経営計画、業績不振の企業には現状を打破するための経営改善計画の策定を支援すること
> （出所）日本政策金融公庫ホームページ「経営Q&A」

①の冒頭の「中小会計要領」とは、前述の「中小企業の会計に関する基本要領」のことである。①と②は、認定支援機関が行う支援内容としてかなり会計よりのものである。③の内容は、金融円滑化法において求められた「実現可能性の高い抜本的な経営改善計画」（実抜計画）と本質的には同様のものであるから、認定支援機関として想定されているのは、主に税理士や公認会計士など会計の専門家だと考えられる。金融機関のコンサルティング能力には限界があるという認識が、この背景にあるといえるし、①の「月次決算体制の構築」の支援や②の「月次の業績と経営計画・前期業績との比較分析」を行うためには、金融機関では、その時間的余裕やマンパワーが絶対的に不足するだろう。

C．認定支援機関の支援を受けるメリット

2013年（平成25）年に各都道府県に新設された経営改善支援センターでは、認定支援機関による経営改善計画策定支援事業を開始した。経営改

善を必要とする中小企業は、この制度を利用することによって、認定支援機関によるコンサルティング費用を補助してもらうことができる。具体的には、経営改善計画策定支援に要する計画策定費用、その後に行ったフォローアップ費用の総額のうち、200万円を上限として3分の2を経営改善支援センターが負担する。つまり、100万円の負担で300万円に相当するコンサルティングを受けることができるのである。なお、この制度の対象となる中小企業は、「金融円滑化法」を利用した企業だけなく、「経営改善」を必要とする幅広い中小企業である。ただし、この制度を利用して経営改善を行うことに関しては、対象債権者である全金融機関の合意が必要である。この点が本制度を利用するに際して、中小企業が主体となるか、金融機関から利用を勧めるかに関わらず、法人取引推進における接点になる。

また、認定支援機関の支援を受け、事業計画の実行と進ちょくの報告を行うことを前提に、信用保証協会の保証料が0.2％減額されるというメリットもある（信用保証協会の同意が必要）。法人営業担当者は念頭に置いておくべきことである。

D．認定支援機関制度と法人取引推進との関係

一般的には、税理士と金融機関職員の関係性は薄い。税理士は経営者としか接触しないし、金融機関職員も同様である。つまり、大半の場合、税理士と金融機関は法人取引先を介して法人税申告書（決算書）をやり取りしているだけである。したがって、法人取引の推進に本制度を利用するためには、企業の顧問税理士が認定支援機関であるか否かから確認する必要がある。顧問税理士が認定支援機関となっていれば、すでに税理士側から本制度の利用を企業に勧めている場合が多いだろう。企業側に制度利用を受け入れる姿勢がある場合は、金融機関としても動きやすい。

問題は企業の顧問税理士が認定支援機関になっていない場合、認定支援機関となっていても企業側が本制度を利用することに抵抗感を持っている場合である。前者の場合、ほかの認定支援機関を金融機関が紹介するとい

うことも考えられるが、現実的に金融機関がそこまで積極的に動くかどうかは微妙なところがある。既存の顧問税理士の立場もあるし、紹介する認定支援機関の「力量」を金融機関（の担当者）が判断できるかという問題もある。金融機関の行職員も同様だが、税理士は必ずしも有能なコンサルタントとは限らないからである。

当事者である経営者のやる気の問題もある。経営者が主体的に動かなければ、コンサルティングはうまくいかない。経営者にとって心理的な抵抗となるのは、やはり、費用の問題だろう。上記のようにコンサルティングフィーについて補助があるといっても、経営者にとって「費用対効果」の点で本制度を利用することは、かなりハードルが高いと思われる。100万円の自己負担で300万相当のコンサルティングを受けることができるといっても、中小企業には100万円でも負担は大きい。後述するように、「中小企業の会計に関する指針」を利用する企業よりも、「中小企業の会計に関する基本要領」（中小会計要領）を利用する企業のほうが相対的には小規模なので負担感は逆に大きいと思われる。

❷「中小企業の会計に関する基本要領」

A．「中小企業の会計に関する基本要領」とは何か

「中小企業の会計に関する基本要領」（以下、「中小会計要領」とする）は、中小企業関係者（中小企業団体、税理士、金融関係団体、学識経験者等）が主体となって設置された「中小企業の会計に関する検討会」（中小企業庁、金融庁）によって、中小企業の実態に即した新たな会計ルールとして、2012（平成24）年2月1日に公表された。

「中小会計要領」とは、以下のような中小企業の実態を踏まえてつくられた新しい会計ルールである。

①経理人員が少なく、高度な会計処理に対応できる十分な能力や経理体制を持っていない

②会計情報の開示を求められる範囲が、取引先、金融機関、同族株主、税務当局等に限定されている。
③主に法人税法で定める処理を意識した会計処理が行われている場合が多い

B．「中小企業の会計に関する指針」との関係

「中小会計要領」は、すべての中小企業が利用することができるが、同様の企業会計の慣行として「中小企業の会計に関する指針」（以下、「中小指針」とする）がある。「中小指針」は、会計専門家が役員に入っている会計参与設置会社がこれに拠ることが適当とされており、一定の水準を保った会計処理を示したものである。

これに対して、「中小会計要領」は、「中小指針」と比較して、簡便な会

（図表4-11）中小企業の会計に関する基本要領（中小会計要領）の位置付け

区　分	会社数	連結	単体
上場会社※1	約3,600社	国際会計基準の任意適用／日本基準	日本基準
金商法開示企業（①）※1（上場会社以外）	約1,000社	日本基準	日本基準
会社法大会社（②）※2（上場会社及び①以外）（資本金5億円、又は負債総額200億円以上）	約10,000社から上場会社、①に含まれるものの数を除く	作成義務なし	日本基準
上記以外の株式会社（上場会社、①及び②以外）＊利用が想定される企業	約260万社から上場会社、①、②に含まれるものの数を除く	作成義務なし	中小指針／中小会計要領

※1　金融商品取引法の規制の適用対象会社
※2　会社法上の会計監査人設置会社
（出所）中小企業の会計に関する検討会（平成24年2月）

計処理をすることが適当と考えられる中小企業が利用することを想定して策定されたものである。「中小指針」と比較して小規模な企業を対象とするのが「中小会計要領」である。上場企業までも含めて、「中小会計要領」の位置付けを示したのが（図表4-11）である。

C．「中小会計要領」の内容

会社法と法務省令において計算書類とされているのは、貸借対照表、損益計算書、株主資本等変動計算書、個別注記表の4つである。先の2つが会社法435条2項で、後の2つが法務省令で規定されている。

これらの計算書類の作成にあたり、会社法431条では「株式会社の会計は、一般に公正妥当と認められる企業会計の慣行に従うものとする」としている。ここでいう中小企業がしたがう企業会計の慣行が、「中小指針」と「中小会計要領」なのである。なお、「中小会計要領」は、特例有限会社、合名会社、合資会社または合同会社も利用することができる。

総論的に述べると、「中小会計要領」には、以下のような特徴がある。

a．継続性の原則

会計処理の方法は、毎期継続して同じ方法を適用する必要があり、これを変更するに当たっては、合理的な理由を必要とし、変更した旨、その理由及び影響の内容を注記する。

b．国際会計基準（IFRS）との関係

安定的に継続利用可能なものとする観点から、IFRSの影響を受けない。

c．記帳の重要性

経営者が自社の経営状況を適切に把握するために、記帳はすべての取引につき、正規の簿記の原則に従って行い、適時に、整然かつ明瞭に、正確かつ網羅的に会計帳簿を作成しなければならない。

各論的に述べると以下のような特徴が挙げられる。

①貸倒引当金については法人税法上の中小法人に認められている法定繰入率で算定する方法も使用できることが明確化されてい

> る
> ②有価証券の評価方法を、法人税と同様に取得原価での計上を原則としている（「中小指針」では条件付きで容認）。ただし、売買目的有価証券は時価計上である
> ③棚卸資産の評価方法について、中小企業は法人税法上認められている最終仕入原価法を利用しているため、ほかの評価方法とともに同法を利用できることが明確化されている（「中小指針」では条件付きで容認）
> ④退職給付引当金について従業員の在職年数等企業の実態に応じて合理的に引当金額を計算し、自己都合要支給額を基礎として、例えば、その一定割合を計上することとしている

D.「中小会計要領」を利用する効果

「中小会計要領」を利用する効果、メリットとしては、経営改善計画策定支援事業を利用することができることが挙げられる。それ以外のソフトメリットとしては、以下のようなものがある。

> ①決算書の信頼性が向上する
> ②その結果、自社の財務状況が明らかになり、投資判断、経営改善等を的確に行えるようになる
> ③金融機関、取引先等からの信頼性が高まり、スムーズな資金調達や取引先拡大につながる

中小企業庁は上記の諸点をあげて、「財務経営力の強化が図られるうえ、資金調達力の強化も期待」できるとしている。

たしかに「決算書の信頼性が向上する」ことは、金融機関にとっては歓迎すべきことである。「中小会計要領」が普及するためには、経営者の意識改革とともに①で述べたように顧問税理士の関与が大きな力になると思われる。経営改善計画策定支援事業の利用とは別に、今後、金融機関の担

当者は、顧問税理士との関係性も重視していく必要があるかもしれない。

❸ 経営者保証

「経営者保証に関するガイドライン」が2014（平成26）年2月1日より適用開始となった。

このガイドラインでは、中小企業経営者に対して、創業、事業再生等への着手、円滑な事業承継など、企業における各ライフステージへの対応について動機付けを促すことなどを目的とし、これら目的を達成し中小企業の活力を引き出すため、金融機関に対しては、経営者保証に依存しない融資の促進をするよう求めている。

具体的には、中小企業経営者に、①法人と個人を区分する、②財務基盤の強化や経営の透明性を求める代わりに、金融機関に対して、①経営者保証を求めないもしくは②代替の融資手法を求め、たとえ③経営者保証を求めるとしても、その説明を行うとしている。さらに、多額の個人保証を行っていても、早期に事業再生等を行った場合に一定の生活費等を残す、最低限事業を継続できる資産を残す等、再チャレンジできるような環境を整えるとしているなどの方策を示している。

ここでは「法人取引の推進」という観点から論じていく。

A．「中小会計要領」との関連性

ガイドラインは「経営者保証に依存しない融資の一層の促進」のため、主たる債務者、保証人における対応として、以下のような経営状況であることを求めている。

①法人と経営者との関係の明確な区分・分離
②財務基盤の強化
③財務状況の正確な把握、適時適切な情報開示等による経営の透明性の確保

②と③が前節で述べた「中小会計要領」と関連していることは明らかで

ある。この２点は中小企業庁が言及する「財務経営力の強化」と「資金調達力の強化」と共通するものだからである。特に後者の「資金調達力の強化」には「経営者の保証」能力に頼らずに資金調達を行えることも含まれると考えるべきだろう。したがって、「中小会計要領」を採用して「財務経営力を強化」して、さらに①の「法人と経営者との関係の明確な区分・分離」を目指すことが中小企業にとって「資金調達力の強化」につながる。

ガイドラインに即して述べれば、①の「法人と経営者との関係の明確な区分・分離」は、「法人の業務、経理、資産所有等に関し、法人と経営者の関係を明確に区分・分離し、法人と経営者の間の資金やりとり（役員報酬・賞与、配当、オーナーへの貸付等；以下略）を、社会通念上適切な範囲を超えないものとする体制を整備」することが求められるということになる。

B．経営革新等支援機関の認定制度・「中小会計要領」・「経営者保証に関するガイドライン」の関連性

ガイドラインの経営革新等支援機関が述べることは、当該企業にとって経営の高度化であり企業としての成長でもある。「中小会計要領」との関連で述べれば、同要領から「中小指針」への移行を目指すということになるだろう。このような中小企業の成長は、貸出５原則の成長性の原則を持ち出すまでもなく、金融機関にとっても望ましいことである。経営革新等支援機関の認定制度は、「中小会計要領」を必要条件としており、同要領の目指すところは経営者保証に関するガイドラインにおける「法人と経営者との関係の明確な区分・分離」へ連なる。３つの項目の通奏低音となっているのが「中小企業支援」である。

5 債権管理の強化

金融機関の営業店管理において、貸出金等の与信がある取引先に対する日常的な管理は、もっとも重要な業務のひとつである。

本節では、営業の最前線である営業店における貸出金等の与信がある取引先の管理、特に業態が悪化している与信取引先企業における債権管理を例にとって、その留意点を学んでいく。

I 与信取引先の業態悪化の兆候と初動対応

❶ 業態悪化の要因とプロセス

取引先の業態悪化は、ある日突然現れるものではない。一般的には倒産までの過程で企業の財務面、日常の銀行取引の中等においてその兆候を垣間見ることができる。そしてその兆候が現れるまでには、企業の中で、以下に述べるような事由により業態悪化が進行していることが多い。ここでは企業の業態悪化、倒産へのプロセスを確認する。

A．競争激化による売上不振と赤字の累積

事業の継続にもっとも重要なものは売上げ、それも適正な利潤を確保した営業収入による資金の確保である。なぜなら、これが十分に確保されなければ、事業の源泉となる商品・原材料の仕入れや人件費等の諸々の経費支払いはもちろんのこと、事業を継続的に拡大、成長させていくこともできなくなるからである。

企業の業態悪化は、ひとえに手元資金の不足に起因する。当該企業の製品、商品の競争力そのものが弱体化すれば、売上げは減少し、また、業界内におけるコストダウン競争の激化等によって値引き販売が行われるようになると、企業の収益率が悪化して、当該企業は、赤字を抱えることになる。このような赤字が長期間にわたり継続し、損益分岐点を下回る業績が継続すれば、売上げの有無にかかわらず発生する固定費を賄うことができなくなる。また、有利子負債による調達を行っていれば、借入金返済による支払負担もかかってくる。そのような中で企業の手元資金の流失が続けば、やがては資金が枯渇して諸々の支払いの決済ができなくなり、最悪の場合には当該企業は事業活動の継続を断念し、不渡りを出すなどして倒産することになる。

　したがって、企業業績の確認は決算期ばかりでなく、必要に応じて月次、あるいは季節ごとにこまめに行うことが重要である。その中で、資金繰りについても積極的に情報を収集し、「いつ、いくらくらい資金が不足するのか？その不足をどのように賄うのか？」について、できる限り確認しておくことが重要である。

B．無理な事業拡大

　企業が成長期にあり、売上げも利益も順調に増加している局面においては、企業の体力を大幅に上回る資金需要が発生する。企業はその成長や競争力を維持するために、常に手元資金を新規設備や新商品の研究開発等に再投資している。当該企業が自社の体力の範囲内で設備投資等を行っているか、必要な資金を順調に調達できている間は問題ないが、成長中の企業の経営判断は往々にして企業体力や自社の資金調達力を大幅に上回ったいわゆる「社運」をかけた規模となることが多い。

　企業規模を超過した事業拡大や新規投資を継続していると、本来の事業継続に必要な運転資金までも新規事業拡大に流用せざるを得なくなる場合がある。新規事業において事業が計画どおり推移せず、期待していた資金の回収が実現できなくなった場合には、当該企業は日常的な支払いを決済

する資金調達もできずに、不渡りを出して倒産してしまうことさえある。

　したがって、企業の投資計画の確認は、当該投資計画の説明時やそのための融資案件の検討時ばかりでなく、日々の訪問活動等を通じて情報収集を行い、おりに触れ、適時・適切に、その投資事業案件実行後の途中経過についても確認することが重要である。

C．資金調達力の弱体化

　一般的に企業には、日々の売上げの回収と仕入れ、諸支払いにタイムラグがある。また、季節性の高い業種によっては年間の売上げの大半が一定の季節に集中する等、そのタイムラグの規模が売上げに比して極端に差がある企業も多い。こうした一時的、あるいは時季的な資金不足を補うために、企業は金融機関等から必要に応じて資金調達を行い、資金繰りの安定化を図っている。

　しかし、企業がひとたび赤字決算に転落したり、期中に大口の不良債権が発生して風評が悪化した場合には、当該企業は、金融機関からの資金調達が思うようにできなくなることがある。資金調達が困難になった企業は手元の資金が不足して、やがて諸支払いができなくなり、取引先からの信頼も失う。そして事業の継続に支障をきたし、最悪の場合には決済資金が調達できず倒産することになる。

　また、直前の決算が黒字であっても、前述のとおり、多くの企業は、期中に利益として確保した資金を次の事業に継続的に再投資している。例えば、前期決算で多額の黒字を計上した企業でも、決算期末後の納税のための資金ニーズが発生した際に、金融機関から計画どおりに資金を調達できない場合、直前の決算期まで多額の黒字を計上していたにもかかわらず、突発的に倒産することがある。

　したがって、企業の資金調達状況には常に留意し、他の金融機関からのものも含めた全体的な資金調達の状況を定期的に確認することが必要である。その場合、たんに金融機関別の借入残高を確認するばかりでなく、期中にどのような資金使途で、どの程度の規模の調達を行っているか、今後

の返済条件はどのようになっているのか等についても把握しておくことが望ましい。

❷ 業態悪化の兆候

　取引先の業態悪化は、日常の渉外活動や窓口取引等の中からその兆候を発見することができるため、当該企業の訪問時に工場や倉庫、事務所など会社内の様子や従業員の言動等にみられる取引先の雰囲気を観察すること、すなわち取引先の実態把握を行うことが重要である。加えて、窓口取引等、日常の銀行取引においてもさまざまな点で業態悪化の兆候を見ることができる。与信取引先の業態悪化に係る判断基準に絶対的なものはないが、以下の項目については、どの取引先にも共通して該当する部分があると考えられる。

Ａ．財務諸表に現れる予知

　業態が悪化している企業は金融機関や取引先からの信用を維持し、資金調達や日常取引を継続するために利益操作等の財務諸表操作（いわゆる粉飾決算）を行うことがある。当該企業の財務諸表に現れる典型的な粉飾決算は、以下の勘定科目において行われることが多い。

ａ．売上（例）子会社等への架空売上の計上

　決算期の異なるグループ子会社や親密企業に依頼し、決算期末にまとめて製品、商品等の売上げを計上（いわゆる押込み販売）し、決算後に販売先から買い戻す。この場合、貸借対照表の売上債権が急増する等の形で影響が出る。

ｂ．仕入（例）当期仕入れの翌期計上

　期中に計上すべき買入債務を繰り延べる。この場合、翌期の貸借対照表上の買入債務が従前の水準に比べて急増する等の形で影響が出る。

ｃ．棚卸資産（例）過大評価、評価方法変更

　期末の売上原価（売上原価＝期首棚卸残高＋期中仕入－期末棚卸残高）を小さくして利益を捻出する。この場合、翌期の損益計算書において期

首棚卸残高がその分大きくなるため、継続してこの操作を行うと、毎期、棚卸資産の水準が増加していくことになる。

d．減価償却費（例）償却不足、償却方法の変更

計上すべき費用を抑えて利益が出ているように見せる。しかし、納税負担等の形で不必要な資金負担が発生し、将来的に資金繰りを圧迫する要因となる。

e．引当金（例）引当不足、不計上

計上すべき費用を抑えて利益が出ているように見せる。しかし、いざ引当対象の事象が発生した場合に、適切な手当てができなくなる等の形で損益に突発的な影響が出る懸念がある。

f．仮払金（例）費用とすべきものを資産に計上

計上すべき費用を資産勘定に振り替えて利益が出ているように見せる。しかし、資金はすでに流失しており、将来的に損益の修正要因となる。

したがって、上記の財務諸表項目について、過去の実績や直近に聴取している業績計画の内容等に照らして、異常と思われる数値を発見した場合には、粉飾決算が行われている懸念もあるため、その数字について十分に分析し、その発生要因を確認することが必要である。長期間放置すればするほど、財務書類は実態から乖離し、実質の赤字分だけ当該企業の資金繰りは悪化していく。

ただし、企業の決算書は、期末の一時点の実績を表わしているに過ぎないという性質も踏まえ、期末の特殊要因の有無等にも留意し、実態把握を行うことが重要である。

B．預金取引に現れる予知

企業の業態悪化の兆候は、日常の預金取引のなかでは、以下の現象において現れることが多い。特に、決済用の当座預金を開設しているメインの金融機関においては、付合い程度の普通預金のみを開設している金融機関に比べてこの兆候を発見しやすいため、日々の入出金の状況を注視することが重要である。

a．平均残高の急減、残高不足の頻発

　過去の実績に比べて異常に預金残高が少なくなる。特に決済日における当座預金の残高が不足し、手形・小切手の未決済の状態が営業時間終了ぎりぎりまで継続する状況が頻発する。入金の督促を行っても、なかなか残高不足は解消されないことが多い。

　b．支払手形決済の急増

　従前に比べて現金振込みによる支払いが減り、手形による仕入代金決済が急増する。

　c．依頼返却の頻発

　当該企業が手形・小切手を振り出した当該企業の取引先の依頼による金融機関からの依頼返却が頻繁に発生する。

　d．不自然な入金

　従前、当該企業と取引のなかった先や、営業上まったく関係がないと思われる業種の取引先から頻繁な入金がある。

　e．信用照会の増加

　当該企業の振り出した手形を割引している金融機関等から、頻繁に当該企業に係る信用照会を受ける。

　f．振込用資金の不足

　当該企業が従業員の給与や仕入先への支払いのため、振込みデータを用いて、事前に先日付の振込みを行う場合に必要となる振込み代り金が、準備されない。

　前述の取引項目について、従前からの取引実績に照らして異常と思われる動きを発見した場合には、当該企業の業態が悪化している懸念もあるため、その要因や背景について十分に確認することが必要である。

　Ｃ．貸出取引に現れる予知

　企業の業態悪化の兆候は、日常の貸出取引の中では、以下の現象において現れることが多い。当該企業において、以下の項目に異常が見られる場合には注意を要する。特に、貸出残高や取引種類の多いメインの金融機関

においてはこの兆候を発見しやすいため、当該企業の毎月の取引状況の確認や、融資関連手続のタイミングにおける情報収集の中で当該企業の実態把握を行うことが重要である。

a．突発的な借入れの申込み

年度初めに計画した調達計画と異なる前倒し的な借入れの申込みに加えて、予定になかった突発的な借入れの申込みが、納得的で十分な説明もないままに突然に行われる。

b．約定返済延滞の発生と長期化

従来、遅れたことがない約定返済に数日間の遅れが出始め、やがてそれが恒常的になり、常に数カ月遅れの状態が長期間継続する。始めは1本の借入れが延滞するだけであった状態から、複数の延滞まで拡大して、やがて借入全体で長期間の延滞が恒常化する。

c．条件変更の申し出

約定返済の減額、最終返済期日の延長、担保預金の解約流用、その他の担保の解除等、さまざまな取引条件変更の申し出が行われる。

d．商業手形割引における新規銘柄の急増

商業手形割引を行っている与信取引先で、従来、持ち込まれていなかった新規の特定の銘柄の手形持込みの割合が増加する。

e．他金融機関の融資姿勢の急変

従前に予定されていた他金融機関からの調達が減額、あるいは中止される等、他金融機関の融資姿勢に変化が見られる。

前述の取引内容について、当該企業との過去の取引実績や直近に聴取している経営計画、業績推移の内容等に照らして不自然と思われる事象を発見した場合には、当該企業の業態が悪化している懸念もあるため、その要因について十分に調査して実態把握に努めることが必要である。

❸ 業態悪化兆候がある場合の初動対応

取引先の業態悪化が見え始めた場合には、今後の取引をどのように展望

するかによって対応は分かれてくるが、いずれにしても、可及的速やかに、以下の各項目に係る対応を行う。

A．企業実態の把握

業態が悪化している企業は、金融機関を始めとした利害関係者に対して、できる限りその事実を隠蔽する傾向がある。例えば、財務諸表において、販売先が倒産して売掛金が急増していても、「大口の新規受注が入った」、商品が売れ残って高水準となった棚卸資産について「販売機会を逃さないために、一時的に在庫を持っている」と説明する等、実態と異なるように説明することがある。業態が悪化してからでは正確な情報は収集しにくくなるため、日常の取引の中でしっかりと信頼関係を築き、正確な企業実態を把握できるように努めることが必要である。

B．約定書の保全措置

長く与信取引を継続していれば、それだけ約定書類も増え、残念なことであるが、後日思わぬ不備や不足の書類を発見する場合がある。取引が行われた時代によっては、現時点で充足すべき債権保全が十分に確保できていなかったケースもある。業態が悪化している企業は、過去の取引約定書類の不備を補完することになどまったく関心を示さなくなるばかりか、「今さらそのような書類に判は押せない」と約定書の補完について強行に拒絶されることもある。当該企業に業態悪化の兆候が見られた場合には、万一に備えて早急に約定書類の点検等を行い、必要な保全措置をできる限りとっておくべきである。

C．保全不足への対応

与信取引先の中で、100％保全が充足している先がすべてではない。多くの場合は、何らかの形で無担保の信用貸出取引を行っている。中小等零細企業であれば、一般的にオーナー資産も含めて相当の資産を担保提供しているが、企業によっては、頑なに資産の担保提供を拒む先もある。通常であれば、新規の与信取引時に追加担保の差入れも可能であるが、当該企業の業態が悪化している場合には、それはなかなかおぼつかない。保全不

足がある場合には、できるだけ早期に担保差入れのない資産について、優越的地位の濫用には注意しつつも、新規取引等、タイミングを見て追加担保差入れの交渉を行うなど、保全不足解消への対応が必要である。

金融機関は、取引先の業態の悪化を感知した場合、速やかに前述のような対応を行う必要がある。ただし、以下の場合分けが必要である。

当該企業の事業の継続性に問題がなく、業態の悪化が一時的なものであれば、金融機関は事業の継続を前提に、「金融仲介機能の発揮」や「地域密着金融の推進」等の観点から求められている社会的な使命を踏まえて行動する必要がある。この場合、当該企業の事業の継続、業績改善に寄与する行動であることが求められる（後述Ⅱ「金融機関に求められるコンサルティング機能」参照）。

一方で、当該企業の事業の継続性に問題があり、業態の悪化が進行して債権回収に問題があると見込まれる場合には、回収方針を前提として、前述の追加担保取得等の対応を行う必要がある。この場合、それが倒産直前の行動であると当該企業から協力を得ることができなかったり、後日、債権回収や保全強化が否認されるおそれもあるため、その点についても注意が必要である。

❹ 不良債権の管理・回収に係る留意事項

取引先が倒産して不良債権が発生した場合は、従前から注意して収集していた取引先に係る諸々の情報と、現状入手できている最新情報に基づき、可及的速やかに回収スケジュールを立案する必要がある。

A．取引先の倒産発生時に求められる対応

a．企業実態・取引状況・保全状況の再点検

すでに学んだように、取引先の業態悪化が見え始めた場合には、従前以上に実態把握の推進を行い、また債権証書等各種約定書の点検についてもあらためて徹底することが重要であるが、不幸にして倒産が発生した場合には、貸出金の回収ロスを少しでも減らすために、さらに直近の

状況に係る迅速な情報収集と諸々の対応が必要である。

ひとくちに不良債権の回収といっても、法的処分の種類や事業再生の可能性によってその対応方針は変わってくる。しかし、どのようなケースであってもまず共通して必要となることは、本日現在の企業実態・取引状況・保全状況の正確な把握である。特に預金残高や有価証券担保の価格等、日々の変動があるものは、最新の価値を把握する必要がある。また、破産等の法的破綻であれば、期限の利益喪失通知の出状や期限内の債権届の作成など定められたスケジュールに沿った管理と迅速性が必要である。また、当該企業が信用保証協会の保証利用先であれば、信用保証協会宛ての事故報告の提出等、迅速に済ませなければならない手続きが多い。管理者は、各種報告や届け出のスケジュール把握と、担当者、関係者への業務の役割分担を含む適切な指示を行うことが求められる。

ｂ．事業継続性の見極め

一般的な企業倒産のイメージといえば「連続して不渡りが出て銀行取引停止処分となり、同時に事務所のシャッターが閉まり、関係者とは連絡がとれなくなる」といったものであるが、最近では、事業再生型の倒産も増加しているため、ただちに回収手続きに入るのか、あるいは事業継続を支援しながら回収を極大化するのか、当該企業の事業の継続性の見極めが重要になってきている。

迅速な情報収集を行った結果、「回収」に係る方針が決まった場合には、ただちに具体的な回収計画の立案に入る。実際の営業現場では、この意思決定を倒産発生日の1日の中ですべて行わなければならないケースも考えられるため、管理者の立場にある者は倒産が発生する前からつねにさまざまな状況をシュミレーションしておき、いざ「その時」が来ても慌てないように、日頃から準備しておくことが必要である。

ｃ．回収計画の立案

取引先の倒産直後は前述の事業の継続性を見極めたうえで、早急に回収計画を立案する必要があるが、この段階で可能な債権回収を逸しない

よう注意しなければならない。例えば、気づかぬうちに当日、連帯保証人の預金が流出している等、後日、あらためて回収を行おうとした際に、「手遅れ」ということにならないよう、関連するすべての預金の動き等は逐次管理する必要がある。

B．不良債権の管理における留意点

a．回収関連スケジュールの管理

回収スケジュールについては、「急いで対応しなければならないもの」と「一定の期日まで対応時間に余裕があるもの」に分別して管理する必要がある。限られた経営資源（人員等）で短時間に一度にすべての対応を完了することは困難であるし、また、期日の決まっているものについてはそれ以上の対応が物理的に困難だからである。

破産、民事再生、会社更生等、法的破たんの手続きはすべて一定の法的スケジュール下で行われるため、債権の届出や債権者集会の日程管理等、スケジュールの管理に比重が置かれる。

一方、突発の破綻で関係者と連絡がとれないようなケースでは、早期の資産保全手続きが必要である。資産散逸を防止するために仮差押え等、一刻を争う法的な手続きを予定している場合には、最優先で対応しなければならない。

b．担保価値変動の観察

有価証券担保等、時価が変動する担保や、時間の経過とともに価値が急速に下がって担保としての価値が劣化するおそれのあるものについては、日々きめ細かく管理を行い、適切な処分の時機を逸しないよう留意しなければならない。

c．法的手続きのタイミング

担保権の行使等、権利の行使は一定の条件が整えばいつでも可能であるが、回収の極大化が実現できる時期を見計らうことも必要である。

例えば、不動産担保の処分を行う場合、わずかな退去期間の余裕を債務者に与えることで、後日の債権回収に協力が得られるケースもある。

逆に、処分を急ぎすぎたため、かえって回収額が少なくなったり、また、必要もないのに行き過ぎた強硬な回収を行い、事業再生を阻んだり、社会的な非難を浴びるようなことは金融機関として可能な限り避けなければならない。担保処分等法的手続きのタイミングを判断するためには合理性、社会性等を総合的に勘案することも大切である。

Ｃ．不良債権の回収方法

倒産した取引先から任意で回収を行うことは、事実上困難である。回収方針が定まった場合には、金融機関として預金者保護や金融機関の健全性維持の観点からも、あらゆる手段を用いた迅速な債権回収を求められる。

ａ．預金相殺

最も迅速な回収手段は自金融機関の預金との相殺である。自店のみならず、本支店の営業店の預金も相殺適状にあれば相殺可能であるから、日頃から、すべての関連預金の動きは把握しておく必要がある。なお、破産等法的手続き開始後の入金分の回収については否認の対象となるため、破産管財人等に個別に対応について確認を行う必要がある。

ｂ．保証人による代位弁済

人的担保である保証人からの回収は、保証人が破綻していない限り行うべきであるが、保証意思確認が不十分な場合には、保証債務を否認されるおそれがある。回収交渉を行う場合には、必要に応じて債務者との関係や保証が差し入れされた当初の経緯等を十分に確認しておくべきである。さらに、後日の代位弁済手続きに備え、保証人の所在や資力については再確認しておくことも忘れてはならない。

また、信用保証協会の保証を利用している場合には、各地の信用保証協会の所定の手続きに沿って、事故報告、代位弁済請求手続きを期限内に行う必要がある。信用保証協会の保証付き貸出しに係る利息債権については、代位弁済の対象となる日数に制限が設けられている場合が多く、管理疎漏により請求機会を逸したり、報告や手続きに不備が判明すると保証協会から全額の代位弁済を受けることができず、さらに回収ロスを

拡大させてしまうことになるため十分に注意する必要がある。

なお、2014年（平成26年）2月から適用が開始された「経営者保証に関するガイドライン」には、一定の要件を前提として保証債務の履行基準（残存資産の範囲）や弁済計画等の保証債務の整理についての規定があり、該当する保証人の申し出を受けた場合には、「ガイドライン」に基づき誠実に対応することが求められる。

　c．担保処分

回収計画に沿って、換価性の高い担保から最も回収額が多くなる時期で手続きを進める。預金担保や有価証券担保の質権実行は比較的簡便かつ迅速に手続きが可能であるが、不動産担保の任意売却、競売等の手続きは、条件交渉や権利関係の確認、裁判所への申立て等、相応の時間がかかる。また、売上債権、棚卸資産、入居保証金、ゴルフ会員権等、第三債務者が存在する担保権の実行については、権利関係、債権の存在、関係者への通知や担保に応じた手続きが必要であるため、必要事項を事前に十分整理して迅速な手続きに支障がないように管理を徹底しておく。

　d．担保外資産からの回収

預金も底をつき、保証人からの回収もままならず、担保処分による回収も期待できない場合、実務上、それ以上の回収は困難であることが多い。しかし、担保差し入れしていない資産の所在が確認できれば、例えば仮差押えを迅速に行い、資産の散逸を防止できる。不動産を所有する債務者であれば、債務名義を取得して強制競売を行い回収を図ることも考えられる。

金融機関に求められるコンサルティング機能

2013（平成25）年3月に「中小企業金融円滑化法」は終了したが、金融機関に対する「金融円滑化への取組み」が、重要課題とされていること

には変わりがない。とくに、金融機関の顧客企業に対するコンサルティング機能（経営相談／指導等、事業再生等）の発揮については、顧客企業、金融機関双方の発展にもつながる重要課題としてその考え方をよく理解しておく必要がある。

　顧客企業の事業拡大や経営改善等にあたっては、企業の経営者が自らの経営目標や課題を明確に見定め、これを実現・解決するために意欲を持って主体的に取り組んでいくことが重要であるが、金融機関は資金供給者としての役割にとどまらず、長期的取引関係を通じて蓄積された情報や地域の外部専門家・外部機関等とのネットワークを活用してコンサルティング機能を発揮することにより、顧客企業の事業拡大や、経営改善等に向けた自助努力に対して、最大限の支援を行うことが求められる。とくに主たる金融機関（メイン行等）には、より一層積極的な支援が求められている。

　また、金融機関は、顧客企業との日常的・継続的な取引関係から得られる各種の情報を通じて、顧客企業の経営目標や課題を把握・分析したうえで、適切な助言などにより顧客企業自身の課題認識を深めつつ、主体的な取組みを促すと同時に、最適なソリューションの提案・実行によりコンサルティング機能を発揮することが期待されている。

❶ 日常的・継続的な関係強化と経営の目標や課題の把握・分析

A．日常的・継続的な関係強化を通じた経営の目標や課題の把握・分析とライフステージ等の見極め

　金融機関は、顧客企業との日常的・継続的な接触により経営の悩み等を率直に相談できる信頼関係を構築し、それを通じて得られた顧客企業の財務情報や各種の定性情報をもとに、顧客企業の「経営目標・課題」を把握する。そのうえで、以下のような点を総合的に勘案して顧客企業の「経営目標・課題」を分析し、「顧客企業のライフステージ（発展段階）や事業の持続可能性の程度（以下「ライフステージ等」）」等を適切かつ慎重に見

極めることを求められている。

> ～「経営目標・課題」分析時に勘案すべき点～
> ①顧客企業の経営資源、事業拡大や経営改善に向けた意欲、経営の目標や課題を実現・解決する能力
> ②外部環境の見通し
> ③顧客企業の関係者（取引先、他の金融機関、外部専門家、外部機関等）の協力姿勢
> ④金融機関の取引地位（総借入残高に占める自らのシェア）や取引状況

B．顧客企業による経営の目標や課題の認識・主体的な取組みの促進

　金融機関は、顧客企業が自らの経営の目標や課題を正確かつ十分に認識できるよう適切に助言し、顧客企業がその実現・解決に向けて主体的に取り組むよう促すことが必要である。もし、顧客企業の認識が不十分な場合には、必要に応じて、他の金融機関、外部専門家、外部機関等とも連携し、顧客企業に対し認識を深めるよう働きかけるとともに、主体的な取組みを促すことが大切である。

❷ 最適なソリューションの提案

　金融機関は、顧客企業の経営目標の実現や経営課題の解決に向け、顧客企業のライフステージ等を適切かつ慎重に見極めたうえで、当該ライフステージ等に応じて適時に最適なソリューションを提案することが求められる。その際、必要に応じ、顧客企業の立場に立ち、ほかの金融機関、外部専門家、外部機関等と連携するとともに、国や地方公共団体の中小企業支援施策を活用することも重要である。とくに、顧客企業が事業再生、業種転換、事業承継、廃業等の各種支援や、支援を受けるにあたって債権者間の調整を必要とする場合には、当該支援の実効性を高める観点から外部専門家・外部機関等の第三者的な視点や専門的な知見・機能を積極的に活用

することが求められる。

　また、金融機関のソリューションの提案にあたっては、認定経営革新等支援機関（中小企業の新たな事業活動の促進に関する法律第17条第1項の認定を受けた者）との連携を図ることも有効である。なお、金融機関が期待されるソリューションの事例は、「中小・地域金融機関向けの総合的な監督指針」（金融庁）において「顧客企業のライフステージ等に応じて提案するソリューション（例）」としても例示されている（図表4-12参照）。

❸ 経営改善・事業再生等の支援が必要な顧客企業に対する留意点

A．経営再建計画の策定支援

　金融機関が行うソリューションのうち、経営再建計画の策定が必要となるものについて、金融機関と顧客企業、必要に応じて他の金融機関、外部専門家、外部機関等との間で合意された場合、速やかに、顧客企業は当該ソリューションを織り込んだ経営再建計画の策定に取り組むこととなる。経営再建計画の策定は顧客企業が本質的な経営課題を認識し改善に向けて主体的に取り組んでいくためにも、できる限り顧客企業が自力で行うことが望ましいが、金融機関は経営再建計画の合理性や実現可能性、金融機関のソリューションを適切に織り込んでいるか等について、顧客企業と協力しながら確認すべきである。また、顧客企業が自力で経営再建計画を策定できないやむを得ない理由があると判断される場合には、顧客企業の理解を得つつ、経営再建計画の策定を積極的に支援（顧客企業の実態を踏まえて経営再建計画を策定するために必要な資料を金融機関が作成することを含む）することも必要である。その際、金融機関単独では経営再建計画の策定支援が困難であると見込まれる場合であっても、外部専門家・外部機関等の第三者的な視点や専門的な知見・機能を積極的に活用し、計画策定を積極的に支援する必要性に留意する。なお、経営再建計画の策定にあたっては、中小企業の人員や財務諸表の作成能力等を勘案し、大企業の場合と

同様な大部で精緻な経営再建計画等の策定にこだわることなく、簡素・定性的であっても、顧客企業の経営改善や事業再生等に向けて、実効性のある課題解決の方向性を提案することを目指す。

> 【参考】「経営再建計画」と「条件緩和債権」判定の一般的な考え方
> ●金融機関が、顧客企業に対し「貸付けの条件の変更等」を行った場合であっても、経営再建計画や課題解決の方向性が、実現可能性の高い抜本的な経営再建計画に該当する場合には、当該経営再建計画や課題解決の方向性を踏まえた判断においては、当該貸出金は、「貸出条件緩和債権」に該当しない。
> ●中小・零細企業等が経営再建計画等を策定していない場合であっても、債務者の技術力、販売力や成長性等を総合的に勘案し、債務者実態に即して金融機関が作成した経営改善に関する資料がある場合には、これを実現可能性の高い抜本的な経営再建計画とみなし、当該貸出金は、「貸出条件緩和債権」には該当しない。

B．新規の信用供与

金融機関が積極的かつ適切に金融仲介機能を発揮する観点から、「貸付けの条件の変更等」を行った顧客企業からの金融機関に対する新規の信用供与の申込みが、新たな収益機会の獲得や中長期的な経費削減等の実現に結びつき、それらが顧客企業の業況や財務等の改善につながることで債務償還能力の向上等に資すると判断される場合には、金融機関は積極的かつ適時・適切に新規の信用供与を行うように努める必要がある。

C．事業再生支援に関する主体的・継続的な関与

地域金融機関が中小企業の主たる取引金融機関である場合で、当該地域金融機関が地域経済活性化支援機構等の機能を活用して、当該中小企業の事業再生支援を行うときは、当該地域金融機関が主体的かつ継続的に関与していく必要がある。

❹ 顧客企業等との協働によるソリューションの実行及び進捗状況の管理

　金融機関は、顧客企業や連携先とともにソリューションの合理性や実行可能性を検証・確認したうえで、協働してソリューションを実行することが求められる。また、ソリューションの実行後においても必要に応じて連携先と協力しながらソリューションの実行状況を継続的にモニタリングするとともに、経営相談や経営指導を行っていくなど、進捗状況を適切に管理し、とくに、顧客企業へ貸付けを行っている金融機関が複数存在することを認識している場合は、必要に応じ、それらの金融機関と連携を図りながら進捗状況の管理を行うことも必要である。なお、進捗状況の管理を行っている間に、ソリューションの策定当初には予期し得なかった外部環境の大きな変化等を察知した場合には、実行しているソリューションに関する見直しの要否を、顧客企業や連携先とともに検討することが必要である。見直しが必要な場合は、そのような変化や見直しの必要性等を顧客企業が認識できるように適切な助言を行ったうえで、ソリューション内容の見直し（「経営再建計画」の再策定を含む）を提案し、顧客企業や連携先と協働して、あらたな経営再建計画を進めていく必要がある。

III　資産査定と不良債権の開示

❶ 資産査定の厳正運営

　資産査定とは、金融機関の保有する資産を個別に検討して、回収の危険性または価値の毀損の危険性の度合いに従って区分することであり、預金者の預金などが、どの程度安全確実な資産に見合っているか、言い換えれば、資産の不良化によりどの程度の危険にさらされているかを判定するも

(図表4-12) 顧客企業のライフステージ等に応じて提案するソリューション（例）

顧客企業のライフステージ等の類型	金融機関が提案するソリューション	外部専門家・外部機関等との連携
創業・新事業開拓を目指す顧客企業	・技術力・販売力や経営者の資質等を踏まえて新事業の価値を見極める ・公的助成制度の紹介やファンドの活用を含め、事業立上げ時の資金需要に対応	・公的資金との連携による技術評価、製品化・商品化支援 ・地方公共団体の補助金や制度融資の紹介 ・地域経済活性化支援機構との連携 ・地域活性化ファンド、企業育成ファンドの組成・活用
成長段階における更なる飛躍が見込まれる顧客企業	・ビジネスマッチングや技術開発支援により、新たな販路の獲得等を支援 ・海外進出など新たな事業展開に向けて情報の提供や助言を実施 ・事業拡大のための資金需要に対応。その際、事業価値を見極める融資手法（不動産担保や個人保証に過度に依存しない融資）も活用	・地方公共団体、中小企業関係団体、他の金融機関、業界団体等との連携によるビジネスマッチング ・産官学連携による技術開発支援 ・JETRO、JBIC等との連携による海外情報の提供・相談、現地での資金調達手法の紹介等
経営改善が必要な顧客企業（自助努力により経営改善が見込まれる顧客企業など）	・ビジネスマッチングや技術開発支援により新たな販路の獲得等を支援 ・貸付けの条件の変更等 ・新規の信用供与により新たな収益機会の獲得や中長期的な経費削減等が見込まれ、それが債務者の業況や財務等の改善につながるなどで債務償還能力の向上に資すると判断される場合には、新規の信用を供与。その際、事業価値を見極める融資手法（不動産担保や個人保証に過度に依存しない融資）も活用。 ・上記の方策を含む経営再建計画の策定を支援（顧客企業の理解を得つつ、顧客企業の実態を踏まえて経営再建計画を策定するために必要な資料を金融機関が作成することを含む。）定量的な経営再建計画の策定が困難な場合には、簡素・定性的であっても実効性のある課題解決の方向性を提案	・中小企業診断士、税理士、経営相談員等からの助言・提案の活用（第三者の知見の活用） ・他の金融機関、信用保証協会等と連携した返済計画の見直し ・地方公共団体、中小企業関係団体、他の金融機関、業界団体等との連携によるビジネスマッチング ・産官学連携による技術開発支援
事業再生や業種転換が必要な顧客企業（抜本的な事業再生や業種転換により経営の改善が見込まれる顧客企業など）	・貸付けの条件の変更等を行うほか、金融機関の取引地位や取引状況等に応じ、DES・DDSやDIPファイナンスの活用、債務放棄も検討 ・上記の方策を含む経営再建計画の策定を支援	・地域経済活性化支援機構、東日本大震災事業者再生支援機構、中小企業再生支援協議会等との連携による事業再生方策の策定 ・事業再生ファンドの組成・活用
事業の持続可能性が見込まれない顧客企業（事業の存続がいたずらに長引くことで、かえって、経営者の生活再建や当該顧客企業の取引先等の事業等に悪影響が見込まれる先など）	・貸付けの条件の変更等の申込みに対しては、機械的にこれに応ずるのではなく、事業継続に向けた経営者の意欲、経営者の生活再建、当該顧客企業の取引先等への影響、金融機関の取引地位や取引状況、財務の健全性確保の観点等を総合的に勘案し、慎重かつ十分な検討を行う ・そのうえで、債務整理等を前提とした顧客企業の再起に向けた適切な助言や顧客企業が自主廃業を選択する場合の取引先対応等を含めた円滑な処理等への協力を含め、顧客企業自身や関係者にとって真に望ましいソリューションを適切に実施 ・その際、顧客企業の納得性を高めるための十分な説明に努める	・慎重かつ十分な検討と顧客企業の納得性を高めるための十分な説明を行ったうえで、税理士、弁護士、サービサー等との連携により顧客企業の債務整理を前提とした再起に向けた方策を検討
事業継承が必要な顧客企業	・後継者の有無や事業継続に関する経営者の意向等を踏まえつつ、M&Aのマッチング支援、相続対策支援等を実施 ・MBOやEBO等を実施する際の株式買取資金などの事業承継時の資金需要に対応	・M&A支援会社等の活用 ・税理士等を活用した自社株評価・相続税試算 ・信託業者、行政書士、弁護士を活用した遺言信託の設定

（出所）金融庁ホームページ「中小・地域金融機関向けの総合的な監督指針　平成30年8月」

のであり、金融機関自らが行う資産査定を自己査定という。

自己査定は、金融機関が信用リスクを管理するための手段であるとともに、適正な償却・引当てを行うための準備作業でもある。また、償却・引当てとは、自己査定結果に基づき、貸倒れ等の実態を踏まえ債権等の将来の予想損失額等を適時かつ適正に見積もることである。

自己査定は、一般に以下のステップを経て行われる。金融機関の業務の健全性と適切性の観点から極めて重要であり、営業店管理者においても、自金融機関の自己査定基準に則って適切に行われるよう、厳正な運用が求められる。また、中小・零細企業等の債務者区分の判断にあたっては、経営実態を重視する点にも注意を要する。

・第1ステップ（信用格付の判定）
　債務者の財務状況、信用格付業者による格付け、信用調査機関の情報などに基づき、債務者の信用リスクの程度に応じて信用格付を行う。
↓
・第2ステップ（債務者区分の判定）
　原則として信用格付に基づき、債務者の状況等により、債務者を「正常先」、「要注意先」、「破綻懸念先」、「実質破綻先」、「破綻先」に区分する。
↓
・第3ステップ（担保・保証額の算定）
　保全措置が講じられている優良担保（預金・国債等）、一般担保（不動産担保等）、優良保証（公的信用保証機関等）、一般保証（一般事業会社・個人等）の評価額、回収見込み額を算定する。
↓
・第4ステップ（資産分類）
　債務者区分および担保・保証による保全状況等に応じ当該債務者に対する債権を、Ⅰ〜Ⅳ分類に分類する。

・第5ステップ（分類額集計）

分類額を集計する。集計額は、償却・引当てに反映される。

❷ 不良債権の開示

銀行は、金融再生法（金融機能の再生のための緊急措置に関する法律）および銀行法の2つの法律によって、保有する不良債権等の状況を開示することが義務づけられている。

「金融再生法開示債権」は、貸出金のほか支払承諾見返なども対象となり、分類は要管理債権を除き、債務者単位で行われる。銀行法に基づく「リスク管理債権」は、貸出金だけが対象であり、分類は個別の貸出金単位で行われる。分類方法と対象債権が異なることに留意したい。

参考：全国銀行の金融再生法に基づく開示債権とリスク管理債権（単体）

〈平成30（2018）年3月期〉
（単位：億円）

自己査定における債務者区分	金融再生法に基づく開示債権		リスク管理債権	
	(貸出金)	(その他の債権)	(貸出金)	(その他の債権)
破綻先	破産更生債権およびこれらに順ずる債権 11,040		破綻先債権 2,490	
実質破綻先				
破綻懸念先	危険債権 40,130		延滞債権 47,310	
要注意先	要管理債権 15,790		3ヶ月以上延滞債権 630 貸出条件緩和債権 15,170	
正常先	(正常債権)			

（出所）金融庁ホームページ

6 利用者保護のルールと相談・苦情等への対応

　平成19（2007）年2月の金融検査マニュアルの全面改訂時に従来「相談・苦情等」とされていたものが、「顧客サポート等」と改められた。営業店の現場において「苦情」の概念を狭く捉えてしまう傾向があること、「苦情」の概念を判断できないまま本部に伝えるべきものが伝わらないこと、「苦情」にはあたらなくとも経営改善に資する情報が埋もれてしまうこと、等を踏まえた対応である。「相談」、「苦情」の別によらず、顧客の声に真摯に対応して顧客の理解を得ようとすることは、顧客への説明態勢を事後的に補完し、顧客保護の観点から重要な取組みである。

　本節では、係る顧客サポート等管理態勢を整えるうえでの営業店における要点を考察する。

　なお、金融庁は、令和元（2019）年12月「金融検査・監督の考え方と進め方（検査・監督基本方針）」を策定し、金融検査マニュアルを廃止することとした。

　ただし、金融検査マニュアルの廃止は、別表の廃止も含め、これまでに定着した金融機関の実務を否定するものではなく、金融機関が現状の実務を出発点により良い実務に向けた創意工夫を進めやすくするためのものであることから、金融検査マニュアルの内容も踏まえて解説する。

Ⅰ 顧客サポート等管理態勢の整備

❶ 顧客サポート等の適切性

顧客サポート等の適切性については、以下のとおり対応する。

①顧客からの相談・苦情等を受けた役職員は、所管部と連携のうえ、適時・適切に対応する。また、相談・苦情等の解決に向けた進捗管理を徹底し、長期未済案件の発生を未然に防止するとともに、未済案件の速やかな解消を進めることが求められる
②反社会的勢力による相談・苦情を装った圧力に対しては、通常の相談・苦情等とは区別し、断固たる対応をとるためコンプライアンス統括部門等に連絡し、必要があれば警察等関係機関との連携をとったうえで適切に対処する

❷ 記録、保存および報告

顧客からの相談・苦情等の記録・保存および報告は、以下のとおり対応する。

①顧客からの相談・苦情等の内容については、その対処結果を含めて、記録簿等により記録・保存するとともに、一元的に管理する
②顧客からの相談・苦情等の内容および処理結果を、適時にコンプライアンス統括部門、内部監査部門等に報告する。特に、経営に重大な影響を与える、または顧客の利益が著しく阻害される事項については、速やかにコンプライアンス統括部門、内部監査部門等の適切な部署へ報告するとともに、取締役会等に報告する

❸ 原因分析および改善の実施

顧客からの相談・苦情等の原因分析および改善の実施は、以下のとおり対応する。

> 相談・苦情等の内容について分析し、必要な調査を行って発生原因を把握したうえ、改善に向けた取組みを不断に行う。特に、繰り返し生じる相談・苦情等については、何らかの問題が生じている可能性を含め十分検討し、適切な取組みに向け、具体的な方策をとる

❹ 顧客への対応（紛争解決機能の発揮）

顧客からの相談・苦情等への対応は、単に処理の手続きの問題と捉えるに留まらず、相談・苦情等の内容に応じ、初期の紛争処理の問題として、可能な限り、顧客の理解と納得を得て解決することを目指すものでなければならない。

Ⅱ 金融 ADR 制度

平成 21（2009）年6月に公布された「金融商品取引法等の一部を改正する法律」において、金融商品取引法、銀行法、信用金庫法、労働金庫法、信託業法、等の 16 の法律に、金融 ADR（：Alternative Dispute Resolution 金融分野における裁判外紛争解決制度）の中核となる指定紛争解決機関制度が創設された。

※ ADR（Alternative Dispute Resolution）

❶ 制度概要

訴訟に代わる、あっせん・調停・仲裁等の当事者の合意に基づく紛争の

解決方法であり、弁護士・認定司法書士等からなる紛争解決委員が和解案を策定・提示し、事案の性質や当事者の事情等に応じた迅速・簡便・柔軟な紛争解決を図るものである。紛争解決機関を行政庁が指定・監督することで、その中立性・公平性を確保しようとするものがある。

金融ADR機関は、銀行・保険・証券等の業態ごとに設立されるが、設立されていない業態についても、利用者保護の充実を図るため、苦情処理・紛争解決のための対応が求められる。

金融機関は、利用者からの紛争解決の申立てに応じるとともに、金融ADR機関から提示された和解案は、原則受け入れなくてはならない。

❷ 金融ADR制度への態勢整備

金融機関においては、簡易・迅速に金融商品・サービスに関する苦情処理・紛争解決を行うための枠組みとして金融ADR制度も踏まえつつ、適切に苦情等に対処していく必要がある。

A.「指定ADR機関」が存在する場合

1つ目に指定ADR機関との間で速やかに手続実施基本契約を締結しなければならない。また、指定ADR機関に変動があった場合は、顧客の保護および利便の向上の観点から最善の策を選択し、速やかに必要な措置を講じるとともに、指定ADR機関と締結した手続実施基本契約の内容を適切に履行する態勢を整備しなければならない。

2つ目に手続実施基本契約を締結した指定ADR機関の商号または名称および連絡先を適切に公表しなければならない。公表する際は、顧客にとって分かりやすいように表示しているか（たとえば、ホームページで公表する場合において、顧客が容易に金融ADR制度の利用に関するページにアクセスできるような表示が望ましい）。また、預金者等に対する情報の提供に係る書面、契約締結前交付書面等、金融ADR制度への対応内容を記載することが法令上義務付けられている書面について、指定ADR機関の商号または名称および連絡先を記載しなければならない。

3つ目に金融商品取引業者、保険会社が組成した金融商品や保険商品を金融機関が販売する場合、当該商品を組成した金融商品取引業者、保険会社や、当該商品を販売した金融機関といった、業態の異なる複数の業者が関係することになるため、顧客の問題意識を把握した上で、問題の発生原因に応じた適切な指定ADR機関を紹介するなど、丁寧な対応を行わなければならない。

B．指定ADR機関が存在しない場合

業務の規模・特性等を踏まえ、以下の各事項のうちひとつまたは複数を苦情処理措置・紛争解決措置として適切に選択し、適切に機能する態勢を整備することが義務付けられる。

なお、その際は、たとえば、顧客が苦情・紛争を申し出るに当たり、顧客にとって地理的にアクセスしやすい環境を整備するなど、顧客の利便の向上に資するような取組みを行うことが望ましい。

a．苦情処理措置

次のいずれかの対応を適切に選択しなければならない。

> ①苦情処理に従事する職員への助言・指導を消費生活専門相談員等に行わせること
> ②当該金融機関で業務運営体制・内部規則等を整備し、公表等すること
> ③金融商品取引業協会、認定投資者保護団体を利用すること
> ④国民生活センター、消費生活センターを利用すること
> ⑤他の業態の指定ADR機関を利用すること
> ⑥苦情処理業務を公正かつ的確に遂行できる法人を利用すること

b．紛争解決措置

次のいずれかの対応を適切に選択しなければならない。

> ①裁判外紛争解決手続の利用の促進に関する法律に定める認証紛争

解決手続を利用すること
②金融商品取引業協会、認定投資者保護団体を利用すること
③弁護士会を利用すること
④国民生活センター、消費生活センターを利用すること
⑤他の業態の指定 ADR 機関を利用すること
⑥紛争解決業務を公正かつ的確に遂行できる法人を利用すること

　預金者等に対する情報の提供に係る書面、契約締結前交付書面等、金融 ADR 制度への対応内容を記載することが法令上義務付けられている書面について、たとえば、金融機関が外部機関を利用している場合においては当該外部機関の商号または名称および連絡先を記載するなど、実態に即して適切な事項を記載しなければならない。

　なお、金融機関が外部機関を利用している場合、顧客保護の観点から、たとえば、顧客が苦情・紛争を申し出るに当たり、外部機関を利用できることや、外部機関の商号又は名称及び連絡先、その利用方法等、外部機関に関する情報について、顧客にとって分かりやすいように、周知・公表を行うことが望ましい。

　金融商品取引業者、保険会社が組成した金融商品や保険商品を金融機関が販売する場合については、上記Ａの３つ目の内容を参照する。

◆執筆協力者一覧◆

大山　雅己	ジュピター・コンサルティング株式会社 代表取締役
小倉　喜昭	オリックス銀行
髙橋　恒夫	経済法令研究会　顧問
中島　　久	中小企業診断士・日本証券アナリスト協会検定会員
船越　良人	船越経営労務事務所　代表
山口　省藏	株式会社金融経営研究所 代表取締役

　以上の方々のほかにも、多数の実務家にご執筆・ご協力をいただいております（五十音順、敬称略）。

営業店マネジメントの実務

2019年3月30日	初版第1刷発行	編　者	経済法令研究会
2021年3月19日	第2刷発行	発行者	志　茂　満　仁
2023年4月19日	第3刷発行	発行所	㈱経済法令研究会

〒162-8421　東京都新宿区市谷本村町3-21
電話　代表 03(3267)4811　製作 03(3267)4823
https://www.khk.co.jp/

営業所／東京 03(3267)4812　大阪 06(6261)2911　名古屋 052(332)3511　福岡 092(411)0805

カバー・本文レイアウト／ヴァイス
制作／石川真佐光　印刷・製本／㈱日本制作センター

Ⓒ keizai-hourei kenkyukai 2019　Printed in Japan　ISBN978-4-7668-2436-0

☆　本書の内容等に関する追加情報および訂正等について　☆
本書の内容等につき発行後に追加情報のお知らせおよび誤記の訂正等の必要が生じた場合には，当社ホームページに掲載いたします。
（ホームページ　書籍・DVD・定期刊行誌　メニュー下部の　追補・正誤表　）

定価はカバーに表示してあります。無断複製・転用等を禁じます。落丁・乱丁本はお取替えします。